Fernando Dias Cabral

Avaliação de EMPRESAS

e os desafios que vão além do Fair Value

COMO COMPRAR OU VENDER EMPRESAS NO BRASIL

lura

GERENTE EDITORIAL
Roger Conovalov

PROJETO GRÁFICO
Lura Editorial

DIAGRAMAÇÃO
Herio Estratégias Visuais

REVISÃO
Vera Tavares
Gabriela Peres

CAPA
Rubes Poças

Todos os direitos desta edição são reservados a Fernando Dias Cabral

LURA EDITORIAL – 2019
Rua Manoel Coelho, 500. Sala 710
São Caetano do Sul, SP – CEP 09510-111
Tel: (11) 4318-4605
Site: www.luraeditorial.com.br
E-mail: contato@luraeditorial.com.br

Todos os direitos reservados. Impresso no Brasil.

Nenhuma parte deste livro pode ser utilizada, reproduzida ou armazenada em qualquer forma ou meio, seja mecânico ou eletrônico, fotocópia, gravação etc., sem a permissão por escrito do autor.

**Catalogação na Fonte do Departamento Nacional do Livro
(Fundação Biblioteca Nacional, Brasil)**

Cabral, Fernando Dias
    Avaliação de empresas / Fernando Dias Cabral. 1ª Edição, Lura Editorial - São Paulo - 2019.
    340 p.

    ISBN: 978-65-80430-32-1

1. Avaliação de empresas.   2. Valor.   3. Planejamento estratégico
I. Título.
                                          CDD 658.4012
                                          CDU 659

www.luraeditorial.com.br

Fernando Dias Cabral

Avaliação de EMPRESAS
e os desafios que vão além do Fair Value

COMO COMPRAR OU VENDER EMPRESAS NO BRASIL

Agradecimentos

Em 2002, ao cursar Controladoria e Finanças na Fundace – USP Ribeirão Preto, tive a oportunidade de evoluir profissionalmente como consultor de empresas e administrador. O curso multidisciplinar me permitiu conhecer as áreas de Finanças, Contabilidade e Economia de forma mais aprofundada.

Dentre as matérias envolvidas em cada área, o tema "avaliação de empresas" despertou em mim um enorme fascínio. Conhecida como *valuation*, a disciplina foi ministrada com maestria por meio de equações robustas, fórmulas, cálculos e modelos matemáticos sofisticados. Era algo grandioso e distante do meu dia a dia. Naquele momento, tive muita curiosidade de entender como aquilo poderia ser aplicado na prática. Ao mesmo tempo, sabia que atuar como avaliador exigiria de mim esforços de longo prazo.

Ao avaliar a primeira empresa, em 2005, tive a impressão de que havia um abismo entre o mundo teórico e o prático. Senti-me totalmente desprovido de informações no universo acadêmico. Embora existissem muitas obras a respeito, eram, em sua maioria, voltadas para o mercado norte-americano e com foco em empresas de capital aberto. Infelizmente, pouco ou nada mudou até hoje. Os livros continuam sendo "tropicalizados", e os autores renomados continuam a escrever mais do mesmo. Em suma, as informações e soluções propostas nas obras para avaliar empresas não evoluíram de forma a atender às necessidades de um avaliador.

Além desse problema, ser um avaliador de empresas no Brasil requer assumir dificuldades bem peculiares do nosso país: instabilidade econômica, crises políticas e outras particularidades empresariais típicas da nossa cultura.

A ideia de fazer esta obra, portanto, é resultado de minhas dificuldades e minha paixão pelo assunto. A minha trajetória profissional como avaliador mostrou-me que, no que diz respeito a Fusões e Aquisições, parte significativa dessa operação não está nos valores, mas na relação humana. Então, propositalmente, tento trazer alma para os números, de maneira a traduzir o que acontece no mundo real.

Na minha vida particular, aprendi, como jogador de tênis amador, que para evoluir nesse esporte era preciso ter muito mais que técnica. É preciso ter paixão e muito controle emocional para lidar com os altos e baixos a cada partida. O mesmo acontece em avaliação de empresas.

Para chegar até aqui e ver concretizado este livro, contudo, contei com o apoio de muitas pessoas, às quais não posso deixar de expressar minha gratidão.

Agradeço aos colegas e profissionais pelas longas discussões sobre cada tema deste livro. Em destaque, Filipe Da"l Bo, Rafael Hartke, Tânia Gurgel, Alexandre Assaf Neto, Vitor Palazzo, Roni Cleber Bonizio, Regina Helena Couto Silva e Luis Deriggi. Eles contribuíram enormemente para enriquecer cada capítulo deste livro.

Obrigado aos amigos, em especial à minha esposa Paula Gheller, meu muitíssimo obrigado pela paciência e tolerância no dia a dia. Vocês são ativos intangíveis, valiosos e imensuráveis. Minha razão de viver. Sem me estender, manifesto minha gratidão à Lilly, minha cachorra e companheira das madrugadas de inspiração. Sempre me olhando.

Por fim, aos meus pais, muito obrigado! Meu pai sempre investiu nos meus estudos acadêmicos, e minha mãe sempre me incentivou a escrever esta obra.

Prefácio

A rã que encontramos, nós nos inclinamos e a pegamos, porque nós a vemos; mas a que não vemos nós pisamos e nunca mais pensamos nisso.

WILLIAM SHAKESPEARE,
Medida por Medida (tradução do autor)

A frase de William Shakespeare em epígrafe nunca foi tão oportuna como agora. Pelo ritmo frenético do nosso cotidiano, a nossa percepção de valor limitou-se apenas ao aparente. Isso é válido também para o mundo das finanças. Quando comecei a estudar Contabilidade, aprendi que o valor de uma empresa era baseado no princípio de valor original ou no somatório de tudo aquilo que foi investido. Infelizmente, para muitos contadores, esse entendimento ainda é válido nos dias de hoje. O tempo, porém, passou, e uma avalanche de empresas famosas desnudou esse princípio contábil. Empresas famosas como Uber, Spotify, Airbnb, Skype, dentre outras, mostraram que, para ter valor, não era necessário um ativo físico sequer. A Uber não tem carros, a Spotify não tem estúdios, a Airbnb não tem imóveis e a Skype não detém linhas telefônicas. Tudo isso denota que o valor de uma empresa não são necessariamente apenas seus ativos físicos registrados no balanço, mas, também, sua capacidade de gerar riqueza.

Além da inquietude contábil sobre o valor justo de um ativo, como avaliador passei a indagar a parcimônia do mercado investidor em relação aos laudos de avaliação que estavam sendo elaborados. Por trás desses, existem empresas de consultoria, grandes bancos e empresários obstinados a ganhar milhões com a venda ou compra da empresa. O resultado disso não poderia ser diferente: são trabalhos fundamentalistas econômico-financeiros com fortes indícios de viés na construção das premissas e certo grau de irresponsabilidade por parte do executor avaliador.

Nesse sentido, este livro tem como preceito fundamental expor questões problemáticas e mal resolvidas em avaliação de empresas, bem como propor soluções e alternativas no campo prático. De certa forma, os livros de *valuation,* em sua maioria, são obras estrangeiras "tropicalizadas" que suprem superficialmente a realidade empresarial brasileira. Pensando na minha dificuldade como pesquisador em obter certas respostas e na minha experiência como avaliador, desenvolvi esta obra para atender profissionais avaliadores e empresários que estão vivenciando Fusões e Aquisições (F&A).

Basicamente, este livro visa aos empresários envolvidos em uma transação, bem como advogados, contadores, avaliadores, intermediadores, administradores e auditores.

Esta obra foi estruturada em dez capítulos divididos em três partes. Na **primeira parte**, os capítulos 1, 2 e 3 elucidam ao leitor quais as metodologias de avaliação de empresas mais usadas, as armadilhas envolvidas nesse processo e como as empresas fechadas são negociadas.

Na **segunda parte**, os capítulos 4, 5, 6 e 7 permitem ao leitor entender as etapas do processo de venda de uma empresa, a relevância das questões tributárias brasileiras e as implicações ao vender ou comprar uma empresa, abordando os percalços existentes em *valuation.*

Na **terceira e última parte**, os capítulos 8, 9 e 10 têm como papel principal apresentar os caminhos alternativos utilizados em F&A, o valor do controle e outras particularidades do nosso mercado brasileiro. Em destaque, no último capítulo, é apresentada, na prática, a avaliação de empresas com a ferramenta *@risk.*

Fernando Dias Cabral
Sócio-fundador da Gordon Valuations

SUMÁRIO

1. *VALUATION* NO BRASIL E AS METODOLOGIAS CLÁSSICAS 13

   1.1 Definição de valor 15

   1.2 Metodologias clássicas de avaliação 17

      1.2.1 Valor Contábil/ Balanço patrimonial 18

         1.2.1.1 Custo Histórico 19

         1.2.1.2 Custo Histórico Corrigido 19

         1.2.1.3 Custo Corrente 21

      1.2.2 Valor de Mercado 22

      1.2.3 Múltiplos 24

         1.2.3.1 Múltiplo de Preço/Lucro (P/L) 25

         1.2.3.2 Múltiplos EBITDA e EBIT 25

         1.2.3.3 Múltiplo de Receita 27

         1.2.3.4 Outros Múltiplos 28

      1.2.4 Fluxo de Caixa Descontado (FCD) 29

         1.2.4.1 Taxas de crescimento (período explícito e perpetuidade) 32

         1.2.4.2 FCFF x FCFE 33

         1.2.4.3 Taxas de desconto (custo de capital) 35

   1.3 Comparação entre as metodologias 39

   1.4 O profissional avaliador no Brasil, um desafio 40

2. O LADO SOMBRIO DAS FUSÕES E AQUISIÇÕES 47

   2.1 *Valuation* 49

      2.1.1 Laudos de avaliação, realidade ou uma peça de ficção? 49

      2.1.2 Evidências empíricas 54

         2.1.2.1 – *Case* IPOS 55

         2.1.2.2 – *Case* corretoras e área de modelagem 56

  2.1.2.3 – *Case valuation* "em comum acordo"..56
  2.1.2.4 – *Case* Empiricus..57
  2.1.2.5 – *Case* Qualicorp..58
  2.1.2.6 – *Case* "Indústria de Laudos"..58
  2.1.2.7 – *Case* Pasadena..59
2.2 *Transactions*..*67*
 2.2.1 A psicologia por trás das operações de Fusões e Aquisições..................................67
 2.2.2 Evidências empíricas..67
 2.2.3 Novos tempos..75

3. OS MÚLTIPLOS DE TRANSAÇÕES DE EMPRESAS FECHADAS COMO MÉTRICA DE "PRECIFICAÇÃO" NO BRASIL 83

3.1 Empresas fechadas..85
3.2 A formação dos múltiplos – avaliação relativa..86
 3.2.1 Múltiplos de Mercado..86
 3.2.2 Múltiplos de transações..87
  3.2.2.1 Múltiplos de transações – indicadores contábeis ou drivers de valor.....................88
3.3 Múltiplos "*Up and Down*"..94
 3.3.1 Razões que podem distorcer "para baixo" os múltiplos de empresas privadas.....................94
 3.3.2 Razões que podem elevar os múltiplos de empresas privadas..................................96
3.4 Histórico de transações por múltiplos..98
3.5 Sete passos para seleção de múltiplos e dados estatísticos..101
3.6 Caso prático..103
 3.6.1 Suposições em relação ao resultado..113

4. A IMPORTÂNCIA DAS PROJEÇÕES DE CRESCIMENTO NO *VALUATION* E SEUS REFLEXOS..121

4.1 O desafio do avaliador nas projeções de crescimento pelo FCD..................................123
4.2 A Estrutura básica para projeções..124
 4.2.1 Estrutura básica temporal: período explícito e perpetuidade..................................124
 4.2.2 Indicador de crescimento para as projeções..126
 4.2.3 Crescimento nominal ou real?..126
4.3 Fontes de projeções..128
 4.3.1 Base de projeções: histórica de crescimento..128
  4.3.1.1 Como utilizar a base histórica...130

- 4.3.1.2 Como aplicar a taxa de crescimento transacional 134
- 4.3.1.3 Crescimento Setorial e investimentos 134
- 4.3.2 Base de projeções: mercado (empresário/analistas/outras fontes) 139
- 4.3.3 Base de projeções: fundamentos da empresa 142
  - 4.3.3.1 Período explícito 142
  - 4.3.3.2 Transacional 148
  - 4.3.3.3 Perpetuidade 148
- 4.4 Casos Práticos 155
  - 4.4.1 Caso Prático – empresa de produtos 155
  - 4.4.2 Caso prático – empresa de serviços 163

5. A RELEVÂNCIA DO REGIME TRIBUTÁRIO NO VALOR DE UMA EMPRESA E OS DESDOBRAMENTOS FISCAIS E SOCIETÁRIOS EM OPERAÇÕES DE M&A 175

- 5.1 Impactos da carga tributária no *valuation* *176*
  - 5.1.1 Exemplos 179
    - 5.1.1.1 Caso prático – Exemplo simplificado da relevância dos tributos na avaliação 179
    - 5.1.1.2 Caso prático – Operação Casada tributária – Locação x Venda 183
- 5.2 – A influência tributária nas operações de F&A 185
  - 5.2.1 Alienante (vendedor) 185
  - 5.2.2 Adquirente (comprador) 189
    - 5.2.2.1 Perspectiva histórica do goodwill/ágio 190
- 5.3 Planejamento tributário em incorporações 201

6. AS ETAPAS DO M&A E OS PONTOS ESTRATÉGICOS DA TRANSAÇÃO 205

- 6.1 Etapas e processos em Fusões e Aquisições 206
- 6.2 Questões pós *due diligence* *212*
- 6.3 De quem é o passivo? 214
  - 6.3.1 Passivo operacional 214
  - 6.3.2 O teste de consistência do passivo no *Free Cash Flow to the Firm* (FCFF) 217

7. CAIXA E OUTRAS DISPONIBILIDADES: O QUE DEVEMOS CONSIDERAR NA AVALIAÇÃO? 225

- 7.1 Caixa, um desafio e um dilema aos avaliadores atuais 226
- 7.2 Qual é a relação que tem o excedente de caixa e o capital de giro/NIG e por qual razão devemos projetá-lo? 227

7.2.1 Projeção de necessidade de investimento em giro (NIG) 228
7.3 Razões da existência do caixa e outras disponibilidades 230
7.4 Como lidar com saldos de caixa em avaliações de empresas..232
7.5 Modelo alternativo de ajuste de disponibilidades em M&A..241
    7.5.1 *Cases*...241

8. A DICOTOMIA DAS AÇÕES ORDINÁRIAS E PREFERENCIAIS NO BRASIL E O PRÊMIO DE CONTROLE 249

8.1 A dicotomia das ações ordinárias e preferenciais no Brasil 251
    8.1.1 Definições básicas (ações ON e PN)..251
    8.1.2 Diferença de preço entre ordinárias (ON) e preferenciais (PN) tem explicação?.....252
    8.1.3 Questões teóricas entre fluxo de caixa do acionista e fluxo de dividendos (desconto de dividendos)..258
    8.1.4 *Case* 259
8.2 Aquisição de controle 261
    8.2.1 Mensuração do valor de controle 264

9. ÁRVORE DE DECISÃO EM FUSÕES E AQUISIÇÕES 271

9.1 Árvores de decisão..273
    9.1.1 – Criação de valor 276
    9.1.2 Possibilidade de venda (*sell side*) 282
    9.1.3 Possibilidade de compra (*buy side*) 288

10. AVALIANDO EMPRESAS DE SERVIÇOS: QUAL O VALOR DESSE ATIVO?..........297

10.1 *Cases* 300
    10.1.1 *Case* – E-Learning Brazil LTDA. 300
    10.1.2 *Case* – Aterro Tudo Limpo S.A. 302
    10.1.3 *Case* – Engenharia Concrenne LTDA. 331

1

VALUATION NO BRASIL E AS METODOLOGIAS CLÁSSICAS

Pode ser que você nunca tenha ouvido falar no indiano Aryabhata,[1] mas certamente se já participou de negociações que direta ou indiretamente tratavam de *valuation* (avaliação de empresas), vai saber de quem se trata. Ele não foi o criador da metodologia mais utilizada em avaliação de empresas, no entanto, por meio dos seus modelos matemáticos, Leonardo Fibonacci inspirou-se a escrever um livro de matemática baseado em aprendizados ocidentais. Mais tarde, entre 1923 e 1930, os economistas John Burr Williams e Gabriel Friedrich usaram esses conceitos para o mundo das finanças. Pelas evidências, eles foram os responsáveis pela concepção do conceito de valor intrínseco ou valor justo de um bem. Essa ordem cronológica é interessante, pois demonstra a evolução e criação da metodologia mais famosa e largamente utilizada em *valuation*: o Fluxo de Caixa Descontado (FCD).

Hoje existem muitas ferramentas para executar o *valuation* de uma empresa. O desenvolvimento do mercado de capitais, especialmente da América do Norte e Europa, contribuiu para a sofisticação da área de Finanças

---

[1]. Foi o primeiro dos grandes matemáticos astrônomos indianos da Idade Clássica. Seu trabalho inclui o *Ariabatiia*, livro que descreve o algoritmo kuttaka para resolver equações indeterminadas. Em tempos recentes, esse algoritmo também tem sido chamado de Ariabata.

Corporativas. Com isso, a ampla base de dados e a maturação desses mercados facilitaram o dia a dia de avaliadores e financistas.

Ao contrário do que ocorre nesse universo, os avaliadores brasileiros assumem responsabilidades adicionais no tocante à necessidade de "tropicalização" dos modelos internacionais para avaliar um ativo. O FCD, por exemplo, é feito com base em projeções orçamentárias sustentadas por premissas. As diferenças mais marcantes para avaliar empresas brasileiras por essa metodologia são: aplicabilidade da taxa de desconto, tributação, instabilidade econômica e ausência de base de dados confiáveis. Não por acaso é possível notar que ao longo dos anos, todos os indicadores econômicos, políticos e sociais necessários para realização desse trabalho sofreram oscilações extremas: PIB, dólar, taxa de desemprego, inflação, taxa Selic, Ibovespa etc. Planos econômicos para conter a inflação não faltaram: Plano Cruzado (1986), Bresser (1987), Plano Verão (1989), Plano Collor I (1990), Collor II (1991) e Plano Real (1994). Todos esses planos, entretanto, não foram suficientes para reduzir a sensação de imprevisibilidade para todos os participantes do mercado.

Nesse sentido, ser avaliador no Brasil é uma tarefa árdua, para não dizer perigosa. Avaliar empresas em um país como o Brasil requer cuidados especiais, que demandam muito tempo para estudos, análises, adequações e, por que não, investigação. Cuidados esses que, se desprezados, podem submeter a julgamentos ou premissas errôneas. No quesito tempo, por exemplo, tanto comprador quanto vendedor muitas vezes julgam que o processo para esperar pode ser longo demais. Em virtude disso, não faltam exemplos de operações malsucedidas, seja porque não houve acordo no fechamento, seja porque no anseio de fechar a operação, transacionaram mal (cláusulas do contrato mal redigidas, entendimento dúbio das ações, etc.).

Nota-se, aqui, que se vive a mesma instabilidade do passado, na qual o avaliador assume o mesmo papel desafiador do avaliador da década de 1980: Qual será a taxa de inflação para os próximos cinco anos? Qual será o PIB brasileiro na perpetuidade? Qual a taxa de juros Selic esperada pelo Copom para o próximo ano? A única certeza que temos para essas perguntas é que todos vão errar de alguma forma, para cima ou para baixo. A diferença está na expectativa que cada indivíduo tem para si.

Diante dos problemas apresentados, neste capítulo serão explorados o conceito de valor, os desafios de ser avaliador no Brasil e as metodologias clássicas utilizadas para a determinação do valor de uma empresa, cada qual munida de vantagens e desvantagens. Todavia, o mais importante nesse momento é se atentar aos motivos que: i) levam as pessoas a investir; ii) despertam o interesse das pessoas em querer saber o valor de uma empresa; e iii) impulsionam a busca pelo valor justo. De acordo com essas motivações, um ou outro método de avaliação é preferível, e o valor pode conter significados e dimensões diferentes. Que bom seria se os ilustres pensadores e inventores do passado tivessem a oportunidade de trazer soluções para esse quebra-cabeça tão complexo que é avaliar empresas nos dias atuais, principalmente no Brasil.

1.1 Definição de valor

Para entender o valor de uma empresa, é necessário definir o que é valor. Ao longo da história, a definição de valor teve diferentes significados. No passado, estava diretamente relacionada ao trabalho, ao sacrifício ou à energia despendida. A teoria do valor-trabalho era associada aos grandes pensadores como Adam Smith, David Ricardo e, por vezes, Karl Marx. Nessa teoria, pregavam que o valor econômico de uma mercadoria era determinado pela quantidade de trabalho. Assim, o preço de uma mercadoria seria fruto do tempo de trabalho dedicado a ela, sendo o trabalho o único elemento criador de valor. Por essa definição, seguindo essa lógica, um terreno escavado, mesmo que sem funcionalidade, tem mais valor do que um terreno intocado. Outro exemplo clássico dos defensores dessa teoria é que a razão para um diamante ser mais valioso do que um copo de água é que extrair um diamante é mais trabalhoso do que extrair um copo de água.

Karl Marx, diferentemente dos demais pensadores, compreendeu que a teoria valor-trabalho estava associada à riqueza social ou aos valores de uso dos produtos limitados à capacidade produtiva e não exclusivamente para atender à necessidade humana direcionada para sua época.

Com o passar do tempo, a evolução tecnológica demonstrou a relação contrária, ou seja, cada vez menos trabalho era necessário para produzir mercadorias, mas ele continuou sendo a principal referência de valor.

Hoje, o significado de valor, do ponto de vista teórico, pode ser entendido como o resultado de interações de critérios individuais e coletivos. Cada pessoa, com sua programação psicológica, histórica, moral e cultural, possui uma percepção diferente sobre a utilidade[2] e o valor das coisas. Essas interações, por sua vez, acontecem dentro de um ambiente complexo e repleto de variáveis, cuja responsabilidade é determinar a dimensão qualitativa e quantitativa do valor. Algumas dessas variáveis são explícitas e podem ser utilizadas para simplificar o processo de valorização. Nessa categoria está o próprio aspecto físico do objeto em avaliação. As demais, em suma teórica, a maioria delas, não apenas são implícitas (ou intangíveis) como também podem exercer influência positiva ou negativa nas dimensões do valor, de acordo com a interação de outras variáveis ou outros ambientes, efeito conhecido como sinergia. Como é possível perceber, o conceito de valor está longe de ser simples. Ao contrário disso, não é leviano englobá-lo no conjunto dos conceitos amplos e relativos. Dentro da moderna teoria financeira, diante de necessidades práticas do dia a dia das empresas, famílias e governos, o conceito de valor foi operacionalizado ao ser enquadrado dentro de modelos de avaliação simplificadores, cada qual levando em consideração variáveis mais ou menos pertinentes a determinadas situações. Partindo desse pressuposto, pode-se dizer que não há um modelo de determinação de valor melhor ou pior, mas, sim, metodologias mais adequadas às necessidades e condições disponíveis. O que une todos esses modelos é a certeza de não extraírem um valor único, exato, capaz de representar de forma unânime a utilidade individual das coisas.

Os motivos que levam as pessoas a investir podem ser os mais diversos: paixão em criar alguma coisa; sentir-se parte de algo maior que si; reconhecimento. Por outro lado, do ponto de vista econômico, o que motiva as pessoas a investir é a *expectativa* de ter um retorno satisfatório, que recompense o sacrifício de seus recursos. Isto é, as pessoas investem porque esperam por um retorno que supere o *custo de oportunidade* dos seus recursos não estarem sendo aplicados em outros projetos de investimento. Baseados nesses dois conceitos, *custo de oportunidade* e *expectativa*, os modelos mais complexos de avaliação de empresas foram desenvolvidos.

Por exemplo, um empresário que busca uma avaliação para iniciar o processo de reestruturação e implementação de gestão baseada em valor (EVA, na sigla em inglês para valor econômico adicionado) espera estimativas

---

2. O conceito de "utilidade" é usado como conceito de valor dentro da moderna teoria econômica.

conservadoras que representem parcimoniosamente a capacidade de geração de valor do seu negócio. Por outro lado, um empresário que busca uma avaliação com a intenção de vender o seu patrimônio a um investidor espera uma avaliação superestimada da capacidade de geração de valor do seu negócio. O papel do avaliador nesse contexto é o de reduzir as pressões institucionais e evitar que esses e outros vieses contaminem o processo de avaliação. Para tanto, são utilizadas informações que, de acordo com suas premissas, representem uma boa estimativa do valor da empresa.

Dentre as metodologias de avaliação de empresas, o Fluxo de Caixa Descontado é o mais utilizado. Neste modelo parte-se do pressuposto de que uma empresa é uma unidade geradora de riqueza, e, por isso, o seu valor no presente está relacionado com a sua capacidade de geração de caixa no futuro. Apesar de os métodos de avaliação baseados nas expectativas de geração de caixa serem amplamente aceitos e utilizados nas avaliações, métricas mais simples baseadas em análises estáticas ou comparativas também costumam ser utilizadas em determinadas situações. Neste capítulo, será tratado das quatro metodologias mais praticadas no mercado:

I. Valor Contábil
II. Valor de Mercado
III. Fluxo de Caixa Descontado
IV. Múltiplos

Ao final da exposição de cada metodologia é apresentado um exemplo numérico para entendimento da diferença entre metodologias. Deste modo, considera-se para fins comparativos a mesma empresa em todos os exemplos, denominada Usina São Camilo SA (Atividade econômica: Usina de açúcar e álcool).

1.2 Metodologias clássicas de avaliação

Serão tratadas aqui as metodologias de avaliação, contemplando os métodos tradicionais de reconhecimento de valor de uma empresa: valor contábil, valor de mercado, fluxo de caixa descontado e múltiplos.

1.2.1 Valor Contábil/ Balanço patrimonial

Avaliar uma empresa pelos valores expressos em seu demonstrativo contábil é uma forma simples de estimativa de valor. Sua utilização é apropriada em situações muito específicas como, por exemplo, nos casos de falência, concordata e liquidação, nos quais não há interesse no potencial de geração de caixa dos ativos. A simplicidade dessa metodologia é a sua principal vantagem em relação aos demais métodos abordados neste livro. Entretanto, como veremos a seguir, a própria simplicidade embutida no método expõe sérias limitações à sua eficácia.

Esse modelo de avaliação de empresa se baseia na aplicação de normas e princípios contábeis, que utilizam os valores de entrada (lançamentos e registros) obtidos na medida em que as empresas adquirem seus recursos. A metodologia do valor contábil fundamenta-se no fato de uma empresa ser um organismo composto de direitos e obrigações oriundos de suas atividades de funcionamento. Essas atividades, por sua vez, são resultados da venda e compra de estoques, utilização de máquinas, edifícios, terrenos, materiais de escritório, dentre outros itens contabilizados no Balanço Patrimonial.

Dessa maneira, o valor das ações ou cotas está representado na diferença líquida entre o valor total dos seus ativos e o valor total de suas obrigações passivas. Como resultado, tem-se que o valor das ações ou cotas de uma empresa está expresso no valor do seu Patrimônio Líquido[3].

$$\text{VALOR DAS COTAS/AÇÕES} = \text{PATRIMÔNIO LÍQUIDO} = \Sigma \text{ ATIVOS} - \Sigma \text{ PASSIVOS}$$

A praticabilidade dessa técnica está relacionada ao grau de dificuldade normalmente enfrentado para se obterem informações.[4] Dessa forma, para recorrer ao custo histórico de um ativo, por exemplo, basta buscar o documento que respaldou a operação do item patrimonial.

Uma premissa básica para a utilização dessa metodologia é que os valores registrados no Ativo, Passivo e Patrimônio Líquido sejam compatíveis ou muito próximos dos seus respectivos valores de mercado. Nesse sentido,

---

3. O Patrimônio líquido é composto de Lucros/Prejuízos Acumulados, Reservas de Lucros, Reservas de Capital, Ações de Tesouraria, Ajustes e Capital Social.
4. MARTINS, E. **Avaliação de empresas: da mensuração contábil à econômica.** FIPECAF, 2001.

um fator importante é a variação no poder aquisitivo da moeda (inflação/deflação) entre o momento da aquisição ou formação de um Ativo e sua venda. Nesse caso, dois modelos aperfeiçoados do Custo Histórico são mais apropriados: o modelo baseado no Custo Histórico Corrigido e o baseado no Custo Corrente. Apesar dos esforços em corrigir as distorções causadas pela inflação, ambos se mostram mais fragilizados à medida que a instabilidade no poder aquisitivo da moeda for maior.

1.2.1.1 Custo Histórico

O princípio do Custo Histórico como base de valor constitui um reflexo do princípio do conservadorismo das práticas contábeis. Sua utilização na avaliação de ativos, em comparação com outros modelos, é a que melhor atende aos critérios de objetividade e praticabilidade em decorrência de sua forte correlação com o caixa e, principalmente, do fácil acesso às informações registradas pela entidade na época do evento de aquisição.

Na prática, avalia-se um item pelo valor registrado nos documentos que respaldaram as operações necessárias para colocá-lo em condições de uso ou venda. Sendo assim, esse valor está intrinsecamente associado ao grau de desenvolvimento das práticas contábeis adotadas pela entidade, como, por exemplo, os critérios de rateio de custos utilizado na obtenção e instalação de um ativo.

A principal deficiência desse método de avaliação ocorre quando a entidade está inserida em um ambiente de perda de poder de aquisição da moeda (inflação), o que proporciona o afastamento entre valor histórico e o valor econômico dos itens patrimoniais. Em consequência, devido a permanecerem por mais tempo no patrimônio da empresa, os itens não correntes são os que mais sofrem distorções de valor real.

1.2.1.2 Custo Histórico Corrigido

No Brasil, a avaliação dos itens patrimoniais pelo modelo do Custo Histórico Corrigido foi uma consequência do forte período inflacionário nas décadas de 1970 e 1980. A Lei 6.404/76, que regulamentava as sociedades por ações, foi marcada pela correção monetária dos balanços diante de uma inflação de 46,3% a.a.[5]

O método se baseia na correção dos itens patrimoniais registrados pelo Custo Histórico por um índice que reflita a inflação/deflação sofrida pela entidade entre o período de sua formação e sua avaliação. A Instrução CVM 191 de 1992 instituiu como indexador uma Unidade Monetária Contábil (UMC) como medida de referência a ser utilizada pelas companhias abertas para a atualização de seus demonstrativos em moeda de capacidade aquisitiva constante. Nas avaliações baseadas no Custo Histórico Corrigido, é comum a utilização de índices de preços que expressem mais apropriadamente os desgastes monetários sofridos por uma empresa, como o INCC/FGV e IGP/FGV.

Os itens não monetários, como estoques, elementos do ativo permanente e resultados de exercícios futuros, são elementos que compõem o capital não financeiro da entidade e, por isso, não sofrem com a corrosão monetária (Martins, 2011[6]). Por outro lado, os itens monetários são definidos pela CVM 191 como "os elementos patrimoniais compostos pelas disponibilidades e pelos direitos e obrigações realizáveis ou exigíveis em moeda, independentemente de estarem sujeitos a variações pós-fixadas ou de incluírem juros ou correções pré-fixadas". Nessa categoria estão o caixa, salários a pagar, aplicações financeiras, empréstimos, pensões e outros benefícios de empregados a serem pagos em numerário. Esses itens, por sua vez, estão sujeitos à corrosão inflacionária.

Segundo o consenso entre os pesquisadores, a principal vantagem do modelo de avaliação baseado no Custo Histórico Corrigido é a atualização nas demonstrações contábeis, de modo que possam ser comparadas em datas diferentes. Além disso, o modelo tem forte relação com o caixa, cumprindo com os critérios de objetividade e praticabilidade. Por outro lado, mesmo utilizando indexadores de atualização, sua restrição está em se apoiar em valores passados, desconsiderando as expectativas de resultados futuros. A utilização

---

5. SZMRECSÁNYI, T.; SUZIGAN, W. **História econômica do Brasil contemporâneo: coletânea de textos apresentados no I Congresso Brasileiro de História Econômica,** Campus da USP, setembro 1993.
6. MARTINS, GILBERTO DE ANDRADE. **Reavaliação de ativos e correção monetária integral no Brasil: um estudo de value relevance**. Tese de Doutorado. Faculdade de Economia, Administração e Contabilidade USP, 2011.

de índices gerais de indexação, por sua vez, desconsidera que cada item patrimonial sofre de oscilações distintas de inflação e deflação.

1.2.1.3 Custo Corrente

O Custo Corrente, diferentemente do Custo Histórico Corrigido, reconhece o valor dos ativos com base no caixa ou equivalentes de caixa. Nesse caso, os ativos equivalentes são avaliados como se fossem adquiridos na data ou no período das demonstrações contábeis. Os passivos têm a mesma tratativa e não sofrem nenhum tipo de desconto.

Na prática, o Custo Corrente apresenta o valor realizável na condição em que o ativo seria posto à venda/ofertado ou comprado em condições normais, assim como os passivos seriam liquidados sem descontos no curso normal de suas operações, refletindo, assim, o valor dos bens, direitos e obrigações de uma entidade.

Falando em termos gerenciais, essa metodologia remete-nos positivamente ao mundo real, em que é expresso o valor do bem ou dívida na sua condição de valor corrente de compra ou de venda. O lado negativo dessa valorização, porém, está no fato de que, ao tratar de "condições normais", nem sempre há possibilidades de mensuração do valor do bem ou da dívida em curso de uma entidade, tornando-a prerrogativa subjetiva.

METODOLOGIA: VALOR CONTÁBIL USINA | SÃO CAMILO SA

Custo Histórico (em R$ milhões)

Valor Contábil :	Custo Histórico	Custo Histórico Corrigido	Custo Corrente
Ativo	**350,0**	**385,0**	**470,0**
Disponibilidades	100,0	100,0	100,0
Estoque	100,0	115,0	70,0
Imobilizado	150,0	170,0	300,0
Passivo	**350,0**	**385,0**	**470,0**
Fornecedores	90,0	85,0	80,0
Tributos a pagar	110,0	120,0	100,0
Empréstimos C.P	100,0	130,0	100,0
Patrimônio Líquido	**50,0**	**50,0**	**190,0**

1.2.2 Valor de Mercado

A metodologia de avaliação baseada no Valor de Mercado (ou capitalização) se fundamenta em uma das teorias financeiras mais amplamente discutidas e controversas: a Hipótese do Mercado Eficiente (HME).

Segundo essa teoria, os preços das ações de uma empresa negociada em um mercado eficiente refletem por inteiro todas as informações disponíveis. Nesse mercado, não há custos para os investidores (racionais) obterem as informações necessárias ao ajuste de suas expectativas sobre os lucros potenciais da empresa. A cada nova informação disponível, os *players* reajustam suas previsões de forma que o preço a que estão dispostos a vender e a comprar as ações se mantenha igual ao valor justo ou ao valor intrínseco de mercado da empresa. Nesse valor, estão embutidos os riscos do negócio, o custo de oportunidade, o valor dos ativos e dos passivos, como também outras variáveis intangíveis, como: práticas socioambientais, marca, *goodwill*, especialização tecnológica, capital humano e direitos autorais.

Sendo assim, o valor patrimonial de mercado é a soma do valor de todas as suas ações (ordinárias e preferenciais) negociadas no mercado:

> Valor Patrimonial de Mercado
> =
> (Preço das ações ON x Quantidade de ações ON)
> +
> (Preço das ações PN x Quantidade de ações PN)

Por sua vez, o Valor da Empresa (VE ou EV, sigla em inglês para *Enterprise Value*) é uma medida de preço de aquisição teórico que um investidor teria de pagar para adquirir uma determinada empresa. Nesse valor, considera-se que um comprador assume as dívidas da empresa adquirida e desconta o caixa e disponibilidades imediatas (isso será discutido nos capítulos 6 e 7). Essas disponibilidades são valores que podem ser diretamente abatidos das dívidas, como caixa e, em alguns casos, equivalente caixa (valores mobiliários e contas a receber). As dívidas são compostas apenas dos passivos onerosos, como empréstimos, financiamentos e debêntures.

Dessa forma, o Valor da Empresa é obtido com base no seu Valor de Mercado, considerando suas fontes de financiamento e suas disponibilidades correntes. Seguindo essa lógica, quanto maiores forem as disponibilidades, menor será o custo para adquirir a empresa. Por outro lado, quanto maiores forem os débitos, maior será o seu custo de aquisição.

As disponibilidades em caixa e o endividamento causam um grande impacto no Valor da Empresa, a ponto de duas empresas com o mesmo valor de capitalização possuírem valores totalmente diferentes.

> Valor da Empresa
> =
> Valor de Mercado
> +
> Dívidas
> -
> Caixa e Equivalente Caixa

As ressalvas a serem feitas aos modelos de avaliação baseados no Valor de Mercado e no Valor da Empresa começam pelas premissas teóricas embutidas nas Hipóteses de Mercado Eficiente em que se fundamentam.

I. *Investidores racionais*: amplos estudos na área de Finanças Comportamentais mostram que os indivíduos reais constantemente violam os axiomas de racionalidade ilimitada. As decisões e estimativas individuais estão permeadas por vieses cognitivos que nos afastam das escolhas consideradas ideais. Dessa forma, no mundo real os investidores não convergem suas opiniões a um valor intrínseco de mercado.

II. *Informação completa e livre*: no mundo real, além das informações livres e amplamente disponíveis no mercado, boa parte das decisões é baseada em informações obtidas e processadas tecnicamente. Dessa forma, apresentam um custo inerente de obtenção e processamento. Como consequência, alguns investidores são mais bem informados do que outros, caracterizando, assim, *assimetria* nas informações.

Outro ponto de controvérsias que vale a pena ser destacado são os critérios de adição e exclusão para se chegar ao Valor da Empresa. A consideração, por exemplo, das aplicações financeiras de curto prazo pode alterar consideravelmente o seu valor.

VALOR DE MERCADO | USINA SÃO CAMILO SA

Classe	Preço da ação	Qtde.	Valor de Mercado (R$ milhões)
Ações On	R$ 12,5/ ação	1 milhão	12,50
Ações Pn	R$ 18/ ação	45 milhões	270,00
		Total	282,50

Passivo	280,00
Disponibilidades	(100,00)
Valor da Empresa	462,50

1.2.3 Múltiplos

A avaliação por múltiplos[7] é um método de avaliação relativa, que se baseia nos preços de mercado de ativos *similares* ou *comparáveis* para a determinação do preço de um ativo específico. A avaliação relativa é intuitivamente praticada no dia a dia pelas pessoas, seja na precificação de um imóvel para aluguel ou na contratação de um serviço de transporte. Em ambos os casos, recorre-se a uma avaliação do preço praticado nos mercados de produtos e serviços similares para determinar o valor justo a ser incorporado na transação. Intuitivamente, para fins de comparação, os preços encontrados no mercado são convertidos a um denominador comum, como, por exemplo, o preço do metro quadrado ou o preço do quilômetro rodado. Como será visto a seguir, a avaliação de uma empresa com base nos múltiplos de mercado obedece a esse mesmo conceito intuitivo. Entretanto, utilizando-se como base elementos operacionais ou financeiros, é possível subdividir esses elementos em três categorias de escalonamento: múltiplo de preço, múltiplos de EBITDA e múltiplos de receita.

A metodologia dos múltiplos também se fundamenta nas Hipóteses de Mercado Eficiente, uma vez que considera que os preços refletem plenamente os valores intrínsecos ou justos do ativo. Sendo assim, nesses valores subentende-se que estão incorporadas três variáveis fundamentais: *potencial de geração de caixa*, *taxa de crescimento dos fluxos de caixa* e *risco*. Sua principal fraqueza reside no fato de se focar nos ganhos e ignorar o capital necessário para a sua geração em termos de tempo e amplitude.

---

7. Ver capítulo 3 – *Os Múltiplos de transações de empresas fechadas como métrica de precificação no Brasil.*

1.2.3.1 Múltiplo de Preço/Lucro (P/L)

Os múltiplos de lucro são amplamente utilizados no Mercado de Capitais em decorrência de sua simplicidade e consistência ante o otimismo excessivo do mercado. O principal ponto de consideração está na escolha de indicador de lucro adequado aos propósitos da avaliação.

O indicador Preço/Lucro Líquido (P/L) é utilizado para fazer análise de retorno temporal (quantos anos de lucro são necessários para recompor a ação), assim como para medir o desempenho de ações de uma empresa em comparação aos preços das ações de outras com características semelhantes. Essa análise pode ser feita com valores correntes, passados e esperados no futuro. Uma relação alta entre os dois elementos significa que o mercado espera que haja crescimento nos benefícios gerados pela entidade. Todavia, quando uma empresa A apresenta um índice P/L maior do que o de uma empresa B, isso significa que o investimento em A é alto e, por isso, menos atrativo.

$$\text{Índice Preço / Lucro} = \frac{\text{Preço por ação}}{\text{Lucro Líquido por ação}}$$

Em se tratando de Fusões e Aquisições (F&A), esse múltiplo é definido como:

$$\text{Índice Preço / Lucro} = \frac{\text{Preço de Fechamento}}{\text{Lucro Líquido}}$$

1.2.3.2 Múltiplos EBITDA e EBIT

Os múltiplos derivados do Resultado Operacional, por sua vez, são apropriados em análises em que há intenção na aquisição da empresa. Ao contrário dos baseados no Patrimônio Líquido, esses indicadores têm a vantagem de ser amplamente disponíveis, uma vez que desconsideram itens com impacto negativo no lucro.

Erroneamente o múltiplo EBITDA é definido como um indicador de geração de caixa operacional. Essa colocação é inadequada, por uma série de motivos que não representam o fluxo de caixa, entre os dois principais destaca-se: i) não é reconhecido o pagamento dos impostos incidentes sobre resultado (IR e CSLL), ii) ignora os investimentos.

A utilização de um denominador operacional, como o EBITDA ou o EBIT, exige um numerador que expresse de maneira apropriada um valor consistente com as dívidas e as disponibilidades imediatas: o Valor da Empresa.

$$\frac{\text{Valor da Empresa}}{\text{EBITDA}} \qquad \frac{\text{Valor da Empresa}}{\text{EBIT}}$$

Numerador: o valor[8] da empresa utilizado no múltiplo pelo usuário é o valor amostral das transações de seus pares ou até mesmo, tratando-se de empresas de capital aberto, o valor do *Enterprise Value* (EV).

Denominador: o *Earning Before Interest and Taxes* (EBIT), também chamado no Brasil de Lucro Antes dos Juros e Imposto de Renda (Lajir), é um indicador da capacidade de geração de lucro das atividades genuinamente operacionais e ligadas ao objetivo final da entidade. Ele exclui potenciais efeitos de distorção causados por diferentes taxas tributárias. Por sua vez, o *Earning Before Interest, Taxes, Depreciation and Amortization* (EBITDA) ou Lucro Antes dos Juros, Impostos, Depreciação e Amortização (Lajida) é um ótimo indicador de performance operacional de empresas com ampla composição de ativos fixos (como manufaturas) ou intangíveis (como tecnológicas), pois, além do custo das dívidas e cargas tributárias, também elimina do lucro características esotéricas, como depreciação e amortização.

Por excluir os juros, os múltiplos baseados no EBIT e no EBITDA podem ser utilizados na comparação entre empresas com diferentes estruturas de capital. Por sua vez, a exclusão dos impostos possibilita a comparação entre empresas que estão sob diferentes regimes tributários.

---

8. A definição de preço ou valor em múltiplos é sempre questionado. Sob a ótica de quem transaciona subentende como valor justo entre as partes. Sob a ótica de terceiros que utilizam os múltiplos subentende-se como preços de fechamento.

	Receita Líquida de Vendas
(−)	Custos dos produtos e serviços vendidos
(−)	Despesas Operacionais
(=)	EBIT
(+)	Despesas Operacionais Não Caixa
(=)	**EBITDA**

1.2.3.3 Múltiplo de Receita

A receita é um dado que expressa diretamente a competência das empresas em comercializar seus produtos e serviços. Por estar na primeira linha da Demonstração de Resultados, pode ser considerada um dado "limpo", uma vez que não sofre influência de decisões e manipulações contábeis. Dessa forma, o múltiplo de receita é interessante, pois possibilita a comparação entre o valor de empresas de setores diferentes.

Para manter congruência e comparabilidade, o múltiplo de receita demonstra ser o mais adequado para explicar ou comparar valor entre empresas. Para esse fim, utiliza-se o numerador de Valor da Empresa (VE) para companhias de capital aberto ou valor médio das transações quando a comparabilidade for de empresas de capital fechado.

$$\text{Índice VE ou transações pares / Receita} = \frac{\text{Valor da Empresa}}{\text{Receita}}$$

A simplicidade desse modelo é a sua principal vantagem. Sua utilização é apropriada em casos em que a empresa não possui práticas contábeis sofisticadas, como pequenos negócios. O *trade off* gerado por um índice bruto, baseado na receita, é justamente sua fragilidade em mascarar questões de margem. Nesse sentido, uma empresa com grandes faturamentos, mas gestão de custos pífia, pode ter um múltiplo distorcido.

1.2.3.4 Outros Múltiplos

Além dos múltiplos tradicionais financeiros descritos (que são os mais utilizados), é muito comum a utilização de múltiplos operacionais, que são múltiplos relacionados à atividade operacional da empresa. Normalmente, alguns segmentos exploram mais o múltiplo operacional do que outros, como, por exemplo:

$$\text{EV ou Transação Referencial/Operacional} = \frac{EV/Transação}{Unidade\ Operacional}$$

EV = Enterprise value (Valor da empresa)

Atividades	Múltiplos Operacionais
Segmento Educacional	(Ev/Alunos)
Sucroalcooleiro	(Ev/tonelada de cana-de-açúcar)
Pecuário	(Ev/ Cabeças de gado)
Saúde	(Ev/ pacientes ou segurados)
Telecomunicações	(Ev/ linhas instaladas)
Siderurgia	(Ev/ toneladas)
Comércio	(Ev/ m²)
Petróleo	(Ev/ Reservas)
Turismo – Aéreo	(Ev/ Passageiros)

METODOLOGIA: VALOR MÚLTIPLOS USINA | SÃO CAMILO SA

Drivers	Múltiplo
Preço Fechado Médio das Transações Pares / Receita	1,8x
Preço Fechado Médio das Transações Pares / EBITDA	5,5x
Preço Fechado Médio das Transações Pares / Tonelada	4,2x

Receita	R$ 160 milhões
EBITDA	R$ 54 milhões
Toneladas	R$ 48,00/ tonelada (Venda: 400mil ton/ano)

Em R$ milhões

Drivers	Preço Alvo
Receita	288,00
EBITDA	297,00
Toneladas	181,44

1.2.4 Fluxo de Caixa Descontado (FCD)

$$\text{EV ou Transação Referencial/Operacional} = \frac{EV / Transação}{Unidade\,Operacional}$$

Como já foi dito neste capítulo, a principal motivação econômica que leva as pessoas a investir é a *expectativa* de terem um retorno que supere o *custo de oportunidade* de seus recursos não estarem sendo empregados de outra maneira. Da mesma forma que as metodologias comparativas, empregamos os conceitos de *expectativas* e *custo de oportunidade* intuitivamente no nosso dia a dia. Ao escolher um destino turístico, um restaurante ou um curso universitário, por exemplo, estamos sendo guiados em direção à maximização de utilidade própria, ante as incertezas inerentes ao futuro e dentro dos limites de uma restrição orçamentária. Quando se trata de uma empresa, por sua vez, essas expectativas estão diretamente associadas à capacidade de geração de dinheiro no futuro, comparada à capacidade de geração de dinheiro embutida em outros projetos de investimentos de risco similares.

Pode-se dizer que a metodologia de avaliação baseada no Fluxo de Caixa Descontado é uma representação fiel desses conceitos simples. Esse é o modelo mais aceito e utilizado pelos analistas em fusões, aquisições, IPO e analistas de investimentos em ativos, pois, ao retratar o potencial econômico dos itens patrimoniais, consideram-se os aspectos temporais dos benefícios e sacrifícios da entidade, utilizando uma taxa de desconto apropriada.

A base da abordagem FCD é dada pelo valor intrínseco de um ativo, expresso pelo valor presente dos seus benefícios futuros esperados e refletido por uma taxa de desconto que incorpore seu custo de oportunidade, composto do custo de capital e do risco associado ao investimento. O horizonte de tempo dessas projeções é divido em dois períodos distintos:

I. previsível (ou explícito), no qual os fluxos de caixa operacionais são capazes de serem estimados com razoável confiança;

II. não previsível (ou perpetuidade), fora do período confiavelmente previsível dos fluxos de caixa operacionais.

Sua representação pode ser feita da seguinte maneira:

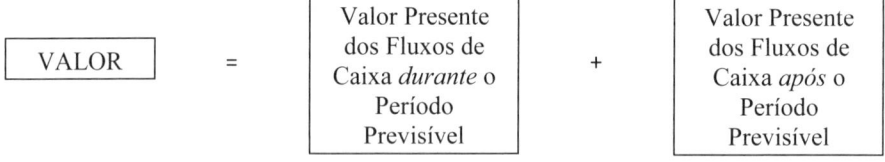

Na prática, as avaliações técnicas consideram como horizonte de previsão confiável a projeção de cinco a dez anos dos fluxos de caixa operacionais. Entretanto, esse horizonte pode variar de acordo com a dimensão, vida útil e a estabilidade econômica. Dessa forma, a avaliação de empreendimentos maiores, que atuam em setores relativamente estáveis, como indústrias de base, costuma utilizar longos horizontes de previsão explícita. Períodos curtos são mais apropriados na avaliação de pequenas empresas.

O valor da perpetuidade, por sua vez, costuma ser baseado em uma projeção infinita do último período previsível, adicionado ou não a uma taxa de crescimento. Esse procedimento se baseia no princípio da continuidade, em que prediz que o patrimônio tem vida útil ao longo de um tempo indeterminado, até que apareçam evidências contrárias.

Sendo o Fluxo de Caixa projetado para *n* períodos, o valor de uma empresa / FCD pode ser expresso algebricamente da seguinte forma:

Período (t=n)	1	2	3	...	n	∞ FC_n
Fluxo de Caixa $(FC_{t=n})$	FC_1	FC_2	FC_3	...	FC_n	
Fluxo de Caixa Descontado	= $\frac{FC_1}{(1+i)^1}$ +	$\frac{FC_2}{(1+i)^2}$ +	$\frac{FC_3}{(1+i)^3}$ +	... +	$\frac{FC_n}{(1+i)^n}$ +	$\frac{Perpetuidade}{(1+i)^n}$

$$\text{Valor da Empresa (FCD)} = \sum_{t=1}^{t=n} \frac{FC_t}{(1+i)^t} + \frac{Perpetuidade_n}{(1+i)^n}$$

O valor da perpetuidade é comumente calculado considerando que as empresas não se extinguem com o decorrer do tempo, pois reinvestem parte de seus fluxos de caixa na manutenção e adição de novos ativos. Dessa forma, os fluxos de caixa, após o período previsível, crescem indeterminadamente a uma taxa constante (g), conforme expresso a seguir:

$$Perpetuidade = \frac{FC_n(1+g)}{(i-g)}$$

A taxa de crescimento exerce uma forte influência no valor da perpetuidade e, por conseguinte, no valor da empresa. Em alguns setores, 90% do valor total da empresa está expresso no valor de sua perpetuidade.[9] Por isso, esse é um *input* delicado do modelo e deve ser tratado com diligência. Talvez o mais básico deles seja considerar que a taxa de crescimento não supere a taxa de crescimento esperado da economia, uma vez que esse é um nível teoricamente insustentável a longo prazo.

Outro *input* muito delicado na utilização do FCD é a taxa de desconto (i). Ela deve representar o custo de oportunidade do investimento. Mas, em termos práticos, resta a dúvida: custo de oportunidade em relação a quais

---

9. A formulação da perpetuidade é um modelo desenvolvido por Mayron Gordon, no qual apresenta o fluxo perpétuo de dividendos. A participação do valor perpétuo depende do período explícito. Dessa forma, períodos explícitos curtos remetem a menor participação em relação ao período perpétuo e vice-versa.

investimentos? E qual é o risco desses investimentos? Os modelos mais utilizados para a determinação dessa taxa são: Custo Médio Ponderado do Capital (CMePC) ou, em inglês, *Weighted Average Cost of Capital* (WACC); Custo do Capital Próprio (CCP) ou, em inglês, *Capital Asset Price Model* (CAPM). O primeiro modelo é utilizado na determinação da taxa de desconto dos fluxos de caixa esperados da empresa, já o segundo é usado para determinar uma taxa de desconto dos fluxos de caixa esperados pelos acionistas.

1.2.4.1 Taxas de crescimento (período explícito e perpetuidade)

A metodologia de avaliação baseada no fluxo de caixa descontado é bastante sensível à taxa de crescimento adotada no período explícito e na perpetuidade. Uma pequena alteração convergindo-a em direção ao crescimento é capaz de gerar grande impacto no valor da perpetuidade e nos valores presentes do fluxo de caixa projetado.

Existem três maneiras de se fazer previsões sobre a taxa de crescimento (g) dos fluxos de caixa no período explícito:[10]

I. com base no passado/fonte histórica;

II. com base na estimação feita pela gerência, analistas, associações e por outros avaliadores;

III. com base nos fundamentos.

A premissa fundamental teórica de crescimento determina que o crescimento dos fluxos de caixa futuros e, por sua vez, o valor da empresa, estão diretamente relacionados com os investimentos futuros e com a taxa de retorno desses investimentos. Esse ponto de vista teórico levanta questionamentos óbvios acerca do uso de informações passadas como plataforma de projeção dos fluxos de caixa. Ao se olhar para a história, é possível encontrar indícios da capacidade com que determinada estrutura empresarial converte investimentos em retorno, e retorno em crescimento. Na prática, podemos dizer que essa premissa funciona muito bem como modelo teórico no período perpétuo, mas, no período explícito, as taxas de crescimento estão fortemente vinculadas a condições presentes de mercado e específicas da empresa. Em outras palavras, o investimento não necessariamente significará que haverá

---

10. Damodaran, **Avaliação de empresas.** Ed. Pearson – Prentice Hall, Nova York, 2007.

crescimento, o que implica dizer que capacidade produtiva bem como investimentos de uma empresa não garantem os crescimentos futuros.

1.2.4.2 FCFF x FCFE

Há duas perspectivas possíveis para analisar e avaliar uma empresa nesta metodologia. A primeira delas considera os Fluxos de Caixa Livres aos Acionistas, do inglês *Free Cash Flow to Equity* (FCFE); e, a segunda, os Fluxos de Caixa Livres da Empresa, em inglês *Free Cash Flow to the Firm* (FCFF). O mais importante ao se utilizar cada uma dessas abordagens é considerar taxas de desconto apropriadas que reflitam o custo de oportunidade e o risco dos proprietários do capital.

O FCFF pode ser entendido como o caixa disponível a todos os detentores de direitos de uma empresa: investidores em patrimônio líquido e credores. Expressa a capacidade de geração de caixa pelas operações, independentemente de suas fontes de financiamento. Em termos práticos, o Fluxo de Caixa Livre da Empresa é o que sobra do caixa após o pagamento das despesas operacionais e dos impostos, porém, antes do pagamento dos detentores de direitos. Há duas maneiras práticas de calcular o FCFF:

$$FCFF = [EBIT\,(1-T)] + D - Inv\,LP - Inv\,CG$$

$$FCFF = [EBITDA\,(1-T)] + (D*T) - Inv\,LP - Inv\,CG$$

Em que,
T = Tributação
D = Depreciação
Inv LP = Investimento em Capital de Longo Prazo (Desembolso de Capital)
Inv CG = Investimento em Capital de Giro

Como é possível observar, a depreciação (D) é um encargo não caixa e dedutível dos impostos, o que gera um benefício em função da alíquota T. O investimento em capital de longo prazo (*Inv LP*) representa a parte do lucro operacional que é reinvestido na manutenção dos ativos que estão sob constante desgaste da depreciação (D). Além disso, esses reinvestimentos têm forte relação com a taxa de crescimento da empresa. Por sua vez, o investimento em capital de giro (*Inv CG*) é subtraído do lucro operacional, pois representa um excedente das aplicações de curto prazo em relação às capitações de recursos de curto prazo.[11] Sendo assim, pode ser considerado como saída de caixa.

Por tratar do caixa disponível a *todos* os detentores de direitos da empresa, a avaliação baseada no FCFF deve utilizar uma taxa de desconto que reflita o custo de oportunidade e o risco tanto dos investidores do patrimônio líquido quanto de terceiros. O modelo mais utilizado é o Custo Médio Ponderado do Capital, ou *Weighted Average Cost of Capital* (WACC), que pondera o retorno exigido pelos credores e proprietários de acordo com as suas participações na estrutura de financiamento da empresa.

$$\text{Valor da Empresa (FCFF)} = \sum_{t=1}^{t=n} \frac{FC_t}{(1 + WACC)^t} + \frac{Perpetuidade_n}{(1 + WACC)^n}$$

Em que,
FCFF = *Free Cash Flow to the Firm*/Fluxo de Caixa da Firma
FCt = Fluxo de caixa disponível a todos os credores
WACC = Weighted Average Cost of Capital/Custo Ponderado de Capital

Por sua vez, o FCFE pode ser entendido como o caixa remanescente dos acionistas/ sócios depois de todos os pgamentos incluindo as dívidas:

$$FCFE = [EBITDA\,(1 - T)] + (D * T) - Inv\,LP -$$

$$Inv\,CG + Emissão\,de\,Dívida - Amortização\,de\,Dívida$$

Ou

$$\text{Valor do Sócio (FCFE)} = \sum_{t=1}^{t=n} \frac{FCl}{(1 + Ke)^t} + \frac{Perpetuidade_n}{(1 + Ke)^n}$$

---

11. ASSAF, Alexandre. **Estrutura e análise de balanços**. São Paulo. Editora Atlas, 2000.

Em que,
FCFF = *Free Cash Flow to the Equity*/Fluxo de Caixa do Sócio
FCl = Fluxo de caixa livre dos sócios
Ke = *Cost of Equity*/Custo do Capital Próprio

1.2.4.3 Taxas de desconto (custo de capital)

A taxa de desconto ou custo de capital é o custo de oportunidade que mede o retorno mínimo desejado sobre uma aplicação financeira ou investimento realizado ante a incerteza de obter ganhos ou perdas. Em outras palavras, quando um detentor de capital opta por investir em determinado ativo em detrimento de outro, ele automaticamente faz uma escolha, ou melhor, toma uma decisão que intuitivamente busca maximizar o seu retorno e mitigar o seu risco assumido. A incerteza de retorno de um investimento faz com que o investidor exija uma remuneração maior pelo seu dinheiro aplicado. Podemos dizer, então, que na prática o risco de um investimento está relacionado com a distribuição das probabilidades de ocorrência dos retornos. Nesse contexto, tratando-se de uma aplicação feita em empresa, para que o capital do investidor seja remunerado adequadamente, deve-se reconhecer e dividir o risco total da empresa em duas partes: i) risco sistemático ou de mercado; e ii) risco não sistemático ou específico.

I. Risco sistemático

Os riscos sistemáticos de uma empresa são os riscos conjunturais e estruturais sendo esses impossíveis de serem eliminados ou mitigados pelo investidor. Os conjunturais de mercado são relacionados aos fatores econômicos, políticos e sociais. Ao iniciar suas atividades, todas as empresas, seja qual for o setor, estão incorrendo no risco sistemático do mercado e assumindo-o, haja vista: taxa de juros, crises financeiras, guerras, taxa de desemprego, alterações de classificação de risco pelas agências, incentivos fiscais ou majoração tributária, mudanças de ordem política, escândalos e delações, variação dos indicadores econômicos (PIB, inflação, câmbio) etc.

Segundo Regina Couto:

> *"Os riscos estruturais são as mudanças que alteram o fundamento de um setor de atividade, com impactos no longo prazo. Alguns exemplos*

de mudanças estruturais são (i) as alterações demográficas como o envelhecimento da população e os novos conceitos de consumo da população mais jovem, (ii) as mudanças disruptivas, consideradas aquelas que mudam o comportamento do consumidor, o modo de produzir e de fazer negócios, podendo eliminar um mercado existente e criar um novo totalmente diferente. Alguns exemplos de mudanças disruptivas são o veículo autônomo, a Netflix e a impressão 3D".

II. Risco não sistemático

O risco não sistemático refere-se ao risco específico do segmento em que a empresa atua. Usualmente, para medir o risco específico do negócio no modelo CAPM calcula-se o coeficiente de variação conhecido como Beta (B), no qual se mede o desvio dos retornos do segmento em relação ao retorno da carteira de mercado. Assim, quanto mais ou menos volátil for o desvio dos retornos em relação ao mercado, maior ou menor será o risco.

No Fluxo de Caixa Descontado (FCD), o termo "descontado" tem como ideia principal remunerar esse detentor de capital, descontando os fluxos de caixa pelo custo de oportunidade exigido por ele. Portanto, ao avaliar uma empresa pelo FCD, busca-se, por meio dos fundamentos econômicos, conhecer o valor justo do ativo na geração de caixa previsto condicionado ao risco/retorno.

Cálculo do CAPM:

$$E(R_i) = R_f + \beta [R_m - R_f] + RP\ Brasil$$

Em que,
E(Ri) = Retorno esperado do investimento
Rf = Taxa livre de risco
β = Volatilidade do Investimento/Mercado
E(Rm) = Retorno esperado do mercado
RP Brasil = Prêmio de risco do Brasil

1. VALUATION NO BRASIL E AS METODOLOGIAS CLÁSSICAS | 37

METODOLOGIA: FLUXO DE CAIXA DESCONTADO | USINA SÃO CAMILO SA

Descrição (R$ milhões)	x0	x1	x2	x3	x4	x5	∞
Receita Líquida	**220,00**	**253,00**	**303,60**	**425,04**	**446,29**	**499,85**	**524,84**
Custo Operacional	**(127,50)**	**(145,65)**	**(173,48)**	**(240,27)**	**(251,96)**	**(281,42)**	**(295,16)**
Custo Operacional variável	(121,00)	(139,15)	(166,98)	(233,77)	(245,46)	(274,92)	(288,66)
Custo Operacional Fixo	(6,50)	(6,50)	(6,50)	(6,50)	(6,50)	(6,50)	(6,50)
Amortização / Depreciação	(1,20)	(1,38)	(1,66)	(2,32)	(2,43)	(2,73)	(2,86)
Margem Bruta	**92,50**	**107,35**	**130,12**	**184,77**	**194,33**	**218,43**	**229,68**
Margem bruta %	42,0%	42,4%	42,9%	43,5%	43,5%	43,7%	43,8%
Despesas Administrativas	**(12,00)**	**(12,00)**	**(12,00)**	**(12,00)**	**(12,00)**	**(12,00)**	**(12,00)**
Despesas gerais	(12,00)	(12,00)	(12,00)	(12,00)	(12,00)	(12,00)	(12,00)
EBIT	**80,50**	**95,35**	**118,12**	**172,77**	**182,33**	**206,43**	**217,68**
Margem EBIT - %	36,6%	37,7%	38,9%	40,6%	40,9%	41,3%	41,5%
Impostos sobre resultado (IR e CSLL)	(27,37)	(32,42)	(40,16)	(58,74)	(61,99)	(70,19)	(74,01)
EBIT *(1-t) / NOPAT	**53,13**	**62,93**	**77,96**	**114,03**	**120,34**	**136,24**	**143,67**
Margem EBIT x (1-t) - %	24,2%	24,9%	25,7%	26,8%	27,0%	27,3%	27,4%
Rec.Desp./ financeiras	(0,01)						
LUCRO LÍQUIDO	**53,12**	**62,93**	**77,96**	**114,03**	**120,34**	**136,24**	**143,67**
Margem Lucro líquido (%)		24,9%	25,7%	26,8%	27,0%	27,3%	27,4%

Conversão DRE para Fluxo de Caixa

	x0	x1	x2	x3	x4	x5	∞
(+) Depreciação e amortização	1,38	1,38	1,66	2,32	2,43	2,73	2,86
(+) Despesas/receitas financeiras e não oper.	-	-	-	-	-	-	-
(+) Impostos sobre o resultado (Ir e CsII)	32,42	32,42	40,16	58,74	61,99	70,19	74,01
EBITDA		**96,73**	**119,78**	**175,09**	**184,77**	**209,16**	**220,54**
Margem EBITDA (s/ receita líquida)		38,23%	39,45%	41,19%	41,40%	41,84%	42,02%
=EBIT*(1-T) / (NOPAT)		**62,93**	**77,96**	**114,03**	**120,34**	**136,24**	**143,67**
(+) Depreciação/Amortização		1,38	1,66	2,32	2,43	2,73	2,86
(-) Investimentos		(3,03)	(4,19)	(8,39)	(3,50)	(5,40)	(4,22)
(-) Ativos Fixos Manutenção do imobilizado		(1,38)	(1,66)	(2,32)	(2,43)	(2,73)	(2,97)
(-) Variação da NIG		(1,65)	(2,53)	(6,07)	(1,06)	(2,68)	(1,25)
= FLUXO DE CAIXA LIVRE DAS OPERAÇÕES		**61,28**	**75,43**	**107,95**	**119,28**	**133,57**	**142,31**
= Amortização ou emissão de novas dívidas		(1,20)					
=FLUXO DE CAIXA DESCONTADO DOS SÓCIOS		**48,45**	**49,06**	**56,62**	**50,45**	**45,56**	**231,16**
Taxas de desconto							
Custo do Capital Próprio		24,00%	24,00%	24,00%	24,00%	24,00%	24,00%
Cenário Base (em milhões R$)							
Valor Patrimonial	481,30						
Valor Patrimonial período explícito	250,14						
Valor Patrimonial perpetuidade	231,16						

1.3 Comparação entre as metodologias

As quatro metodologias apresentadas *são as mais conhecidas e usadas no mercado em geral. A aplicabilidade de cada* uma depende substancialmente da finalidade específica da avaliação. A utilidade aplicada a seguir *não é regra*, mas é largamente praticada nesse mercado.

Contábil: na hipótese de liquidação, perícia, *due diligence*, auditoria ou fiscal.

Múltiplos: venda ou compra de microempresas ou para negociação em casos muito específicos em que há o par perfeito, análises gerenciais comparativas (*benchmark*) de performance e métricas de pagamento como *earn out*.

Mercado: leilão/oferta da empresa para negociar compra e venda de ações e/ou empresas.

Fluxo de Caixa Descontado: compra ou venda de empresas, cisão, fusão, incorporação, disputas societárias, joint venture, função gerencial norteadora de ações criadoras de valor e fins societários regulatórios e específicos como CPC 01 e CPC 15.

As metodologias aplicadas costumam apresentar resultados bem diferentes para o mesmo ativo, o que leva a crer que não existe um valor único e determinante para o ativo avaliado. Isso implica dizer que o ativo pode ter diferentes valores dependendo da forma como o indivíduo enxerga valor. Segundo Álvaro Vargas Llosa, as pessoas não investem como máquinas racionais, mas, sim, como seres com paixões, ilusões, preconceitos e, em geral, "mentalidade de rebanho". Sendo essa uma afirmativa verdadeira, o valor não necessariamente está relacionado às metodologias financistas e econômicas aplicadas, mas ao entendimento que cada indivíduo tem sobre o que é valor.

COMPARATIVO METODOLOGIAS | USINA SÃO CAMILO SA

Métricas de Valor:	Custo Histórico	Custo Histórico Corrigido	Custo Corrente	Valor de mercado	Múltiplos	FCD
Ativo	**350,0**	**385,0**	**470,0**			
Disponibilidades	100,0	100,0	100,0			
Estoque	100,0	115,0	70,0			
Imobilizado	150,0	170,0	300,0			
Passivo	**350,0**	**385,0**	**470,0**	**562,5**	**297,0**	**761,3**
Fornecedores	90,0	85,0	80,0	80,0		80,0
Tributos a pagar	110,0	120,0	100,0	100,0		100,0
Empréstimos C.P	100,0	130,0	100,0	100,0		100,0
Patrimônio Líquido	**50,0**	**50,0**	**190,0**	**282,5**		**481,3**
(-) Disponibilidades				100,0		100,0
Valor da empresa	**350,0**	**385,0**	**470,0**	**462,5**	**297,0**	**661,3**

1.4 O profissional avaliador no Brasil, um desafio

O avaliador de empresas brasileiro assume um grande desafio na sua carreira ao utilizar as metodologias já elencadas até aqui nos processos de *valuation* no Brasil. Isso porque, ao "tropicalizar" as metodologias internacionais, é necessário obter informações no mercado local, e elas nem sempre estão disponíveis, e, quando estão, na maioria dos casos são de baixa qualidade.

As deficiências e complexidades do mercado brasileiro dificultam o trabalho do avaliador em todas as metodologias citadas. A utilização da metodologia do Fluxo de Caixa Descontado, embora muito utilizada e vista nos laudos de avaliação brasileiros, é a que mais sofre com os reflexos do mercado do País. Como a essência da metodologia é a base orçamentária, uma simples mudança no panorama econômico brasileiro (o que ocorre com muita frequência) pode invalidar as premissas iniciais do trabalho e, por conseguinte, a resultante de valor da empresa. Portanto, a falta de previsibilidade brasileira nessa metodologia cria limitações ao avaliador que, por vezes, restringe ou limita seu uso.

As demais metodologias também estão vulneráveis a ajustes e cuidados do avaliador no Brasil. No caso dos múltiplos, por exemplo, as referências ou transações pares nacionais são poucas, se não nulas, e, por vezes, são proxy do próprio Fluxo de Caixa Descontado (FCD). Então, uma transação que ocorreu por um múltiplo no passado pode não ser adequada no presente.

No caso da avaliação contábil executada por um contador, embora seja uma metodologia que necessite de menores ajustes para reconhecer o valor dos ativos e passivos físicos, não representa o valor real do negócio na sua essência. O que implica dizer, em outras palavras, que os ativos intangíveis mais valiosos de uma empresa não são reconhecidos em determinadas circunstâncias.

Para se tornar um avaliador qualificado, é preciso ter conhecimentos específicos de matérias como estatística, matemática financeira, contabilidade, tributos e economia. Sem esse conteúdo, mesmo que básico, não é possível se tornar um avaliador de empresas. No entanto, na medida em que há desemprego, novos entrantes surgem como prestadores desse serviço. Com oferta em alta e demanda em baixa, o preço desses serviços tem sido cada vez mais baixo. É uma triste realidade desse mercado, tendo em vista que, para tornar-se um avaliador, são precisos muitos anos de dedicação. Então, pela inexperiência da contratante, infelizmente, o menor preço tem sido o maior atrativo. As formações acadêmicas que mais se assemelham às competências do avaliador de empresas são: Administração de Empresas, Contabilidade e Economia.

No tocante à regulamentação da profissão de avaliador, o Brasil também carece de entidades que representem a atividade. No entanto, o único órgão que chancela e reconhece esse campo de atuação de forma específica é o Conselho Regional de Economia (Corecon):

> *De acordo com o Decreto 31.794/52, a atividade profissional privativa do economista exercita-se, liberalmente ou não, por estudos, pesquisas, análises, relatórios, pareceres, perícias, arbitragens, laudos, certificados, ou por quaisquer atos, de natureza econômica ou financeira, inclusive por meios de planejamento, implantação, orientação, supervisão ou assistência dos trabalhos relativos às atividades econômicas ou financeiras, em empreendimentos públicos, privados ou mistos, ou por quaisquer outros meios que objetivem, técnica ou cientificamente, o aumento ou a conservação do rendimento econômico.*
>
> *São inerentes ao campo profissional do economista, de conformidade com a legislação pertinente, as seguintes atividades:*

j) Avaliação patrimonial econômico-financeira de empresas e avaliação econômica de bens intangíveis.

Demais entidades como CRA (Conselho Regional de Administração) e CRC (Conselho Regional de Contabilidade) não são explícitos:

CRA (Conselho Regional dos Administradores)

Administração Financeira;

Análise Financeira; Assessoria Financeira; Assistência Técnica Financeira; Consultoria Técnica Financeira; Diagnóstico Financeiro; Orientação Financeira; Projeções Financeiras; Projetos Financeiros.

CRC (Conselho Regional dos Contadores)

Art.3º São atribuições privativas dos profissionais da contabilidade:

2) Avaliação dos fundos de comércio.

O CRC permite ao contador avaliar o fundo de comércio, no caso, os ativos intangíveis. No entanto, não evidencia de maneira clara a atribuição de atividade de avaliação de empresas.

Em casos específicos, como demanda jurídica ou oferta pública, a credencial se faz necessária. E, nesses casos, o economista leva vantagem. No mais, não há proibição ou restrição, portanto, qualquer pessoa que acredita ser um avaliador poderá exercer a função. Todavia, sem preparo, caso a fase de negociação inicie, terá grande dificuldade de sustentar o *valuation* elaborado.

CONSIDERAÇÕES FINAIS

Este capítulo faz um insight sobre as metodologias mais utilizadas em avaliação de empresas. Sob a ótica de compradores/vendedores e avaliadores, alguns cuidados precisam ser tomados, a citar:

Equívocos do empresário ao entender o valor do seu negócio:

- *O valor do negócio está nos bens materiais da empresa*: normalmente, ao pensar no valor do próprio negócio, o empresário pensa que o valor total está na soma dos seus ativos físicos: máquinas, caixa, recebíveis, estoques e imóveis. Não significa dizer que esses ativos não têm valor, eles têm. O ativo intangível (marca, clientes, *know-how* etc.), porém, em geral tem maior representatividade no valor do negócio. O conjunto da obra, tangíveis e intangíveis, orquestra o negócio e, consequentemente, o seu valor.

- *O meu negócio vale mais que os outros*: fundar uma empresa, viver nela e dela, amá-la e fazer dela sua própria história de vida remete a entendimentos de que o valor da empresa é fora do comum e substancialmente superior a tudo que existe no setor. Desse modo, o apego emocional ao sucesso empresarial ofusca a ideia de valor justo.

- *Minha empresa vale X porque a outra foi vendida por Y*: é comum precificar ativos por meio de comparações com outras transações ocorridas no mercado. Muitas vezes, os pares transacionados não fazem o menor sentido com o próprio negócio, ou a negociação do concorrente foi totalmente desvantajosa para um dos lados (comprador ou vendedor). Nessas situações, estará superavaliando ou subavaliando a própria empresa ao compará-la.

- *Minha empresa tem um valor exato*: o entendimento coletivo é que o valor de uma empresa é preciso ou único. Nunca existirá valor preciso para uma empresa. Existem possibilidades de ocorrência que acarretarão uma variação de um valor previamente estimado.

- *O comprador dará o valor justo ao meu negócio*: a abordagem amigável e sedutora do comprador permite estabelecer um elo de confiança na transação. Aparentemente, não há nada de errado nessa relação. Ela suaviza e facilita o andamento do processo de transação. No entanto, tratando-se de grandes quantias, acredite, nenhum comprador avaliará para pagar bem. Ele sustentará o menor valor possível.

Equívocos do avaliador iniciante:

- *O valor de uma empresa é preciso como um relógio*: o mundo teórico de finanças ilustra muitos exemplos de Fluxo de Caixa Descontado para determinar o valor justo de um ativo. Essa metodologia necessita projetar o futuro, e como no mundo real as variáveis futuras são incontroláveis, os valores de uma empresa não são únicos nem precisos. Existe um intervalo de valor justo para toda e qualquer empresa.

- *Para avaliar uma empresa, bastam três cenários*: similar ao tópico 1, porém, aqui o avaliador se limita a fazer três cenários. No mundo real, existem múltiplas possibilidades e combinações entre variáveis. O modelo de Monte Carlo possibilita modelar combinações e distributivas para capturar o intervalo de valor mais realista.

- *Os dados financeiros fornecidos são fiéis e corretos*: para realizar uma avaliação de empresa, o avaliador deve ter acesso aos números financeiros, e uma parte deles vem da contabilidade. Todavia, a contabilidade brasileira é precária e voltada exclusivamente para atender às necessidades fiscais. Portanto, cabe ao avaliador analisar, investigar, depurar e ajustar o valor fornecido pelo cliente.

- *Não serão necessários investimentos futuros*: algumas avaliações preveem crescimentos extraordinários sem contrapartida de investimentos. Tal evidência, comum em trabalhos mal executados, remetem à superavaliação.

REFERÊNCIAS

BENJAMIN GRAHAM. Journal of Political Economy. **Chicago Journal**, Chicago, vol. 47, n. 2 abril, p. 276-278, 1939.

COPELAND,T.; KOLLER,T.; MURRIN, M. **Avaliação de empresas – valuation**: calculando e gerenciando o valor das empresas. 3ª Ed. Pearson Makron Books, 2002.

DAMODARAN, A. *valuation*. **Como avaliar empresas e escolher as melhores ações**. São Paulo. LTC, 2012.

GOETZMANN, W. N. **Fibonacci and the financial revolution**. National bureau of economic research, Cambridge, MA 02138, p. 44, março 2004.

LAUDOS DE AVALIAÇÃO: Carta Diretriz. **IBGC**. São Paulo, v. Série 3, p. 26, 2011.

LLOSA, A. V. **Todo amador confunde preço e valor. Estratégias de formação e crescimento de patrimônio para tempos de crise e também de prosperidade.** São Paulo. Virgiliae, 2012.

PREINREICH, GABRIEL A.D. **Nature of dividends**. New York. University of Florida.

VASCONSCELLOS, S. et al. **Economia brasileira contemporânea.** 4ª ed. São Paulo; Atlas, 2002.

WILLIAMS, J. B. **The theory of investment value**. Harvard University Press. 1938.

2

O LADO SOMBRIO DAS FUSÕES E AQUISIÇÕES

"Na teoria, teoria e prática são a mesma coisa. Na prática, não são."

Albert Einstein

A frase de Einstein parece encabeçar adequadamente este capítulo. Ao trazê-la para os dias de hoje em estudos de finanças corporativas, pode-se afirmar que existe uma lacuna expressiva entre a teoria e a prática em Fusões e Aquisições. Isso ocorre porque as transações não são fechadas apenas nos moldes teóricos de *fair value*. Na prática, são fechadas com base em histórias bem contadas, jogo de poder, influência entre as partes relacionadas, remunerações agressivas, dentre outros motivos.

Entre 2006 e 2017, o mercado brasileiro observou 181 Ofertas Públicas de Ações (IPOs, na sigla em inglês), 107 ofertas subsequentes (Follow-Ons) e 8.178 Fusões e Aquisições (F&A) relevantes. Todas essas transações e movimentações de capitais permitiram altos rendimentos para muitos empresários e investidores. O valor das empresas e, por conseguinte, das ações, parecia não ter "teto". O céu era o limite. Todavia, à medida que o mercado valorizava esses ativos, o desempenho real das empresas, no final de 2008, começou a dar sinais contrários. Aos poucos a cortina foi se abrindo, e esses ativos revelaram-se superavaliados. Historicamente, quase 70% das empresas que abriram capital nesse período valiam, no primeiro semestre de 2018, menos do que no dia de sua oferta inicial.

Assim como nas empresas públicas, há fortes evidências de perda de valor nas empresas fechadas. Essa percepção de valor nas empresas fechadas pode ser notada na ocorrência das transações. Diversas pesquisas, dentre elas da KPMG e Bain & Company, reportaram que entre 60% e 80% das operações de F&A são malsucedidas. Ao leitor deve restar a dúvida: por que se paga tanto por essas empresas?

Por trás de cada uma dessas transações é elaborado um laudo de avaliação com o objetivo de determinar o valor pelo qual a companhia será transacionada. Esse material é confeccionado por avaliadores que também são intermediadores e coordenadores da venda da empresa avaliada. Geralmente, para sustentar o laudo, são apresentados, na ordem: sumário executivo, notas explicativas, informações da empresa avaliada, premissas de avaliação, valor da empresa, valor-alvo, múltiplos e considerações finais. É um material bem elaborado, de aparência profissional, com gráficos e dados bem apresentados. Muitas vezes, porém, esses laudos podem não ter sido feitos para conhecer o valor justo da empresa, mas para atender às expectativas do atual proprietário da companhia. Afinal, o avaliador, de modo geral, é remunerado pela empresa avaliada, e a sua comissão está diretamente relacionada com o valor da empresa. Há aqui, portanto, duplo conflito de interesses, na avaliação do valor da companhia e na intermediação da negociação a ser feita pelo avaliador.

Ao longo da negociação da companhia e fechamento do negócio entre comprador e vendedor, a interação parece uma luta de vale-tudo. Aparentemente, há um respeito mútuo, típico de namoro, mas, nos bastidores, cada um, dentro dos seus limites, busca tirar vantagens ocultas. Vão desde omissão de informações a contratos leoninos. O valor da palavra e das tratativas é jogado no lixo. Parte desse problema pode ser explicado porque essas transações envolvem grandes quantidades de capital, colocando, com isso, o lado ético e moral à prova e, geralmente, revelando o pior lado do ser humano.

Nesse contexto, este capítulo apresenta o lado sombrio das Fusões e Aquisições, estando dividido em duas partes:

> *Valuation* – são apresentados casos reais de indícios de manipulação em laudos de avaliação, bem como os reflexos e desdobramentos das ofertas públicas de ações. Busca-se responder às seguintes questões:

1. Laudos de avaliação são uma realidade ou peça de ficção?
2. Como devem ser contratados os serviços de avaliação e intermediação?
3. Para o avaliador: como exercer independência e o bom relacionamento com a contratante em casos de frustração de expectativas?
4. Quais cuidados devem ser tomados em transações?

Transactions – são apresentados casos reais de conflito entre comprador e vendedor, nos quais é possível perceber que, mesmo em relações de fusões, lealdade e confiança se desmantelam.

2.1 Valuation

2.1.1 Laudos de avaliação, realidade ou uma peça de ficção?

Há uma quantidade enorme de laudos de avaliação disponíveis na internet. A maioria foi feita por grandes bancos ou *boutiques* de investimentos. Nota-se que todos têm textos bem parecidos. Por padrão, atendem a requisitos legais e órgãos reguladores, como o Comitê de Aquisições e Fusões (CAF). Por exemplo, quando se trata de empresas com capital aberto, devem seguir normas da Comissão de Valores Mobiliários (CVM), como a Instrução 361. Todavia, independentemente do tipo de negócio avaliado, sempre apresentam taxas de crescimento extraordinárias, rentabilidade crescente e premissas que favoreçam a empresa avaliada. Textualmente não garantem tais ocorrências e desvinculam qualquer relação comercial ou de publicidade. O padrão convencional segue esta declaração:

> *Nem o (emissor do Laudo), nem seus funcionários, diretores e/ou representantes, poderão garantir a ocorrência no todo ou em parte das premissas, estimativa, projeções, resultados ou conclusões utilizadas ou apresentadas neste Laudo de Avaliação. Os resultados da (empresa) no futuro poderão ser diferentes das projeções aqui apresentadas, e essas diferenças podem ser significativas. O (emissor do Laudo) não assume qualquer responsabilidade em relação a essas diferenças.*

> *Laudo de Avaliação foi preparado de acordo com os termos da Instrução CVM 361 e não representa uma proposta, solicitação, aconselhamento ou recomendação por parte do (emissor do Laudo) ou não à Oferta.*

Na prática, pode-se observar que essa relação não é tão independente e isenta assim. Não há divisão de papéis entre avaliador e *advisor*. Trata-se do mesmo profissional para ambas as atividades. Além da remuneração pelo trabalho realizado como exposto adiante, há comissão regressiva (quanto maior a transação, menor é a taxa percentual de comissão) em caso de êxito. O estímulo pelo *success fee* é um atrativo incontestável que pode influenciar drasticamente na avaliação da empresa.

Os autores Santos, Campos, Felipe e Anjos (2008) estudaram 90 laudos do período de 2003 a 2007 com o objetivo de verificar o grau de exequibilidade das exigências da CVM. O estudo mostra que os laudos analisados não aderem plenamente às exigências da CVM com relação aos deveres dos avaliadores e dos critérios de avaliação adotados pelas empresas.

Dentre os principais problemas evidenciados, pode-se citar:

Fonte de informação

O grande erro observado em laudos de avaliação está nos esclarecimentos feitos pelo avaliador, também chamados de *disclosure*, no qual assume-se que a contabilidade e o administrador são fontes de informação confiáveis para execução desse trabalho. Isso pode constituir-se um equívoco na medida em que o trabalho da contabilidade apresenta frequentemente fins relacionados com as obrigações fiscais da companhia, e a administração tem uma visão otimista a respeito da empresa e do negócio que está sendo celebrado. Via de regra, o planejamento estratégico do administrador, com base no qual se projeta o desempenho futuro da companhia, apresenta expectativas de crescimento em ritmo exponencial, apesar de um histórico nem de perto tão atraente.

O Instituto Brasileiro de Governança Corporativa (IBGC)[12] faz recomendações de boas práticas a(os) avaliador(es) por meio de Carta Diretriz, na qual destaca-se:

> *ix) Elaborar o trabalho baseado em informações e projeções fornecidas pela administração da companhia ou por terceiros por ela contratados,*

---

12. CARTA DIRETRIZ IBGC. **Instituto Brasileiro de Governança Corporativa**, p. 17.

desde que respaldados por verificação independente, sob pena de simplesmente emprestar-se a credibilidade da instituição avaliadora às premissas da própria companhia, tornando-se, portanto, contraproducente em relação ao objetivo inicial da contratação do(s) avaliador(es).

Fonte: IBGC – Carta Diretriz

Do ponto de vista de um avaliador tentando estimar quanto vale uma companhia, é grande a tentação de concordar com a expectativa de crescimento dela. Caso no futuro seja feita qualquer forma de contestação, o apontado será a própria administração.

Independência

Quando o emissor do laudo de avaliação se diz independente, está afirmando que não tem vínculos com as empresas envolvidas. Em outras palavras, assume que não tem conflito de interesses que possa prejudicar o trabalho.

Embora o mercado de F&A tenha convencionado dessa forma, o simples fato de como eles são remunerados já desperta muitas dúvidas acerca da sua real independência. Normalmente, o avaliador também é o assessor financeiro e, com isso, assume dois papéis: avaliador e intermediador.

Para entender melhor como isso funciona, é preciso antes explicar as atividades desempenhadas por esse profissional. Existem dois trabalhos relacionados em Fusões e Aquisições. O primeiro é o serviço de avaliação de empresas, no qual o avaliador emite um laudo econômico-financeiro, apresentando o valor justo da empresa. O segundo é o de assessoria (*advisory*), em que o assessor conduz toda a negociação e o fechamento da transação.

A praxe de mercado para remuneração desses serviços estabelece um preço fixo (*fee*) pela emissão do laudo e uma remuneração variável pela assessoria na transação, denominada taxa de sucesso (*success fee*).

Essa remuneração variável costuma seguir a tabela a seguir:

Taxa de Sucesso ("Intermediação")	
Até 10 milhões	6,0%
Entre R$ 11 e R$ 20 milhões	5,0%
Entre R$ 21 e 49 milhões	4,0%
Acima de R$ 50 milhões	2,5%

Diante do exposto, no qual avaliador e assessor são a mesma pessoa, observa-se a possibilidade questionável de tendência a: i) subavaliação, para vender com rapidez e garantir a comissão com menor esforço; ou ii) superavaliação, para garantir uma comissão maior.

Hoje, tem-se discutido a utilização dos trabalhos de *Fairness Opinion* como forma de garantir maior independência aos laudos de avaliação. É um serviço feito por um assessor financeiro (avaliador) que tem como propósito trazer uma segunda opinião sobre o laudo apresentado. Sua independência é determinada pela forma de pagamento, em que não há comissionamento nem assessoria na transação, apenas um valor fixo.

Então, pode-se dizer que o trabalho de *Fairness Opinion* é totalmente independente?

Nunca se sabe o quanto a empresa contratante é influente, mas há um peso grande a ser carregado pelo avaliador, principalmente se o valor imaginado pelo contratante fugir do que o avaliador sugeriria, caso fizesse sua análise de forma independente.

Seja qual for o propósito da avaliação, o contratante muitas vezes acaba criando vieses para o avaliador sobre qual imagina ser o valor de sua empresa, o que pode acabar afetando a suposta independência alegada pelo avaliador ao determinar o valor da companhia.

Por conta de circunstâncias de pressões políticas similares, o avaliador muitas vezes encontra-se com a incumbência de modelar o *valuation*, visando a chegar a um valor da empresa para satisfazer o cliente. (2.1.2 – Evidências empíricas)

Os serviços de avaliação costumam ser mais independentes quando:
- o *valuation* é desvinculado de intermediação;
- são feitos para atender contratantes de partes contrárias, quando existe aquele que deseja que o valor seja mais alto, e o outro deseja que o valor seja mais baixo. Exemplos: comprador x vendedor, majoritário x minoritário, marido x mulher (divórcio);
- o avaliador usa suas próprias premissas de crescimento, independentemente da sugestão da administração;
- o avaliador estabelece o direito de reavaliação gratuita em 24 meses em ocorrências que desvirtuam o laudo;
- não há proximidade com as partes interessadas.

2. O LADO SOMBRIO DAS FUSÕES E AQUISIÇÕES | 53

Sumário Executivo dos Avaliadores

ANO	AVALIADORA	EMPRESA AVALIADA	CUSTO	PREMISSAS e DECLARAÇÕES
2006	UNIBANCO	ACESITA	O custo deste laudo de avaliação foi de R$ 500.000,00 (quinhentos mil reais).	A avaliação por fluxo de caixa descontado adotou um período de oito anos, período necessário para a Acesita entrar em regime de longo prazo, conforme **plano de negócios fornecido pela administração da Empresa**. Nem o Unibanco, nem seus diretores, empregados, prepostos, assessores, agentes ou representantes **garantem a exatidão ou a integridade das informações fornecidas pela Empresa ou das informações públicas que resultaram no material ora apresentado** Este material **não tem objetivo de ser a única base para avaliação da Empresa**, assim como não tem a intenção de conter toda a informação necessária para tal, não devendo, em qualquer hipótese, ser considerado como uma recomendação ou aconselhamento em relação à realização de qualquer operação, aqui considerada ou não. Nada contido nesta apresentação é ou deverá ser considerado como promessa ou garantia quanto ao passado ou ao futuro.
2006	Bradesco	PERDIGÃO	O custo do laudo de avaliação foi de R$ 1.000.000,00 (hum milhão de reais).	Nem o Bradesco, nem seus funcionários, diretores e/ou representantes, poderão garantir a ocorrência no todo ou em parte das premissas, estimativa, projeções, resultados ou conclusões utilizados ou apresentados neste Laudo de Avaliação. Os resultados da Perdigão no futuro poderão ser diferentes das projeções aqui apresentadas, e estas diferenças podem ser significativas. O Bradesco não assume qualquer responsabilidade em relação a estas diferenças.
2015	CREDIT SUISSE	SOUZA CRUZ	O custo para a preparação deste Laudo de Avaliação será de R$200 mil (sem qualquer parcela variável na remuneração do avaliador), a ser pago na data de sua entrega, independentemente das conclusões dele constantes ou da liquidação da OPA.	As projeções operacionais e financeiras da Souza Cruz e de suas Afiliadas contidas neste Laudo de Avaliação, assim como as projeções relacionadas à demanda e ao crescimento dos respectivos mercados, foram baseadas em Informações obtidas junto à Souza Cruz e em Informações públicas. Assumimos, sem investigação independente, que tais projeções foram preparadas de modo razoável em bases que refletem as melhores estimativas atualmente disponíveis à administração da Souza Cruz, que foi avalada em uma base stand alone. Caso essa premissa não seja verdadeira, as análises e conclusões deste Laudo de Avaliação podem se alterar de forma significativa.
2018	BR PARTNERS	Magnesita Refratários	Para a emissão do presente Laudo de Avaliação e demais materiais a ele relacionados, o BR Partners receberá uma comissão fixa no valor de R$ 750.000,00 (setecentos e cinquenta mil reais), independentemente da realização ou não da OPA Unificada, bem como um complemento, no valor de R$ 300.000,00 (trezentos mil reais), caso, a exclusivo critério da Dutch Brasil Holding BV, seja solicitado ao BR Partners uma atualização do Laudo de Avaliação no período de até 01 (um) ano após sua emissão.	As projeções operacionais e financeiras da Magnesita e das Afiliadas da Magnesita contidas neste Laudo de Avaliação foram fornecidas As projeções operacionais e financeiras da Magnesita e das Afiliadas da Magnesita contidas neste Laudo de Avaliação foram fornecidas pela administração da Magnesita, tratando a Magnesita e suas Afiliadas como operação independente (stand alone business) e/ou baseadas em Informações públicas. Assumimos, sem investigação independente, que tais projeções foram preparadas de modo razoável, em bases que refletem as melhores estimativas atualmente disponíveis e o melhor julgamento da administração da Magnesita com relação à futura performance financeira da Magnesita. Caso essa premissa não seja verdadeira, as análises e conclusões deste Laudo de Avaliação podem se alterar de forma significativa.
2010	Itaú BBA	NET O MUNDO É DOS NETS	Receberá da Ofertante o montante de valor fixo, equivalente em Reais, na data da liquidação da OPA, a US$ 400.000,00 (quatrocentos mil dólares norte americanos) – Recebeu da Companhia US$ 466.000 (quatrocentos e sessenta e seis mil dólares) por serviços de coordenação e distribuição de Unsecured and Unsubordinated Notes de emissão da Companhia em janeiro de 2010 e que não recebeu outros valores da Ofertante ou da Companhia a título de remuneração por serviços de consultoria, avaliação, auditoria e assemelhados nos 12 (doze) meses anteriores a presente data. O Itaú BBA declara que:	Laudo de Avaliação foi preparado de acordo com os termos da Instrução CVM 361 e não representa uma proposta, solicitação, aconselhamento ou recomendação por parte do Itaú BBA de adesão ou não da Oferta. Quaisquer decisões relacionadas à OPA que forem tomadas pelo Ofertante, seus sócios e acionistas detentores de ações de emissão da Companhia destinatários da OPA ("Acionistas"), são de sua única e exclusiva responsabilidade em função da própria análise dos riscos e benefícios envolvidos na OPA, não podendo o Itaú BBA ser responsabilizado por quaisquer desses decisões.

* O Itaú BBA não teve acesso à administração da Companhia nem a quaisquer informações não públicas sobre a Companhia e seus negócios.

Taxas de Crescimento

Como será apresentado no capítulo 4, a taxa de crescimento é frequentemente um motivo de longas discussões nas avaliações. Na maioria dos casos, os laudos de avaliação declaram que utilizaram como premissa de crescimento as informações transmitidas pela administração e o mercado. No entanto, é difícil encontrar projeções conservadoras, para não dizer realistas.

Crescimento não é sinônimo de valor. Muitas companhias crescem e destroem riqueza. Em um *paper* apresentado por Damodaran no seu *blog (Growth and Value – jan./2018)* constata-se que apenas 58,8% das empresas ganharam mais do que seu custo de capital dentro de um período de dez anos. Essa taxa percentual de criação de valor é baixa, tendo em vista que a amostra utiliza um período longo, e, com isso, apenas as empresas sobreviventes ou vendedoras (14.502) permanecem na base de dados.

Não é raro ver nos laudos de avaliação que o crescimento na perpetuidade promoverá criação de valor, quando, na verdade, deveria ser considerada a possibilidade de destruição de riqueza.

Em 2013 e 2017, dois artigos [13] [14] revelaram a baixa aderência dos laudos de avaliação ao longo do tempo. A amostra da primeira (2014) teve como base os dados disponíveis nos laudos de avaliação pelo fluxo de caixa descontado das empresas que fizeram ofertas públicas de aquisição de ações (OPAs) entre 2002 e 2008, totalizando 58 laudos. Supreendentemente, as empresas analisadas apresentaram crescimento médio de -24,73%, cujos laudos de avaliação projetavam crescimentos médios de 7,61%. Esse resultado mostra que os laudos projetaram taxas de crescimento superavaliadas, quando, na verdade, o crescimento realizado foi negativo.

2.1.2 Evidências empíricas

Além dos próprios laudos de avaliação, inúmeras matérias jornalísticas e revistas trazem indícios claros de que esses trabalhos são feitos para atender a

---

13. FERREIRA DA CUNHA, M.; MARTINS, E.; ASSAF NETO, A. **Avaliação de empresas no Brasil pelo fluxo de caixa descontado:** evidências empíricas sob o ponto de vista dos direcionadores de valor nas ofertas públicas de aquisição de ações. Revista de Administração RAUSP. São Paulo, v.49, n.2, p.251-266, abr./maio/jun. 2014.
14. GUASTI LIMA, F. et al. **Avaliação de empresas no Brasil:** um confronto entre teoria e a prática. 15f. São Paulo, XVII USP – International Conference in Accounting. 4. 2017.

interesses particulares (do próprio avaliador, empresário, emissor ou intermediador). Por conta da conveniência mútua, é natural e razoável que diversos participantes de mercado questionem a suposta independência dos avaliadores ao elaborarem os laudos de avaliação.

Por conta dessas evidências, este tópico traz as matérias mais emblemáticas que demonstram como são conduzidos os laudos de avaliação.

2.1.2.1 – Case IPOS

Observe como os bancos não são independentes. Eles fazem de tudo para obter o mandato de avaliação e venda das ações da companhia, afirmando a elas que conseguirão fazer um "*valuation* agressivo", ou seja, um laudo de avaliação que superavalie a empresa do cliente. Por um lado, essa forma de vender o serviço vem ao encontro daquilo que o cliente quer ouvir. Por outro, em decorrência da conveniência mútua, obtêm-se laudos fictícios.

Em 29/9/2017, o *Brasil Journal* publicou a seguinte matéria:

> **"Me engana que eu gosto", mentira e bom senso nos IPOS.**
>
> *Uma dinâmica perversa está se instalando nos IPOS brasileiros, causando desconforto a emissores e investidores. Para uns, a origem do problema está nos bancos coordenadores, que prometem à empresa um "valuation agressivo" como expediente para ganhar o mandato. Em seguida, ao se defrontar com um mercado mais parcimonioso, os bancos coordenadores dizem às empresas que o mercado está resistindo e sugerem reduzir a ambição de preço.*

Fato é que, mesmo cientes da superavaliação, vão a mercado tentar convencer e angariar investidores. Quando rejeitados, iniciam um trabalho contrário de convencimento do cliente, dizendo que o mercado não reagiu bem.

Em outro trecho dessa mesma matéria:

> "Em nenhum outro país tem tanto banco numa transação só", diz um gestor baseado em Nova York. "Os sindicatos são imensos, até porque todos os bancos que dão crédito querem participar das transações. Como é um grupo grande, ninguém quer falar a verdade para o dono da empresa ou pro *management*. Quando você é o único

assessor do cara, ele não vai te mandar embora e vai te ouvir. Mas quando você está em grupo, instala-se uma dinâmica de grupo, e ninguém tem incentivo para falar a verdade. Por que eu vou ser o cara que vai destoar do coro?".

Um banqueiro sênior explica como funciona o processo: "você faz o '*valuation*' e apresenta para o cliente, que chama a torcida do Flamengo (outros bancos) pra conversar. Os bancos mais conservadores começam a ser tachados de 'roda presa', e o próprio cliente opera os bancos para puxar todo mundo para o *valuation* mais agressivo. Você fica numa situação delicada e acaba respondendo ao cliente: 'vai ser difícil, mas vai sair'. Ninguém quer ficar fora".

2.1.2.2 – Case corretoras e área de modelagem

Frente ao case dos IPOS, fica evidente a influência da visão do cliente sobre o desfecho do processo de *valuation*. A esse respeito, Alexandre Póvoa (9/12/16) publicou opinião similar quando questionou a execução da avaliação de um laboratório de análises clínicas:

> *Impossível não questionar se potenciais conflitos de interesse entre as áreas que fazem a modelagem e a precificação (investment banking) e as corretoras, dentro das mesmas instituições, levaram ou não a erros graves na fixação das variáveis. Uma oferta com um preço mínimo de venda de uma ação a R$ 19 e que, um mês depois, está se negociando na casa de R$ 15 enseja naturalmente a ideia que o processo de valuation não foi bem conduzido.*

Fonte: Revista Capital Aberto

2.1.2.3 – Case valuation "em comum acordo"

Na troca de e-mails a seguir, fica evidente a tentativa de aproximação dos avaliadores do Deutsche Bank dos valores gerados pela Estáter. Talvez o interesse em apresentar valores próximos fosse tornar ambos os trabalhos inquestionáveis, afinal, duas empresas avaliadoras que chegam a valores tão próximos não podem estar erradas, não é? Daí, partiu-se para revisão das premissas com a intenção de obter resultados parecidos.

Dentre as possibilidades, a taxa de desconto e crescimento são as mais fáceis de manipular. Tal evidência pode ser vista pelo questionamento de qual beta estavam praticando.

Em 6/3/2007 foi publicado:

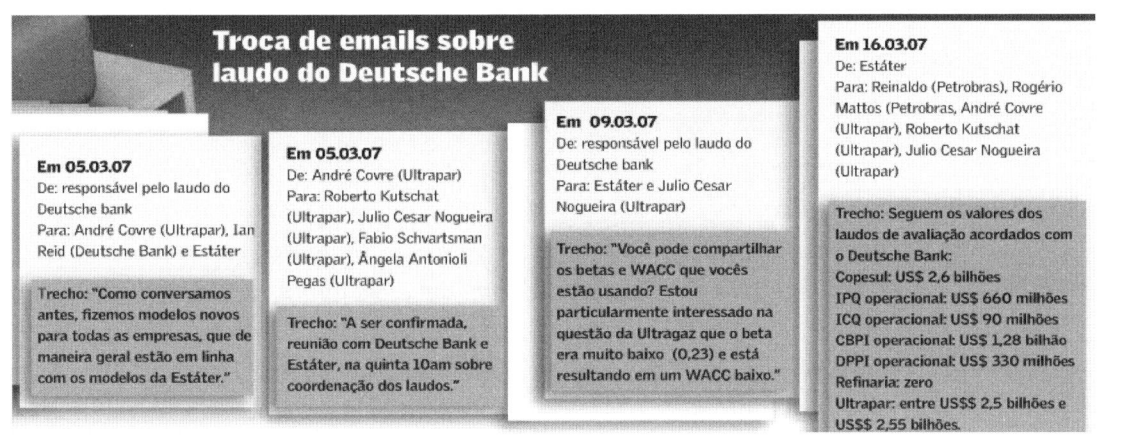

Troca de emails sobre laudo do Deutsche Bank

Em 05.03.07
De: responsável pelo laudo do Deutsche bank
Para: André Covre (Ultrapar), Ian Reid (Deutsche Bank) e Estáter
Trecho: "Como conversamos antes, fizemos modelos novos para todas as empresas, que de maneira geral estão em linha com os modelos da Estáter."

Em 05.03.07
De: André Covre (Ultrapar)
Para: Roberto Kutschat (Ultrapar), Julio Cesar Nogueira (Ultrapar), Fabio Schvartsman (Ultrapar), Ângela Antonioli Pegas (Ultrapar)
Trecho: "A ser confirmada, reunião com Deutsche Bank e Estáter, na quinta 10am sobre coordenação dos laudos."

Em 09.03.07
De: responsável pelo laudo do Deutsche bank
Para: Estáter e Julio Cesar Nogueira (Ultrapar)
Trecho: "Você pode compartilhar os betas e WACC que vocês estão usando? Estou particularmente interessado na questão da Ultragaz que o beta era muito baixo (0,23) e está resultando em um WACC baixo."

Em 16.03.07
De: Estáter
Para: Reinaldo (Petrobras), Rogério Mattos (Petrobras, André Covre (Ultrapar), Roberto Kutschat (Ultrapar), Julio Cesar Nogueira (Ultrapar)
Trecho: Seguem os valores dos laudos de avaliação acordados com o Deutsche Bank:
Copesul: US$ 2,6 bilhões
IPQ operacional: US$ 660 milhões
ICQ operacional: US$ 90 milhões
CBPI operacional: US$ 1,28 bilhão
DPPI operacional: US$ 330 milhões
Refinaria: zero
Ultrapar: entre US$$ 2,5 bilhões e US$$ 2,55 bilhões.

Fonte: Jornal Valor Econômico

2.1.2.4 – Case Empiricus

Em um caso mais recente, a famosa casa de *research* Empiricus foi acusada pelos seus próprios analistas de obrigar a recomendar ações. Observe-se, portanto, que os problemas não se limitam aos coordenadores de IPOs. Os analistas que acompanham as ações também não têm a independência que julgam necessária, ou ao menos alegam não ter.

> *O histórico de polêmicas da Empiricus não para de aumentar. Na semana passada, a casa de research foi alvo de críticas de ex-funcionários. Nas redes sociais, três analistas demitidos afirmaram que a Empiricus os obrigava a recomendar determinadas ações e a participar de ações de marketing. O CEO, Caio Mesquita, respondeu no Twitter: "Infelizmente a vitimização contaminou as novas gerações, enquanto caráter, lealdade e gratidão tornaram-se cada vez mais raros. Temo pelo futuro".*
>
> Fonte: Revista Capital Aberto – 18/3/2018

2.1.2.5 – Case Qualicorp

Outro caso que surpreendeu o mercado foi a distribuição de dividendos ao principal acionista da Qualicorp para que ele mantivesse fidelidade à própria empresa que fundou. Essa distribuição provocou revolta nos investidores e acionistas minoritários, que a classificaram como absurda e descabida. Tal atitude trouxe à tona informações adicionais:

> *O chairman, Raul Rosenthal Ladeira de Matos, está no quinto mandato consecutivo como integrante do colegiado. Detalhe importante: ele é socio da M2 Participações Ltda., empresa de consultoria e assessoria comercial para avaliação de novos negócios e aquisições, que tem um contrato no valor de 5 milhões de reais com a Qualicorp, segundo informações do formulário de referência da empresa. A consultoria de Matos também já havia sido contratada pela Qualicorp entre 2010 e 2013, período em que recebeu pelo menos 2,5 milhões de reais.*

Fonte: Revista Capital Aberto – 19/10/ 2018

Note que o avaliador e o conselheiro independente da Qualicorp são a mesma pessoa. Qual é a probabilidade ou indício dele beneficiar os controladores? Além das evidências, esse caso demonstra como o mercado acionário vem atuando de maneira conflitante e atendendo a interesses escusos.

2.1.2.6 – Case "Indústria de Laudos"

A insatisfação dos laudos de avaliação não é de hoje, em 2007, as queixas já eram constantes:

> *Há empresas para todos os gostos, tamanhos e bolsos. Na indústria de laudos de avaliação, também paga-se caro pela grife, embora a oferta seja democrática. Nas operações de compras de ações arquivadas na Comissão de Valores Mobiliários (CVM) neste ano, os preços dos serviços prestados pelos avaliadores variam de R$ 15,4 mil a US$ 4 milhões. O investimento numa grande assinatura, porém, não garante que os números serão aceitos pelos minoritários. As avaliações estão na berlinda e, cada vez mais, são o ponto nervoso das disputas societárias.*

Trata-se de um mercado disputado entre auditorias, empresas especializadas em consultoria financeira de toda sorte e bancos. Laudo nada mais é do que um documento em que uma instituição independente apresenta a avaliação de preços de um negócio. Em alguns casos, as regras de mercado obrigam sua contratação. Já em outros, visa apenas agregar credibilidade e argumentos a uma transação.

Apesar de a finalidade do laudo ser justificar racionalmente as condições de uma operação, as polêmicas em torno desse documento são crescentes. "Os laudos andam capengas", critica Edison Garcia, superintendente da Associação Nacional dos Investidores do Mercado de Capitais (Amec).

Fonte: Jornal Valor Econômico | Mat. Disputas levantam dúvidas sobre laudos

Graziella Valenti - 3/7/2007

Aqui é possível notar a deterioração da imagem das empresas emissoras de laudos quanto à credibilidade perante os investidores. Pela carga de subjetividade, o avaliador pode, dentro de certos limites, omitir ou negligenciar informações, favorecer parte(s), ou até mesmo prevalecer-se da subjetividade para justificar sua incompetência.

2.1.2.7 – Case Pasadena

Por último, o caso mais emblemático de todos os tempos e que merece destaque: o caso Pasadena.

Para fins de exposição e entendimentos, foram utilizados trechos do Relatório da Controladoria Geral da União – **AUDITORIA ESPECIAL Nº 201407539 AQUISIÇÃO DA REFINARIA DE PASADENA, NO TEXAS, EUA–RELATÓRIO FINAL dez./2014** Auditoria Especial da União. (*www.portaldatransparencia.com.br*)

É importante ressaltar que o enfoque dessa citação não tem como propósito tratar de questões relacionadas à corrupção, até porque não é tema deste capítulo. O caso Pasadena traz à tona um problema histórico global em avaliação de empresas.

Em razão da complexidade, antes de expor os fatos do relatório apresentado pela Controladoria da União, é importante, para fins de entendimentos específicos de avaliação, fazer um breve resumo cronológico de dez fatos relevantes:

1. **jan./2005:** Astra compra 100% da refinaria americana Pasadena Refinery System, Inc. – PRSI) por US$ 56,5 milhões;

2. **jun./2005:** Petrobras contrata a empresa Muse Stancil para emitir o laudo de avaliação. Essa empresa, por sua vez, apresenta um intervalo de valor entre US$ 120 milhões e US$ 170 milhões;

3. **jul./2005:** técnicos da Petrobras ignoram o Estudo de Viabilidade Técnico e Econômico (EVTE) da Refinaria de Pasadena elaborado pela Muse e reconhecem como valor justo US$ 745 milhões;

4. **fev./2006:** o Citigroup avaliou satisfatoriamente as condições da transação propostas por meio de uma *Fairness Opinion* (original sem grifo), dizendo que "a estrutura da negociação, incluindo o preço, está em conformidade";

5. **fev./2006:** Petrobras acata ao laudo interno e compra 50% de Pasadena da Astra por 359 milhões de dólares, o que corresponderia a US$ 718 milhões por 100% da Pasadena;

6. **out./2007:** a Muse registra que, se todos os projetos de alto retorno fossem realizados, comprovados, os sucessos dos resultados, partindo-se do "AS IS", o valor máximo da refinaria seria US$ 291 milhões;

7. **jun./2008:** a Petrobras deu início ao processo de arbitragem contra as empresas do Grupo Astra, alegando descumprimento de contratos quanto à gestão conjunta das empresas, chamada de capital;

8. **jul./2008:** Astra exerce a opção de *put option*, em que a Petrobras estava obrigada a comprar 50% das ações remanescentes da Astra por 788 milhões de dólares;

9. **jan./2009:** Petrobras apresenta novo laudo de avaliação no valor de zero (consultoria Aegis) e a Astra apresenta valor US$ 2,2 bilhões (consultoria Baker & O'Brien) ao Painel Arbitral;

10. **maio/2012:** as partes chegam a um acordo que totalizou US$ 820,5 milhões, referenciado a 30/4/2012.

Pontos a serem destacados:

O Citigroup emitiu o chamado *Fairness Opinion* incluindo o preço, porém, apenas validou os cálculos efetuados pela Petrobras, ou seja, não efetivou a avaliação dos ativos em questão. Apenas chancelou um trabalho feito internamente pela equipe técnica da Petrobras:

Não obstante, no Resumo Executivo apresentado pela Diretoria Executiva ao Conselho de Administração, por ocasião da Reunião de 3/2/2006 (Evidência 65), informou ao órgão de governança corporativa que "a estrutura da negociação, **incluindo o preço, também foi analisada pelo CITIGROUP que avaliou satisfatoriamente as condições da transação proposta através de uma Fairness Opinion". (original sem grifo)**

Conforme será exposto neste Relatório, **o documento emitido pelo Citigroup (Evidência 31) não adentrou na valoração do negócio, mas tão somente validou cálculos efetuados a partir de informações disponibilizadas pela Petrobras a respeito da projeção de rentabilidade futura do empreendimento em um cenário de investimentos muito diferentes da situação "As is" da refinaria.**

Cabe frisar que todas as questões que postulam superavaliação do valor de aquisição decorrem da elaboração falha do EVTE(*), **seja pela escolha das premissas seja por utilizar taxa de desconto, no caso, a taxa real, muito abaixo das taxas projetadas pela consultoria especializada.** *Além disso, a Área Internacional (DIP-INTER/DN-54/2005) (Evidência 08) defendeu em instâncias superiores diversas vantagens derivadas da aquisição sob os auspícios do EVTE.* **Acontece que esses facilitadores não se coadunavam com a realidade, conforme apontado neste Relatório**.

(*) EVTE – Estudo de Viabilidade Técnica Econômica

Menção Página 29 – Relatório – Controladoria Geral da União – Auditoria Especial nº 201407539 Aquisição da Refinaria de Pasadena, No Texas, EUA – Relatório Final dez./2014

A declaração do Citigroup é ainda mais surpreendente. Neste trecho, alegam que não fizeram nem receberam avaliação independente dos ativos ou passivos:

> *No documento citado no DIP INTER-DN 20/2006, (Evidência 12)* **a Fairness Opinion, emitida pelo Citigroup, em 1/2/2006, (Evidência 31) um dia anterior à realização da reunião da Diretoria Executiva da Petrobras, constam as seguintes informações:**
>
> "[...] **Não fizemos nem recebemos uma avaliação independente dos ativos ou passivos (contingentes ou de outra forma) da Old PRSI ou PRSI nem fizemos qualquer inspeção física das propriedades ou ativos da OLD PRSI, PRSI ou TRADING COMPANY.** *Não expressamos nenhuma visão nem nosso parecer aborda os méritos relativos da Transação proposta em comparação com quaisquer estratégias comerciais alternativas que possam existir para a Petrobras ou o efeito de qualquer outra transação da qual a Petrobras possa participar.* **Nosso parecer é necessariamente baseado nas informações disponíveis e as condições financeiras, do mercado de ações** *e outras condições financeiras e circunstâncias existentes na presente data. Nosso parecer limita-se exclusivamente ao pagamento da remuneração em dinheiro, da Remuneração da Receita e da Remuneração Total, conforme aqui descrito e não expressamos nenhum parecer em relação a qualquer outro termo dos Contratos." (Tradução juramentada. Original sem grifo).*
>
> Menção Página 36 – Relatório – Controladoria Geral da União – Auditoria Especial nº 201407539 Aquisição da Refinaria de Pasadena, No Texas, EUA – Relatório Final dez./2014

Adiante, a Petrobras ignora o trabalho contratado da Muse e paga quatro vezes mais pela empresa:

> *Percebe-se, portanto, que o valor aprovado de US$ 343,153,468.17 (correspondente a 50% da refinaria), equivale a US$ 686,306,936.34 (correspondente a 100% da refinaria),* **superior ao valor máximo apresentado no relatório da Muse de US$ 186 milhões** *(para taxa de desconto de 10%).*

> *É importante destacar que o Estudo de Viabilidade Técnica da refinaria de Pasadena elaborado pela Petrobras, que subsidiou a emissão da Fairness Opinion emitida pelo Citigroup (Evidência 31) e que foi* **apresentado à Diretoria Executiva da Petrobras antes da aprovação da compra da refinaria de Pasadena, atestava que o valor da supracitada refinaria era de US$ 750 milhões, ou seja, cerca de 300% superior ao valor máximo apresentado no relatório da Muse que era de US$186 milhões.**
>
> *Conclui-se, portanto, que a Petrobras, mesmo tendo recomendação da área técnica para que fosse definido o preço de compra da refinaria de Pasadena baseado em avaliação de seus ativos, não se utilizou da avaliação efetuada pela empresa Muse e pagou à Astra quase quatro vezes o maior valor de avaliação, que era de US$ 186 milhões.*
>
> Menção Página 37 – Relatório – Controladoria Geral da União – Auditoria Especial nº 201407539 Aquisição da Refinaria de Pasadena, No Texas, EUA – Relatório Final dez./2014

Neste trecho, o Citigroup diz ser usual a prática adotada por eles em *Fairness Opinion*:

> *Ressalvas de igual teor às contidas na Fairness Opinion prestada pelo Citigroup quando da aquisição da primeira metade da refinaria de Pasadena e da Trading podem ser encontradas em* **laudos de avaliações formulados, por exemplo, para Kepler Weber, Redecard, Brookfield, demonstrando tratar-se de procedimento comum utilizado pelos agentes do mercado.**
>
> Menção Página 42 – Relatório – Controladoria Geral da União – Auditoria Especial nº 201407539 Aquisição da Refinaria de Pasadena, No Texas, EUA – Relatório Final dez./2014

A Petrobras alega, ainda, que utilizou a taxa de desconto de 6,9% como custo de oportunidade padrão da companhia.

> *Por outro lado, é importante insistir que a utilização da taxa de desconto de 6,9% em termos reais considerada pela Petrobras decorre de orientação corporativa. Trata-se do item 4.4.3 da "Sistemática para Aquisição*

de Empresas Pelo Sistema Petrobras", de maio/2005, que informa que a **Companhia já possuía um modelo definido para a estimativa do custo de capital, o que evidencia que a taxa considerada não foi definida especialmente para aquela operação.**

Menção Página 70 – Relatório – Controladoria Geral da União –- Auditoria Especial nº 201407539 Aquisição da Refinaria de Pasadena, No Texas, EUA -Relatório Final dez./2014

A Muse Stancil emitiu *update* do *valuation* com novos valores máximos para as ações remanescentes – US$ 291 milhões:

> *21. A empresa contratada para efetuar a valoração econômica da refinaria de Pasadena, para aquisição dos 50% ações remanescentes, Muse Stancil, informou em seus estudos, registrados no relatório Pasadena Refinery –Valuation Update for Petrobras, de 04/10/2007 (Evidência 20), que o valor de avaliação da refinaria, no estado que se encontrava naquela ocasião, sem qualquer investimento adicional em aumento de confiabilidade, era de US$ 582 milhões, correspondente à situação AS IS Case # 1.* **Entende-se, portanto, que o valor que deveria ser pago pelos 50% das ações remanescentes da refinaria seria, segundo os estudos da citada consultoria, US$ 291 milhões.**
>
> Menção Página 87 – Relatório – Controladoria Geral da União – Auditoria Especial nº 201407539 Aquisição da Refinaria de Pasadena, No Texas, EUA – Relatório Final dez./2014

Surpreendentemente, Pasadena apresentava resultados negativos (prejuízos) por todo período de 2006 a 2013. Difícil explicar e reconhecer valor com essas performances:

> Merece ser destacada, informação constante no Relatório da Comissão Interna de Apuração da Petrobras (Evidência 84), que transcrevemos a seguir (Quadro 12):
>
> *"Os demonstrativos financeiros da PRSI indicavam que* **o negócio operou com resultado negativo (-US$ 18 milhões entre setembro a dezembro de 2006; e -US$ 29 milhões em 2007). Entre 2008**

e 2013, a PRSI também operou com resultados anuais negativos (Quadro X)".

Quadro 11 – Resultado Líquido Prsi (US$ milhões)

	2006	2007	2008	2009	2010	2011	2012	2013
RESULTADO	-18	-29	-351	-218	-107	-340	-531	-120

Fonte: Relatório da Comissão Interna de Apuração da Petrobras (Evidência 84)

(...) Ou seja, a Petrobras ao exercer ao Golden Share premiou duplamente sua sócia Astra, primeiro por permitir que ela se retirasse de um negócio que sempre operou com resultado líquido negativo e principalmente porque o put price a que ela teria direito havia sido definido levando-se em consideração rentabilidade positiva da Refinaria.

Menção Página 104 – Relatório – Controladoria Geral da União – Auditoria Especial nº 201407539 Aquisição da Refinaria de Pasadena, No Texas, EUA – Relatório Final dez./2014

Na câmara de arbitragem são deflagrados os extremos em termos de valor de um ativo. Note que as empresas foram contratadas como uma *Fairness Opinion*, afinal, elas tinham a pretensão de balizar a câmara de arbitragem quanto ao valor das empresas:

O Relatório Preliminar da CGU alega incoerência entre o valor ofertado pela Petrobras em dezembro de 2007 (US$ 787 milhões) e o laudo de avaliação contratado pela PAI para fins de argumentos na demanda arbitral (zero).

Nesse contexto, cita que o Painel, ao se deparar com **a divergência entre os laudos apresentados pela PAI (valor zero – consultoria Aegis) e pela Astra (valor US$ 2,2 bilhões – consultoria Baker & O'Brien),** *"possivelmente selecionaria o laudo apresentado pela Astra", conforme previsão na cláusula 5.2 do Acordo de Acionistas.*

Por fim, afirma que o Painel Arbitral reconheceu a incoerência apresentada pela Petrobras, ao não emitir opinião sobre o laudo cujo valor da refinaria seria igual a zero.

Primeiro de tudo, há que se destacar que o Relatório Preliminar, de forma imprópria, compara o possível valor da refinaria de Pasadena em momentos distintos no tempo, como se o preço dela fosse constante, o que não é possível. A análise, no particular, é muito mais complexa. O preço de uma refinaria, dentre diversos outros fatores, sofre grande impacto pelas margens de refino vigentes à cada época.

Já no que se refere à avaliação da consultoria Aegis, deve-se compreender que ela foi prestada no âmbito de um contencioso arbitral, em que as partes litigantes pretendiam enfatizar ao máximo suas posições. **Assim, em contraposição a um laudo de avaliação extremamente exagerado apresentado pela Astra (US$ 2,2 bilhões), a defesa da PAI apresentou o seu laudo de valor diametralmente oposto (zero), como parte da estratégia de contencioso, criticando tecnicamente a avaliação apresentada pela Astra.**

Menção Páginas 123 e 124 – Relatório – Controladoria Geral da União – Auditoria Especial nº 201407539 Aquisição da Refinaria de Pasadena, No Texas, EUA – Relatório Final dez./2014

A Petrobras concordou em pagar 89 milhões de dólares a mais do que a câmara de arbitragem havia determinado. Toda a operação de aquisição de Pasadena custou à Petrobras US$ 1,18 bilhão de dólares.

45. Merece ser destacado que a Petrobras concordou em pagar a Astra na transação extrajudicial (US$ 820,5 milhões) enquanto que o valor da condenação arbitral (US$ 639,166,260.00), após a incidência da correção estipulada na sentença arbitral, tendo como data de referência 30 de abril de 2012, passou a ser de US$ 731,326,225.00, ou seja, concordou pagar US$ 89,173,775.00 a mais do que o Painel Arbitral havia determinado.

Menção Páginas 155 – Relatório – Controladoria Geral da União – Auditoria Especial nº 201407539 Aquisição da Refinaria de Pasadena, No Texas, EUA – Relatório Final dez./2014

Por fim, a empresa Pasadena foi vendida por menos da metade à Chevron: US$ 467 milhões.

2.2 Transactions

2.2.1 A psicologia por trás das operações de Fusões e Aquisições

Seja qual for o tamanho da transação, por trás dela existe sempre a relação humana. E, quando tratamos de relações humanas, tudo pode acontecer. Em Fusões e Aquisições, torna-se ainda mais evidente, porque as mudanças são muitas e o capital envolvido é significativo. Os exemplos apresentados a seguir são de conhecimento público e aqui são utilizados com o objetivo de revelar o lado comportamental humano em situações que envolvem as transações.

Para entender na prática o que está sendo dito, convide uma pessoa próxima a você e faça o seguinte teste: escolha um objeto qualquer e peça para a pessoa lhe dizer por quanto o venderia se de fato o possuísse. Assim que ela disser o preço, tire esse objeto da mão dela e diga: negócio fechado! Agora, pergunte a ela qual foi a sensação. Provavelmente ela responderá coisas como: "vendi mal", "fiz besteira" ou algo do tipo.

Mesmo que o preço do negócio simulado seja coerente com parâmetros de mercado, é bem possível que muitos dos supostos vendedores sintam-se desfavorecidos com os termos da transação. Uma das possíveis explicações para essa sensação pode dever-se ao fato de buscarmos ter vantagens perante o próximo.

2.2.2 Evidências empíricas

2.2.2.1 Case - Transação entre Grupo Pão de Açúcar (GPA) e Casino

A relação entre o Grupo Casino, representado pelo presidente Jean-Charles Henri Naouri, (comprador) e o GPA, representado por Abílio Diniz (vendedor), é um típico caso prático do que acontece em Fusões e Aquisições. Embora essa relação tenha começado em 1999, ficou muito famosa apenas em 2011, com a troca de farpas entre os dois grandes grupos. A briga ocupou a manchete de grandes jornais, envolvendo inclusive o BNDES e o Carrefour.

Com a finalidade de elucidar o caso, seu histórico é apresentado a seguir.

Trajetória

1999 – O GPA passa por sérios problemas financeiros. Para recuperar a companhia, Abílio Diniz busca um investidor estratégico no exterior. Nesse processo, foi escolhido o Grupo Casino, que se tornou sócio minoritário do GPA. Naquele ano, o Casino comprou 22% do capital do GPA por R$ 1,5 bilhão de reais.

2003 – O Brasil vive um novo momento econômico à medida que as perspectivas de crescimento de futuro global passam a favorecer economias de países emergentes. Com isso, o consumidor vai às compras e o GPA se beneficia do poder de compra crescente da classe média.

2006 – O grupo francês aumenta sua participação no Pão de Açúcar, com investimentos da ordem de 2 bilhões de reais e passa a deter 50% das ações com direito a voto. Pelo acordo, a partir de 2012, o Casino pode se tornar majoritário na companhia brasileira.

29 de junho de 2011 – O banco BTG Pactual, de André Esteves, elabora e formaliza, a pedido de Abílio Diniz, um intrincado modelo societário entre Carrefour e GPA sem o conhecimento do sócio Casino. Diniz envolve ainda o BNDES como futuro sócio via aporte de R$ 3,9 bilhões.

29 de junho de 2011 – Em nota, Casino reage à tentativa do sócio Abílio Diniz e do BTG Pactual de unir as operações do Pão de Açúcar e do Carrefour no Brasil:

> *Após semanas de negar informação ao Casino, à Companhia Brasileira de Distribuição (CBD) e ao mercado, foram finalmente divulgados, ontem, os termos de uma operação envolvendo um fundo de investimento, o sr. Abílio Diniz e o Carrefour. Trata-se de uma proposta estruturada em conjunto, em segredo e de forma ilegal, com o objetivo de frustrar as disposições do acordo de acionistas que regem a Companhia Brasileira de Distribuição (CBD) e, indiretamente expropriar do Casino os direitos de controle adquiridos e pagos no ano de 2005.*

> *Ao conduzir estas negociações, o Carrefour e o sr. Abílio Diniz ignoraram deliberadamente tanto a lei e os contratos quanto os princípios fundamentais da ética comercial.*
>
> *O Casino tem sido um acionista leal da CBD, comprometido e de longo prazo, desde 1999, quando foi convidado pelo sr. Abílio Diniz e sua família para se tornar o maior acionista da companhia, numa época em que a CBD passava por sérias dificuldades.*
>
> Fonte: Casino – Jornal Valor Econômico – 29/6/2011

30 de junho de 2011 – No dia seguinte ao anúncio da proposta de combinação do Pão de Açúcar e Carrefour, a rede francesa informou ao Pão de Açúcar que comprou mais 6% do capital da empresa em bolsa, em ações preferenciais, nos últimos dias. Com isso, sua fatia subiu de 37% para 43% do capital total.

30 de julho de 2011 – Inicia-se abertura de requerimento de arbitragem para solução de conflito.

2012 – Casino assume o controle do Pão de Açúcar e encaminha uma notificação a Abílio Diniz, informando-o de que Jean-Charles Naouri vai assumir a presidência do conselho de administração da Wilkes, *holding* que controla o grupo brasileiro.

6 de setembro de 2013 – Abílio Diniz fecha acordo com Casino e deixa o Grupo Pão de Açúcar.

Comentários

Para o Casino, o convite de Abílio Diniz não poderia ter vindo em uma hora melhor (1999). O grupo francês enfrentava estagnação no mercado europeu, e o mercado brasileiro apresentava uma oportunidade interessante de investir em um mercado internacional. Com dinheiro em caixa, eles aproveitaram a oportunidade.

Já para o empresário Abílio Diniz, o novo sócio (Casino), que até então era "um salvador", tornou-se "encosto". Todavia, Diniz não esperava que as expectativas se realizariam muito acima do previsto. Entre 2003 e 2011, o mercado brasileiro vivenciou seu apogeu. E, quando o mercado vai bem, o consumo cresce, e, com isso, o varejo pega carona. Então, certamente emergiu aquela sensação de que vendeu barato demais. Em outras palavras, ficou o sentimento de perda e o desejo de resgatar algo que já não lhe pertencia mais. Dessa forma, evidenciou-se naquele momento a real intenção do empresário Abílio Diniz: não perder o controle do grupo. Por fim, a operação fracassou e causou mal-estar entre os sócios, culminando na saída de Abílio Diniz do conselho de administração.

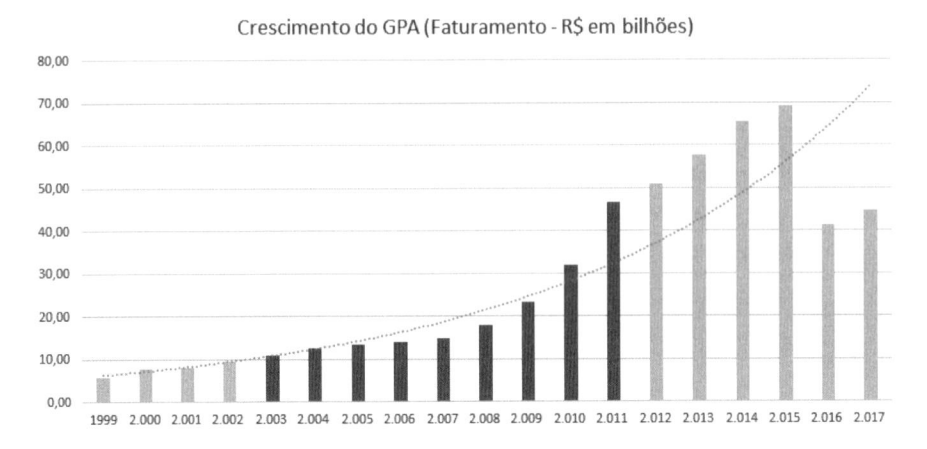

Crescimento do GPA (Faturamento - R$ em bilhões)

Fonte: Comdinheiro® – Elaborado pelo autor

2.2.2.2 Case Transação entre Grupo Pão de Açúcar (GPA) e Casas Bahia

Essa é uma transação que tinha tudo para dar certo do aspecto de ganhos de sinergia. Duas empresas grandes, com possibilidades de complementariedade, como, por exemplo, a expansão do Grupo Pão de Açúcar no segmento de bens duráveis em móveis e eletrônicos, dentre outros ganhos normais que uma sinergia pode gerar. Pelas matérias da revista *Exame*, o *Globo* e *Valor Econômico*, tornou-se explícito que a transação entre as empresas foi feita às pressas. No fechamento do contrato, os dois lados usaram um único escritório, Tozzini Freire, e um só assessor financeiro, a Estáter, o que tornou a negociação mais rápida e, talvez, menos criteriosa. Um trecho do *Jornal Valor Econômico* cita, ainda, que, segundo fontes próximas da família Klein, parte do que foi acordado verbalmente não foi redigido pelo escritório de advocacia que assessorava ambas as partes. Percebe-se, pelas fontes citadas, que a família Klein, proprietária das Casas Bahia, não tinha o conhecimento necessário para fechar uma operação daquele porte, tendo em vista as perdas posteriores. Tal ocorrência fez com que a empresa contratasse outro escritório de advocacia, Pinheiro Neto, para renegociar e refazer parte do contrato. Já do lado do comprador, o GPA tinha a cultura de aquisição e valeu-se de diversas formas para tirar proveito daquela situação. Pelo contrato firmado, o GPA poderia vender as ações após três anos, enquanto a Casas Bahia só poderia vender a totalidade a partir do 73º mês, por exemplo. De acordo com David Harding e Sam Rovit, autores de *Fatores Críticos de Sucesso em Fusões e Aquisições*, a frequência com que a empresa fecha transações tem forte correlação com a taxa de sucesso, sendo esse refletido nos retornos gerados aos acionistas.

Os Klein propuseram uma renegociação do contrato menos de cinco meses depois de apertarem as mãos de Abílio. Consideravam que a Casas Bahia tinha sido subavaliada na transação. O Pão de Açúcar aceitou rever alguns termos, injetando mais de 600 milhões na sociedade e dando direito de veto aos Klein.

> *O choque de interesses entre o Pão de Açúcar e os Klein é consequência do acordo assinado* **pelos dois lados em 2009 e remendado em 2010. Na teoria, a união de Ponto Frio e Casas Bahia criaria uma empresa muito mais eficiente**: *bastaria integrar as duas, cortar custos e usar a força comercial de ambas para barganhar com fornecedores.*
>
> *Segundo os planos divulgados dois anos atrás, a Viavarejo chegaria a 2012 com margem operacional de 7,5%. Mas,* **como cada sócio é levado por seus interesses a pensar de um jeito, a integração e o corte de custos não vieram no ritmo sonhado. Não ajudou em nada o fato de, também para que a fusão fosse assinada, os cargos terem sido loteados**. *O Pão de Açúcar nomeou o diretor financeiro e o de operações. Os Klein indicaram o presidente e o diretor comercial.* **É uma tradicional receita para a criação de feudos.**
>
> Fonte: Casas Bahia e Pão de Açúcar: conflito entre os sócios
> Revista Exame – 6/11/2012

Longe dos resultados esperados, Enéas Pestana, Presidente do Pão de Açúcar, pediu uma revisão dos números da Viavarejo. Com esse prognóstico da "criação dos feudos", o resultado da auditoria não poderia ser diferente.

Logo, constatou-se que os números fechados no passado não eram os mesmos no Ponto Frio. E, dessa forma, a insatisfação dos Klein veio à tona.

> *Em outubro, a família Klein enviou uma carta ao Pão de Açúcar pedindo uma indenização em razão de supostos equívocos no cálculo do valor das empresas na época da fusão. Com base no documento preliminar de uma análise da auditoria KPMG, afirmam ter* **encontrado indícios de que os números do Ponto Frio tenham sido inflados dois anos atrás.**
>
> Fonte: Casas Bahia e Pão de Açúcar: conflito entre os sócios
> Revista Exame – 6/11/2012

Comentários

O leitor deve estar se perguntando: Quem "inflou" esses números? Quem fez a *due diligence* não apontou essa diferença? Parece ter havido erro ou má-fé? Ou os dois? Muito provavelmente nunca teremos uma resposta. A vantagem está no segredo não revelado.

Independentemente do tamanho da transação, toda Fusão e Aquisição precisa ser muito bem desenhada. Acreditar que os ganhos de sinergia acontecerão sem esforços é no mínimo ingênuo. A tão sonhada sinergia esperada entre essas duas grandes empresas não aconteceu. O caso da Viavarejo é um bom exemplo do que não deve ser feito para fracassar. Essa transação trouxe enormes prejuízos. Entre as causas aparentes, podemos citar: i) o Pão de Açúcar ignorou o perfil familiar da Casas Bahia na nova administração; ii) as partes não planejaram suficientemente para evitar a sobreposição conflitante entre Extra Supermercados e Casas Bahia; iii) desprezaram os serviços secundários existentes na transação entre partes relacionadas; e iv) priorizaram obter vantagens no fechamento da transação, deixando de lado questões societárias (cláusulas de saída, por exemplo).

2.2.2.3 Case IPO das empresas "X"

Famoso pela marca "X", o empresário Eike Batista conseguiu levar suas ideias de empresas pré-operacionais para o mercado da bolsa. O mercado acreditou nas palavras cativantes dele. Naquele momento, conseguiu protagonizar o maior IPO da história da BMF&FBOVESPA, com captação de R$ 6 bilhões e valor de mercado de R$ 35,7 bilhões.

Diferentemente dos demais casos citados, esse tem como enfoque a relação entre o Grupo EBX e seus acionistas. A insuficiência em entregar os resultados prometidos aos acionistas pelo Grupo EBX deflagrou as verdadeiras intenções do "fundador X".

> *Tanto o sucesso quanto o fracasso de Eike carregaram consigo histórias contadas pela metade, baseadas em uma mitologia não raramente estimulada pelo próprio empresário, que* **induziram os observadores a verem o que não existia**. *O mais impressionante é que muitas das informações capazes de evitar a bolha da EBX e seu estouro estavam disponíveis. Muitos preferiram não as enxergar, encantados por uma propaganda repleta de informações exageradas e omissões inconcebíveis,* **manejada pelo empresário-vendedor.**

Tempo fechado

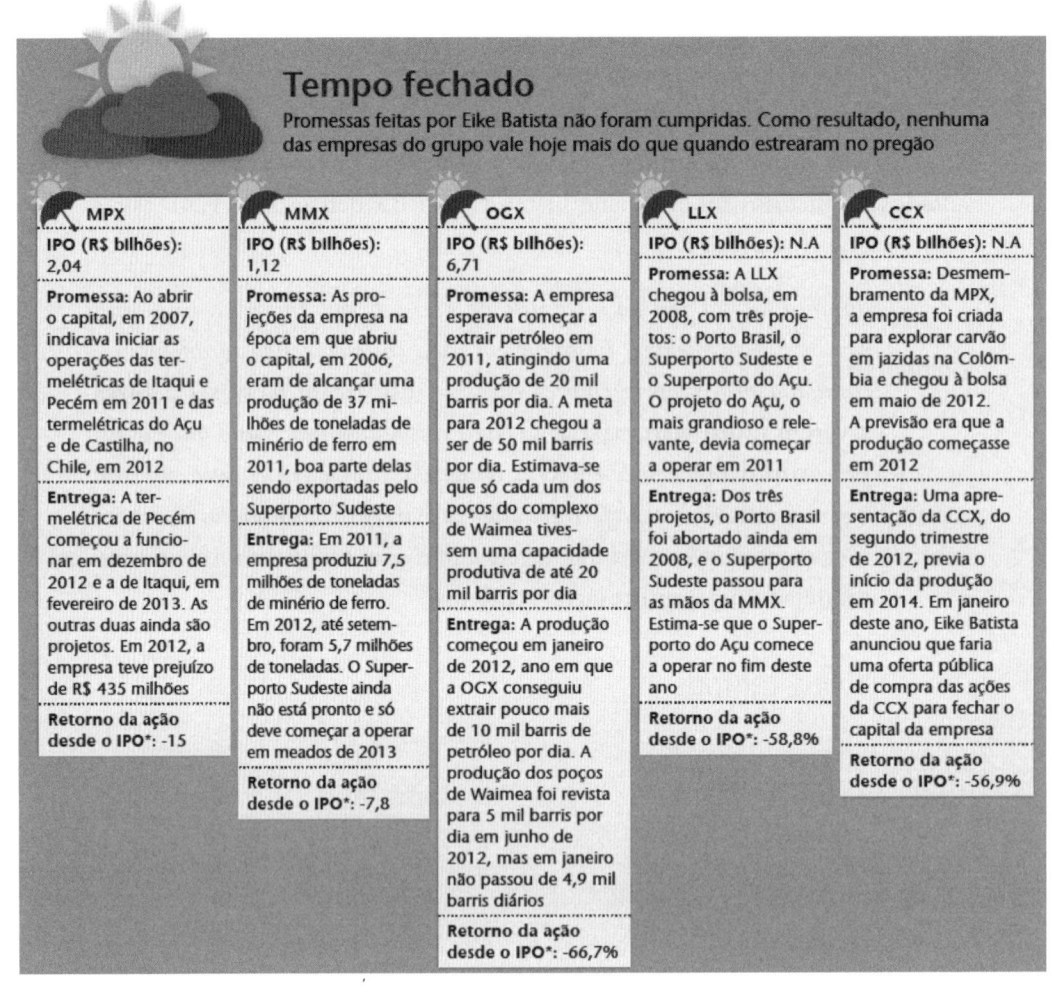

Promessas feitas por Eike Batista não foram cumpridas. Como resultado, nenhuma das empresas do grupo vale hoje mais do que quando estrearam no pregão

MPX
IPO (R$ bilhões): 2,04

Promessa: Ao abrir o capital, em 2007, indicava iniciar as operações das termelétricas de Itaqui e Pecém em 2011 e das termelétricas do Açu e de Castilha, no Chile, em 2012

Entrega: A termelétrica de Pecém começou a funcionar em dezembro de 2012 e a de Itaqui, em fevereiro de 2013. As outras duas ainda são projetos. Em 2012, a empresa teve prejuízo de R$ 435 milhões

Retorno da ação desde o IPO*: -15

MMX
IPO (R$ bilhões): 1,12

Promessa: As projeções da empresa na época em que abriu o capital, em 2006, eram de alcançar uma produção de 37 milhões de toneladas de minério de ferro em 2011, boa parte delas sendo exportadas pelo Superporto Sudeste

Entrega: Em 2011, a empresa produziu 7,5 milhões de toneladas de minério de ferro. Em 2012, até setembro, foram 5,7 milhões de toneladas. O Superporto Sudeste ainda não está pronto e só deve começar a operar em meados de 2013

Retorno da ação desde o IPO*: -7,8

OGX
IPO (R$ bilhões): 6,71

Promessa: A empresa esperava começar a extrair petróleo em 2011, atingindo uma produção de 20 mil barris por dia. A meta para 2012 chegou a ser de 50 mil barris por dia. Estimava-se que só cada um dos poços do complexo de Waimea tivessem uma capacidade produtiva de até 20 mil barris por dia

Entrega: A produção começou em janeiro de 2012, ano em que a OGX conseguiu extrair pouco mais de 10 mil barris de petróleo por dia. A produção dos poços de Waimea foi revista para 5 mil barris por dia em junho de 2012, mas em janeiro não passou de 4,9 mil barris diários

Retorno da ação desde o IPO*: -66,7%

LLX
IPO (R$ bilhões): N.A

Promessa: A LLX chegou à bolsa, em 2008, com três projetos: o Porto Brasil, o Superporto Sudeste e o Superporto do Açu. O projeto do Açu, o mais grandioso e relevante, devia começar a operar em 2011

Entrega: Dos três projetos, o Porto Brasil foi abortado ainda em 2008, e o Superporto Sudeste passou para as mãos da MMX. Estima-se que o Superporto do Açu comece a operar no fim deste ano

Retorno da ação desde o IPO*: -58,8%

CCX
IPO (R$ bilhões): N.A

Promessa: Desmembramento da MPX, a empresa foi criada para explorar carvão em jazidas na Colômbia e chegou à bolsa em maio de 2012. A previsão era que a produção começasse em 2012

Entrega: Uma apresentação da CCX, do segundo trimestre de 2012, previa o início da produção em 2014. Em janeiro deste ano, Eike Batista anunciou que faria uma oferta pública de compra das ações da CCX para fechar o capital da empresa

Retorno da ação desde o IPO*: -56,9%

Fonte: Ascensão e Queda do Império X – Sergio Leo
Revista Capital Aberto – 03/2013

2.2.2.4 Transação entre Schincariol e Kirin

Em 2011, os japoneses da Kirin desembarcaram no Brasil com a promessa de se tornar a segunda maior cervejaria em vendas no mercado brasileiro. Para tanto, pagaram R$ 6,2 bilhões na compra da cervejaria Schincariol, empresa que até então apresentava prejuízos todos os anos. Onde enxergaram tanto valor? Eles traçaram uma estratégia de crescimento de vendas no Nordeste que poderia levá-los ao almejado segundo lugar.

No entanto, o volume esperado das vendas no Nordeste não ocorreu e, no Sudeste, ainda houve perda de participação pela concorrência de pequenas cervejarias artesanais premium. Além disso, em 2015 o Brasil atravessava uma crise aguda, o que tornou a operação inviável.

Em resumo, venderam a operação para os holandeses Heineken por R$ 3,3 bilhões, perdendo, com isso, 50% do que investiram.

Comentários

É preciso ter uma tese de investimento bem fundamentada para comprar uma empresa deficitária. Para adquirir empresas com esses fundamentos econômicos, é preciso adotar medidas preventivas como por exemplo pagamento por *earn out* ou promover cláusulas detalhadas do direito de distrato.

2.2.3 Novos tempos

O mercado brasileiro tem evoluído no sentido de criar mecanismos de proteção em operações de Fusões e Aquisições. Sem a pretensão de esgotar as possibilidades, convém citar aqui alguns:

- Taxa de Insucesso;
- Cláusula *Shotgun*;
- Retenção de *Non-compete*;
- Cláusula MAC nos contratos de compra e venda de ações/cotas.

2.2.3.1 Taxa de Insucesso

A multa por desistência tem se tornado cada vez mais comum. Não por acaso, a taxa de insucesso tem sido usada com o propósito de mitigar os prejuízos em operações não fechadas. Conhecida como *break-up fee*, ela estimula uma multa em que a compradora assume o risco no caso de a aquisição fracassar em situações específicas. A taxa média brasileira de 8,2% tem destoado da média mundial, de 3,8%, segundo *Dealogic*.

# AVALIAÇÃO DE EMPRESAS

Taxa de insucesso
Operações de fusão e aquisição envolvendo empresas brasileiras

Ano	Vendedora	Compradora	Multa	Resultado
2015	Whitney do Brasil	Ânima Educação	R$ 46 milhões	A Ânima desistiu depois de mudanças no financiamento estudantil e pagou a multa em 2017
2016	Magnesita	RHI	R$ 70 milhões	A operação foi concluída, sem acionar a multa
2016	Vale Fertilizantes	Mosaic	R$ 407 milhões	A operação foi concluída, sem acionar a multa
2016	Estácio	Kroton	R$ 150 milhões	O Cade vetou a operação e a Kroton pagou a multa em 2017
2017	Liquigás (Petrobras)	Ultragaz (Grupo Ultra)	R$ 280 milhões	O Cade vetou a operação e a Ultragaz pagou a multa em 2018
2018	Fibria	Suzano	R$ 750 milhões	A operação ainda será submetida aos reguladores

Fontes: Advogados, bancos, CVM e Dealogic

■ **Taxa média em relação ao valor da transação - %**

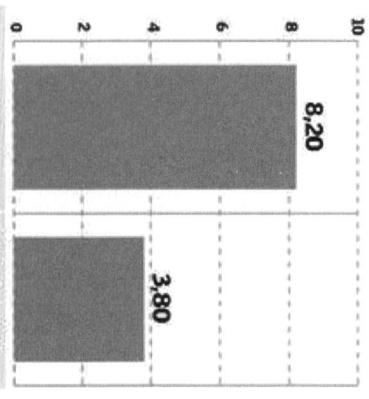

Brasil: 8,20
Estados Unidos: 3,80

R$ 4 bilhões
foi a multa que a Paper Excellence ofereceu à Fibria na proposta de aquisição que não foi para frente – seria a maior taxa no país

Fonte: Valor Econômico
Data: 20/03/2018

2.2.3.2 Cláusula Shotgun (Texana ou buy or sell)

Muitos têm sido os conflitos societários na definição de valor de saída de um sócio. A cláusula *Shotgun* vem sendo adotada para solucionar situações em que há impasse, nas quais não é possível resolver amigavelmente. Trata-se de uma previsão contratual em que se dispõe que um sócio poderá oferecer sua participação societária a outro, por preço determinado, e o outro terá a obrigação de comprá-la ou de vender a sua parte pelo mesmo preço.

2.2.3.3 Retenção em Non-Compete

O *non-compete* é uma cláusula contratual que estabelece uma obrigação aos sócios fundadores para não concorrer direta ou indiretamente em atividades que possam prejudicar concorrencialmente quem está comprando a empresa. Em geral, quem vende a empresa não pode atuar no segmento por cinco anos. Essa condição é acordada em contrato de compra e venda, porém, o vendedor muitas vezes viola esse acordo e abre empresas em nome de terceiros ou parentes. A compradora sabe que, para que isso seja provado na justiça, serão necessários anos e custos jurídicos relevantes. Em razão disso, foram criadas retenções do comprador para resguardar que ele não competirá com a compradora. Caso ele as viole, sofrerá o desconto e terá que arcar com os custos e encargos de litígio para reaver a retenção.

2.2.3.4 Cláusula MAC nos contratos de compra e venda de ações/cotas

A cláusula *Material Adverse Chance* (MAC) tem como finalidade proteger o comprador em caso de desistência da compra por motivos justificados. Isso ocorre porque, no período em que abrange a negociação (*signing*), fechamento (*closing*) e ajuste de preço, o vendedor exige que seja feito fechamento do negócio ou pague uma penalidade. Isso se dá porque perder a venda pode significar desde queda de produtividade até a frustração de expectativas. Do lado do comprador, ele pode ser surpreendido por eventos que impactam o resultado ou o ativo da empresa que está sendo vendida. E, por esse motivo, com essa cláusula, o comprador pode se retirar da mesa e desistir da negociação sem sofrer penalidades.

Segundo Sérgio Botrel, o significado dessa disposição contratual traduzida pelas nossas leis brasileiras seria resilição convencional, uma vez que a parte que se sentir prejudicada pela ocorrência de fato ou ato passa a ter o direito, mediante simples manifestação de vontade, de efetuar a denúncia do pacto sem pagamento de multa rescisória.

Suponha que uma universidade (ramo educacional) seja alvo de futura aquisição, e, no meio da negociação, o governo anuncia que vai cortar parte da verba destinada ao Fundo de Financiamento ao Estudante do Ensino Superior (Fies). Seria um fato relevante que permitiria que ele desistisse da aquisição.

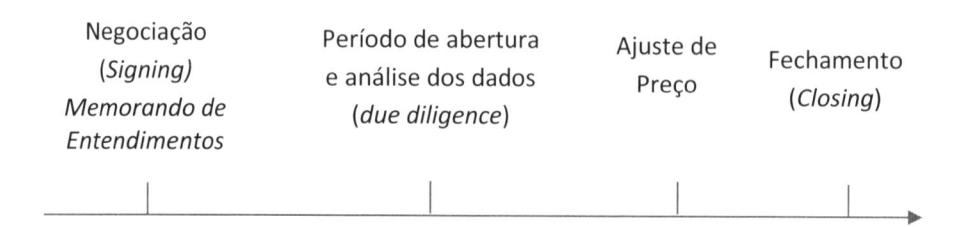

Negociação (*Signing*) Memorando de Entendimentos	Período de abertura e análise dos dados (*due diligence*)	Ajuste de Preço	Fechamento (*Closing*)

2.2.3.5 Recomendações para Cláusula MAC:

- É recomendável que ambas as partes celebrem um contrato passível de execução específica de fechamento.
- Comprometimento mútuo para os atos de fechamento.
- Não pode ser encarado como uma opção de compra ou de venda.

CONSIDERAÇÕES FINAIS

- Ao vender ou avaliar uma empresa, seja você o avaliador ou o dono, não execute o trabalho de avaliação vinculado com intermediação. De preferência, faça-os separadamente. Conforme ilustrado neste capítulo, quando isso não é feito, é possível que apareça um conflito de interesses decorrente dos benefícios colaterais que serão obtidos por conta de supervalorização da empresa. O mais indicado para que um trabalho imparcial seja realizado é

primeiro assumir o compromisso de avaliar a companhia e depois deixar a cargo da contratante a opção de execução da intermediação.
- Ao vender uma empresa, não confie na avaliação de terceiros ou na parte contrária, faça a sua própria avaliação.
- Desconfie de avaliações que prometem crescimentos extraordinários, que apontam isenção para tudo, que declaram independência total ou que se balizam em múltiplos.[15]
- Trabalhos de *valuation* não foram feitos para apresentar um valor preciso ou exato do negócio, portanto, conheça as variáveis importantes que podem mudar o valor de uma empresa. Nesse sentido, parece sensata a prática de mercado de informar um intervalo de valor.
- Em Fusões e Aquisições de empresas, há muito dinheiro envolvido. É importante sempre se valer de bons contratos e bons advogados. Na hora do pagamento, inicia-se um vale-tudo. Nossa experiência profissional ilustra que frequentemente as partes envolvidas vão reler o que a princípio foi acordado na intenção de pagar o menor valor possível. Afinal, quando o assunto é dinheiro, os movimentos de trapaças são comuns e podem vir de todos os lados. Às vezes, infelizmente, vêm daquela pessoa em que você mais confiava.
- Para aqueles que contratam os serviços de *valuation*: cuidado com os avaliadores bajuladores ou pouco críticos. Provavelmente vão superavaliar seu negócio com o propósito de justificar sua contratação, mesmo tendo consciência de que será difícil vender a companhia pelo valor avaliado.
- Desconfie de trabalhos de *valuation* baratos e com prazo de entrega muito curtos. Nesse mercado, existem diversos amadores assumindo papel de avaliadores por necessidade e oportunidade.
- O caso de Pasadena eclodiu a forma sistemática com que os assessores financeiros fazem avaliação de empresas. Nesse jogo de cartas marcadas, grandes e prestigiadas empresas avaliadoras ganham fortunas pela grife que possuem. É como se elas fossem mais independentes e capazes do que pequenas *boutiques*. Na prática, percebe-se que os administradores, para não assumir riscos, contratam grandes empresas de avaliação. Caso existam evidências de sub ou superavaliação, pode-se justificar perante as credenciais da contratada.

---

15. Capítulo 3 – Os múltiplos de transações de empresas fechadas como métrica de "precificação" no Brasil.

- Aos avaliadores: não se deixe levar por intimidação da contratante. Se o valor da empresa não atende às expectativas da contratada, caberá à empresa contratar outro ao seu critério. Dica importante: caso o contratante deseje fazer simulações, faça. No entanto, não assine nem chancele o laudo de avaliação com essa premissa suposta.
- Empresas que dependem de crescimentos extraordinários duvidosos para justificar valor devem ser negociadas por performance[16] (pagamento por *earn out*). "Earn outs *visam encurtar a distância entre a avaliação do vendedor otimista e do comprador cético, ou com fluxo de caixa restrito. Earn outs permitem aos eventuais vendedores alcançar um preço mais elevado, bem como aos compradores possuírem uma opção adicional de financiamento para pagar o preço de aquisição com os lucros futuros do negócio adquirido*" (CRIMMINS, Paul M.; GRAY, B.; WALLER, J. Earn out in M&A Transactions – Key Structures and Recent Developments, *The M&A Journal, v.10*).
- A maldição do vencedor: toda aquisição precisa ser muito bem analisada e estudada. Em situações em que há muitos interessados em comprar a empresa, o prêmio tende a subir drasticamente. Então, é preciso ter muito cuidado na oferta, pois, pagando caro demais, não será ganhador, e, sim, perdedor.

---

16. Capítulo 10 – Exemplo de pagamento por performance (*earn out*).

REFERÊNCIAS

BASILE, J. Estudo aponta pouca sobreposição de loja. **Jornal Valor Econômico**. Brasília, 30/7/2011. Eu & Investimentos.

BASILE, J. Plano é usar Casino para convencer CADE a aprovar negócio. **Jornal Valor Econômico.** Brasília, 1,2 e 3/7/2011. Eu & SA.

Blog DAMODARAN: Paper : Growth and Value. Disponível em: <http://aswathdamodaran.blogspot.com/2018/01/>. Acesso em: 7 jan. 2018.

BOTREL, S. **Fusões e aquisições**. São Paulo, 5 ed. São Paulo: Saraiva, 2017.

ERHARDT, T. **As sociedades por ações:** na visão prática do advogado. Capítulo 12: Cláusulas relevantes de acordo de acionistas em companhias fechadas. Elsevier Brasil. Rio de Janeiro. 2010.

FERNANDES, Daniela. Casino "marca posição" com nova fatia do Pão de Açúcar. **Jornal Valor Econômico**. São Paulo, 19/6/2011, Eu & Investimentos. p. 17,28.

FIGUEIRAS, M. L. Adoção de "taxa de insucesso" cresce em aquisições no Brasil. **Jornal Valor Econômico**. São Paulo. 20/3/2018.

GALUPPO, R. **O road show não pode parar. Desmutualização e IPO da Bovespa**. Ed. Cultura, 2009.

GASTI LIMA, F. et al. **Avaliação de empresas no Brasil:** um confronto entre teoria e a prática. XVII USP – International Conference in Accounting. São Paulo., 26 a 28/7/2017.

HARDING, D. ROVIT, S. **Garantindo sucesso em Fusões e Aquisições:** quatro decisões-chave para a sua próxima negociação. Rio de Janeiro. Ed. Elselvier Campus. 4 Edição. 2004.

MARCELA AYRES. O peso da Via Varejo para o Pão de Açúcar, Abílio Diniz, e os Klein. Empresa que reúne as lojas das Casas Bahia, Ponto Frio e Novapontocom pode se tornar alvo de disputa de sócios depois da saída de Abílio do comando do GPA. **Revista Exame.** São Paulo, 20/6/2012.

MARTINS, E. et al. **Avaliação de empresas no Brasil pelo fluxo de caixa descontado: evidências empíricas sob o ponto de vista dos** direcionadores de valor nas ofertas públicas de aquisição de ações. RAUSP. ISSN 0080-2107.

MURILO ARAGÃO. O negócio do Pão de Açúcar com seus sócios estrangeiros. **Jornal O tempo**. São Paulo. 20/7/2011. Seção Opinião.

PETRY, R. **Governança doente – as sequelas deixadas pela capciosa decisão dos administradores da Qualicorp**. Revista Capital Aberto. Novembro/dezembro de 2018.

Relatório – **Controladoria Geral da União** – Auditoria Especial n° 201407539 Aquisição da Refinaria de Pasadena, no Texas, EUA –/Relatório Final dez./2014.

ROCHA RAMOS, S. **Aberturas de capital no Brasil**. Uma análise das ofertas públicas iniciais de ações. 4° Simpósio Fucape Business School de produção científica – 2006.

SANTOS, A.C., Campos E.S., Felipe, E.S & Anjos, V.M.L. **Ofertas públicas de aquisição de ações de companhia aberta (OPA):** investigação dos laudos de avaliação. Encontro Nacional da Associação Nacional dos Programas de Pós-Graduação em Administração, Rio de Janeiro, RJ, 32. 2008.

VALENTI, G. Disputas levantam dúvidas sobre laudos. **Jornal Valor Econômico**. São Paulo, 3/7/2007. Eu & Investimentos.

VALENTI, G. ADACHI, V. Abílio Diniz igualaria poder ao Casino na nova empresa. **Jornal Valor Econômico**. São Paulo. 29/6/2011. Caderno: Eu & Investimentos.

VALENTI, G. Com o apoio do BNDES Diniz afaga Carrefour. **Jornal Valor Econômico**. São Paulo, 29/6/2011. Eu & Investimentos.

VALENTI, G. et al. Casino compra Pão de Açúcar. **Jornal Valor Econômico**. São Paulo. 30/6/2011. Caderno: Eu & Investimentos. Seção D2, D3, D4 e D5.

VALENTI, G. Recuo estratégico. Jornal Valor Econômico. São Paulo. Jornal Valor Econômico. 1,2 e 3/7/2011. EU & Investimentos.

Webgrafia:

Por que a Brasil Kirin, dona da Skin, fracassou no mercado brasileiro Disponível em: <https://www.istoedinheiro.com.br/por-que-brasil-kirin--dona-da-schin-fracassou-no-mercado-brasileiro/>. Acesso em: 10.02.2018.

3

OS MÚLTIPLOS DE TRANSAÇÕES DE EMPRESAS FECHADAS COMO MÉTRICA DE "PRECIFICAÇÃO" NO BRASIL

Quem vende ou compra qualquer bem ou serviço busca sempre fazer comparações com outros bens ou ativos similares. No mundo dos avaliadores, essa função de comparabilidade entre ativos é definida como avaliação relativa ou avaliação por múltiplos. Os múltiplos são parâmetros ou referências de preço que têm como finalidade comparar ativos entre si, partindo do pressuposto de que ativos semelhantes devem ter preços semelhantes.

Embora a termologia "múltiplos" não seja conhecida na sua essência pelos usuários, ela é inconscientemente utilizada como forma de determinar o preço de ativos em transações, seja em razão da sua simplicidade, seja pela sua praticidade. Todavia, o uso da metodologia de forma indiscriminada pode resultar em transações malsucedidas. Não por acaso, no ápice das negociações de compra e venda de uma empresa, "as faces da moeda" entre preço e valor são muitas vezes confundidas pelo empresariado brasileiro quando os múltiplos são utilizados. Isso ocorre porque, independentemente do tipo de operação, os argumentos e as justificativas sustentados por múltiplos são sempre lastreados no montante pago por um ativo transacionado e não especificamente no valor intrínseco. O que significa dizer que o valor de uma empresa é fruto da sua essência, e os múltiplos são extrínsecos, baseados em preços gerados na relação de oferta e demanda. Então, o que os torna tão atraentes? Segundo Lie e Lie (2002), a argumentação dos adeptos de múltiplos é que essa metodologia é de fácil aplicação, ao contrário da metodologia do Fluxo de Caixa Descontado (FCD) que, embora seja fundamentada na empresa, exige o reconhecimento de estimativas de caixa e taxa de risco (algo extremamente subjetivo).

Os *players* do mercado imobiliário provavelmente são os maiores praticantes da avaliação relativa. O múltiplo preço por metro quadrado (R$/m^2) dos imóveis próximos ou das áreas circunvizinhas, por exemplo, permite comparar e balizar o preço do ativo em negociação. Nesse sentido, determinado ativo tem como resultante o preço do metro quadrado multiplicado pela metragem do imóvel. Quando analisado o mercado imobiliário de um bairro, observa-se que a avaliação relativa pelo múltiplo metro quadrado é adequada, em razão das poucas variáveis envolvidas: vista, acabamento, face norte-sul, andar, dentre outros fatores pontuais. Todavia, a utilização dessa metodologia para avaliar empresas pode resultar em entendimentos equivocados, truncados, injustos e, sobretudo, com pouca sustentação.

Ao contrário de um imóvel, comparar ou buscar referências de empresas correlatas transacionadas pela avaliação relativa dos múltiplos remete a uma série de questionamentos: i) as empresas pares transacionadas têm o mesmo regime tributário?; ii) têm a mesma estrutura de custos operacionais?; iii) seguem o mesmo modelo de gestão e política de investimentos?; iv) na transação, fizeram pagamento adicional de prêmio de controle ou pelos ganhos de sinergia?; v) as transações foram estratégicas com o propósito de extinguir concorrente?; vi) os múltiplos nas transações foram pela capacidade ou utilização?; vii) o valor da transação gerou um múltiplo baseado em expectativas futuras?; viii) as empresas estão no mesmo ponto da curva de crescimento?; ix) elas sofreram desconto ou retenção (*escrow*)?; x) elas têm as mesmas habilidades de se relacionar com fornecedores, credores, clientes e colaboradores?

Paradoxalmente, a simplificação dos múltiplos torna a sustentação do preço mais complexa.

Fase ao exposto, o conceito de múltiplos já definido no primeiro capítulo, nesse momento os principais objetivos são:

I. demonstrar como a metodologia dos múltiplos de transações pode ser utilizada para empresas fechadas passo a passo, bem como comparar com a metodologia do Fluxo de Caixa Descontado por meio de um exemplo prático;

II. fornecer os múltiplos de transações setoriais nacionais e internacionais que estão correlacionados com o valor da empresa, considerando que certos *drivers* de valor contábeis podem explicar o múltiplo de um setor, mas podem ser inadequados para outro;

III. apresentar como é formada a base de múltiplos de transações de empresas fechadas, bem como abrir discussão acerca das questões da sua aplicabilidade à luz da realidade do mercado brasileiro.

3.1 Empresas fechadas

Você deve estar se perguntando por qual razão este capítulo está focado em empresas fechadas. Dentre os principais motivos, três foram determinantes:

I. a literatura carece de informações sobre múltiplos de transações de empresas fechadas. Em geral, são encontrados os múltiplos de mercado ou bolsa, e não os múltiplos de transações de empresas fechadas;

II. a maioria esmagadora dos empresários de pequenas e médias empresas fechadas desconhece quais metodologias podem ser aplicadas para auferir valor da sua empresa no momento da venda. Inicialmente, o valor contábil torna-se sua referência. Todavia, quando há mais ativos intangíveis do que físicos na sua composição, buscam as referências por múltiplos de transações. Na maior parte das vezes, utiliza-se essa metodologia intuitivamente ou por motivos de rapidez e baixo custo. Essa afirmativa não implica dizer que o uso é restrito apenas para as empresas fechadas. As empresas abertas também usam, porém, adotam pelo menos duas metodologias: múltiplos de transações e de mercado/bolsa e Fluxo de Caixa Descontado (FCD);

III. ao contrário das empresas grandes e abertas, a maioria das empresas fechadas tem apenas um dono ou um dono e um sócio, o que evidencia uma relação mais pessoal associada aos múltiplos e mais transações observadas.

3.2 A formação dos múltiplos – avaliação relativa

Os múltiplos utilizados em avaliações relativas são constituídos pelo valor da empresa dividido por algum denominador baseado em indicadores contábeis chamados de *drivers* de valor. O valor da empresa utilizado pelos múltiplos refere-se ao valor entendido como justo transacionado entre as partes. Existem dois tipos: múltiplos de mercado ou múltiplos de transação. Damodaran (2002) coloca a condição de que, independentemente do múltiplo, para que essa metodologia possa ser aplicada, a empresa avaliada deve ter as mesmas características (de fluxo de caixa, risco e crescimento) das empresas comparadas. O mesmo defende Olsson (2009), reforçando que o ponto forte da avaliação relativa também é o ponto fraco. A facilidade de se colocarem todas as empresas no mesmo grupo pode resultar em inconsistências para variáveis como risco, crescimento e caixa. No caso, o maior enfoque será nos múltiplos de transações, tendo em vista que estão sendo abordadas empresas fechadas que têm interesse em encontrar companhias que foram vendidas ou compradas e que não fazem parte do universo do mercado de bolsa de valores.

3.2.1 Múltiplos de Mercado

Os múltiplos de mercado são utilizados como indicadores referenciais para balizar se a ação está cara ou barata na bolsa de valores. Tem como principal papel auxiliar o tomador de decisão a comprar ou não determinado papel. O mais famoso deles é o Preço/Lucro Líquido (P/L), estando presente em todos os relatórios de investimentos de *Equity Research* analisados por Saliba (2005). Grosso modo, o P/L indica quanto tempo (número de anos) o investidor levará para reaver o capital investido. Essa lógica é verdadeira desde que os lucros sejam constantes e que o índice *payout* seja de 100% (distribuição total dos lucros).

Os múltiplos de mercado mais conhecidos são:
- Preço/Patrimônio Líquido (P/PL);
- Preço/Lucro Líquido (P/LL);
- Preço/Dividendos (P/Dividendos).

O valor de mercado de uma empresa é definido pelo valor de mercado das ações (valor do *Equity*) somado à dívida e subtraídas as disponibilidades.

Matematicamente, temos:

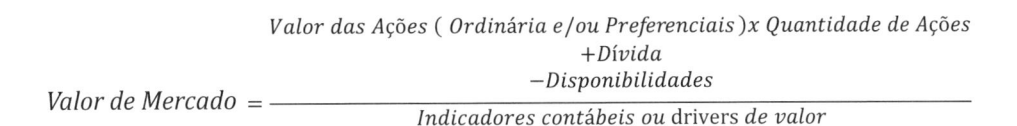

$$\text{Valor de Mercado} = \frac{\text{Valor das Ações (Ordinária e/ou Preferenciais)} \times \text{Quantidade de Ações} + \text{Dívida} - \text{Disponibilidades}}{\text{Indicadores contábeis ou drivers de valor}}$$

Segundo Llosa (2012), há muita irracionalidade no mercado de ações. Sejam quais forem os múltiplos de mercado gerados, em momentos de pânico o investidor "joga fora a água com o bebê dentro" sem se dar conta de que talvez esteja vendendo algo que tem valor, mas que está sendo prejudicado apenas devido à flutuação irracional do momento.

3.2.2 Múltiplos de transações

Os múltiplos de transações são utilizados para avaliar uma empresa por meio de outras transações de compra e venda do mesmo segmento ou atividade. A formação desse múltiplo depende do preço de venda, dos passivos assumidos pelo comprador, dentre outros elementos que permeiam a negociação, podendo ou não constar nas notas explicativas/demonstrações financeiras.

Para efeitos de cálculo, chamaremos o valor referencial da transação de Valor Empresarial (Ve), em que a contrapartida total paga ao vendedor inclui qualquer dinheiro, notas e/ou valores mobiliários que foram utilizados como uma forma de pagamento, mais quaisquer passivos remunerados assumidos pelo comprador. O valor da transação ainda inclui o valor de não concorrência e a assunção de passivos remunerados e exclui (1) o valor do imóvel e (2) quaisquer *earn outs* (pagamentos sujeitos à performance) e (3) os valores do contrato de emprego/consultoria.

Matematicamente, temos:

$$\text{Múltiplo de transação} = \frac{Ve}{\text{Indicadores contábeis ou drivers de valor}}$$

$$\text{Múltiplo de transação} = \frac{\begin{array}{c} \textit{Preço de Venda} \\ + \textit{Passivos assumidos pelo comprador} \\ -\textit{Valor do imóvel (1)} \\ -\textit{Earn outs (2)} \\ -\textit{Comissões de Intermediação (3)} \end{array}}{\begin{array}{c} \textit{Receita} \\ \textit{EBITDA} \\ \textit{Lucro Bruto} \\ \textit{Lucro Discricionário} \\ \textit{Variáveis Operacionais} \\ \textit{Ativo Total} \end{array}}$$

É importante frisar que, em uma venda de ativos, todos os ativos operacionais são transferidos na venda, entretanto, pode-se ou não incluir todos os ativos circulantes, ativos não circulantes e passivos circulantes (os passivos normalmente não são transferidos em uma venda de ativos).

3.2.2.1 Múltiplos de transações – indicadores contábeis ou drivers de valor

Dentre os principais, selecionamos os indicadores mais relevantes.

Múltiplo Ve/faturamento

É a razão do valor da empresa ou negócio em relação às receitas geradas. A principal vantagem desse múltiplo está no fato de que é necessária apenas a primeira linha do Demonstrativo de Resultado Econômico (DRE), no caso receita ou vendas, para comparar outras operações/transações. Portanto, ao utilizar esse múltiplo, não é preciso entender os diferentes sistemas contábeis ou mesmo a composição de estruturas de custos operacionais, administrativos ou regimes tributários. Sendo assim, os múltiplos de receita são mais confiáveis e levam vantagem em relação a outros múltiplos, como EBITDA e lucro bruto. Com a chegada de empresas voltadas para o segmento de internet, os múltiplos de receita passaram a ser mais utilizados. Empresas desse ramo demandam fortes investimentos em equipamentos e publicidade nos primeiros anos de vida e, portanto, apresentam prejuízos ou deficiência de caixa nesses primeiros momentos, o que inviabiliza a comparação por outras métricas.

No Brasil, costuma-se praticar múltiplos de receita na base mensal, enquanto no resto do mundo é utilizada a base anual. Não por acaso, culturalmente, adotamos como referência o salário mensal, ao passo que, nos Estados Unidos, por exemplo, a remuneração é medida anualmente. Isso não altera a resultante, mas costuma gerar confusão em negociações.

Múltiplo Ve/EBITDA

É a relação entre o valor da empresa e o lucro operacional antes dos impostos sobre resultado, depreciação, amortização e dívida (EBITDA). Esse múltiplo é muito utilizado internacionalmente por um motivo simples: ele permite comparar empresas do mesmo segmento em diferentes países ou estruturas de financiamento. Ao comparar uma empresa estrangeira utilizando esse múltiplo, podemos entender melhor a relação entre o valor da transação e o EBITDA. Nessa condição, permite-se entender genuinamente a performance operacional da empresa, equalizando as particularidades da forma de gestão financeira, ambiente tributário ou critério de amortização e depreciação. Um estudo acadêmico brasileiro desenvolvido por Zamariola e Lanna (2011) concluiu que esse múltiplo foi o que trouxe os melhores resultados, uma vez que as médias dos erros setoriais foram menores.

A desvantagem desse múltiplo reside no fato de que o EBITDA não traduz a real capacidade de geração de caixa de uma empresa, embora dito e largamente entendido como tal. Em outras palavras, a sustentação de que ele reflete a capacidade bruta operacional de geração de caixa das empresas é um equívoco, pois a não dedução da depreciação não implica necessariamente converter esse resultado em caixa. Isso quer dizer que o EBITDA não considera a necessidade de investimentos em capital de giro e imobilizado. Segundo Malvessi (2006), há evidências de que empresas têm investido em imobilizado e por isso consomem a geração bruta de caixa de maneira relevante, por um período amplo da análise. Em outro trabalho desenvolvido por Malvessi (2017), – *As fraquezas do EBITDA* –, demonstrou que, em um universo de 13 empresas abertas apresentadas pelo *Jornal Valor Econômico*, apenas 3,3% do valor do EBITDA se transformou em caixa no curto prazo.

Deve-se dar grande relevância ao fato de que o EBITDA ignora as necessidades de recursos para o reinvestimento no negócio, bem como o valor do capital investido na atividade e o impacto do custo de capital (WACC) nos resultados. Além disso, despreza as necessidades de pagamento dos encargos com o Imposto de Renda e com a Contribuição Social. Portanto, o EBITDA, independentemente da utilização como múltiplo, não é em absoluto uma boa ferramenta para a gestão de um negócio (MALVESSI, 2012).

Em resumo, embora o EBITDA não atenda à necessidade do gestor e tampouco retrate de forma correta o fluxo de caixa operacional, foi o que melhor atendeu no quesito avaliação relativa por múltiplos para alguns setores, o que será apresentado mais à frente.

Múltiplo Ve/Lucro bruto ajustado ou NOPAT

A razão entre o valor da empresa e o lucro bruto (antes das despesas financeiras, mas depois do pagamento dos impostos sobre a renda) reproduz quantos anos de lucro são necessários para se pagar a empresa. A métrica da última linha operacional do Demonstrativo do Resultado Econômico (DRE), o lucro bruto, traz uma vantagem muito grande pelo fato de que reconhece os resultados econômicos de um negócio. Todavia, a relação entre valor da transação e lucro bruto pode remeter a conclusões equivocadas. Por exemplo, empresas pequenas, com forte potencial de crescimento e que apresentam grande expectativa de valor e baixo lucro, podem apresentar múltiplos elevados. A recíproca também é verdadeira: empresas adultas com baixa expectativa de crescimento e alto lucro bruto podem remeter a múltiplos baixos. Nessa linha, seria pouco razoável a adoção do múltiplo Ve/Lucro bruto entre empresas de diferentes tamanhos ou fundamentos.

Múltiplo Ve/Lucro bruto discricionário

Se algum múltiplo obrigatoriamente tivesse que ser utilizado, o que melhor traduziria as empresas pequenas e médias brasileiras seria o múltiplo discricionário. Embora pouco reconhecido e utilizado, ele apresenta o valor da transação em relação ao lucro operacional, expurgando (tirando da conta) as retiradas e remunerações dos sócios. No Brasil, é muito comum que os sócios registrem em termos contábeis valor de pró-labore menor ou reconheçam gerencialmente como valor de pró-labore as retiradas de lucro mensais. Seja qual for a adoção, contábil (baixo) ou gerencial (alto), influenciam drasticamente nos múltiplos que dependem de resultado.

Múltiplo Ve/Capital investido pelos sócios

O valor da transação sobre o Patrimônio Líquido tem como objetivo apresentar a relação de valor da transação versus o valor do patrimônio líquido. Esse múltiplo Ve/PL pode ser traduzido como o valor pago em relação ao valor contábil das cotas. No caso das transações com múltiplo Ve/Capital investido pelos sócios abaixo de 1x, nota-se que foram vendidas por valor inferior ao investimento registrado contabilmente, ou seja, o valor da transação ficou menor do que os investimentos feitos pelos sócios. Isso não significa dizer que essas empresas foram vendidas por pechincha. Talvez essas empresas tenham demonstrado pouca ou nenhuma capacidade de gerar caixa.

O múltiplo Ve/Capital investido pode induzir a erros interpretativos na condição de poucos ou muitos ativos intangíveis. Com capital físico intensivo, tende-se a apresentar múltiplos Ve/Capital mais baixos. Portanto, recomenda-se tomar muito cuidado na seleção das empresas, evitando-se comparar empresas de setores que têm composições distintas de capital tangível e intangível. Uma indústria de componentes de computação pode não servir de base comparativa para outra indústria que produz componentes eletrônicos em geral, por exemplo.

Lie e Lie (2002) realizaram uma pesquisa acerca da capacidade preditiva de diversos múltiplos utilizados para estimar o valor da empresa, afirmando que os múltiplos de ativo (valor de mercado/valor de ativos) geralmente resultam em estimativas mais precisas e menos enviesadas do que os múltiplos de lucro e vendas. Todavia, concluíram que, quando se trata de empresas com muitos ativos intangíveis, em especial as "ponto.com", essas estimativas não capturam a oportunidade de crescimento e outros ativos intangíveis associados às companhias.

Ve/variáveis operacionais específicas

O valor da transação sobre alguma variável específica tem como objetivo definir quanto se pagou por cada unidade operacional, podendo ser por aluno, paciente, Kwh, tonelada, litros etc. Esse múltiplo é utilizado em transações de universidades, fazendas, fábricas e usinas. Todavia, ele pode trazer grandes distorções, pois, sendo o múltiplo fechado, não se sabe se o volume considerado foi pela capacidade ou pela utilização.

Em Fusões e Aquisições de instituições de ensino, o negociador por múltiplos de transações pratica e defende a precificação com base preço/aluno de outras aquisições como referência. Então, se uma transação resultou em R$1.200,00/aluno e a empresa-alvo da aquisição apresentou proposta de interesse de venda por 6 milhões de reais para 4 mil alunos, tem-se R$ 1.500,00/aluno. Por certo a conclusão do negociador é de que a empresa está cara. Porém, imaginando que a empresa tem potencial de ter 10 mil alunos nos próximos anos, "oculta-se" parte do ativo intangível.

A seguir, a média harmônica dos múltiplos de empresas fechadas por setor ocorrida fora do Brasil, no período de 1996 a 2019.

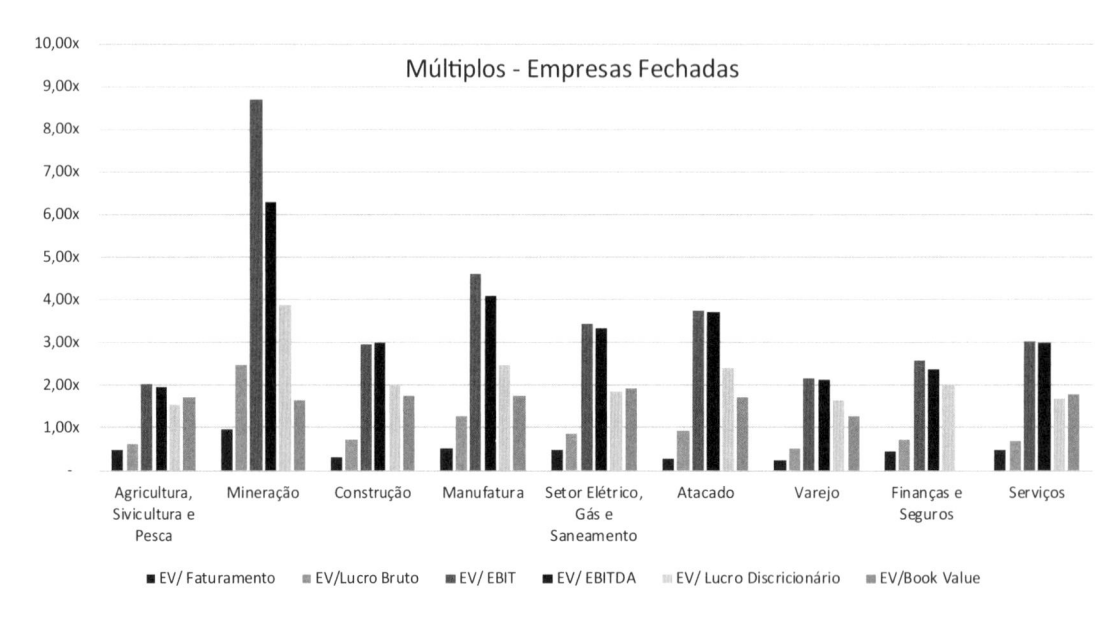

Fonte: Big Data Pratt´s Stats
https://www.bvresources.com/products/pratts-stats

Empresas Fechadas/ Private Companies

Segmento	Qtde.	EV/ Faturamento	EV/Lucro Bruto	EV/ EBIT	EV/ EBITDA	EV/ Lucro Discricionário	EV/Book Value
Agricultura, Sivicultura e Pesca	668	0,48x	0,64x	2,04x	1,97x	1,55x	1,71x
Mineração	212	0,95x	2,46x	8,68x	6,28x	3,89x	1,65x
Construção	923	0,32x	0,71x	2,97x	3,00x	1,99x	1,75x
Manufatura	4073	0,53x	1,26x	4,60x	4,08x	2,47x	1,77x
Setor Elétrico, Gás e Saneamento	1212	0,48x	0,87x	3,43x	3,32x	1,88x	1,94x
Atacado	1450	0,29x	0,94x	3,75x	3,70x	2,41x	1,71x
Varejo	6590	0,25x	0,53x	2,17x	2,14x	1,67x	1,27x
Finanças e Seguros	1008	0,46x	0,72x	2,60x	2,39x	1,99x	-
Serviços	8667	0,47x	0,69x	3,01x	3,00x	1,67x	1,78x

Fonte: Big Data Pratt's Stats
https://www.bvresources.com/products/pratts-stats

3.3 Múltiplos "Up and Down"

Os múltiplos listados aqui estão presentes em muitas rodadas de negociação, mas, independentemente da base utilizada, por trás deles existe sempre uma série de elementos ocultos que impedem a reprodução de informações qualitativas. Em tese, o múltiplo da transação gerado deveria se fundamentar no estudo econômico-financeiro; nem sempre, porém, é o que acontece. Outros elementos circunstanciais, negociais ou mesmo psicológicos fazem com que o preço tenha pouca ou nenhuma relação com os fundamentos econômicos do negócio transacionado. Na tentativa de entender as razões que podem influenciar os múltiplos de empresas privadas, a seguir são apresentadas as suposições que podem explicar tal comportamento.

3.3.1 Razões que podem distorcer "para baixo" os múltiplos de empresas privadas

À luz da realidade das transações privadas, são apresentadas as possíveis razões que influenciam a redução dos múltiplos sem a pretensão de limitação, como mostrado a seguir.

Comprador com forte poder ou influência sobre o vendedor

A venda da empresa, nesse caso, é hostil, na medida em que o comprador pode fazer movimentos estratégicos que minem o negócio da parte vendedora. Por exemplo, a parte compradora torna-se um concorrente ou até mesmo provoca o encerramento de relações comerciais importantes com a outra parte. Nesse caso, a parte vendedora, ciente das perdas iminentes, pode assumir o ônus de um desconto coercitivo e, assim, distorcer fortemente a média de outras transações que constituem o múltiplo utilizado.

Motivos pessoais

Por motivos pessoais, o proprietário pode simplesmente perder o interesse por seu negócio. Esses motivos podem ser os mais variados: excesso de roubos, desgaste com fornecedores ou colaboradores, desejo de mudar para outro lugar, desestímulo a uma sucessão familiar ou até mesmo estresse.

Nesse caso, a parte vendedora está mais disposta a conceder um desconto na negociação e a aceitar as primeiras ofertas da parte compradora.

Tamanho/maturidade da empresa

Uma baixa expectativa de crescimento é característica de empresas maduras. Por outro lado, elas têm receitas elevadas, EBITDA, Lucro Líquido, dentre outros denominadores que reduzem drasticamente a fração do múltiplo. Por exemplo, uma empresa jovem com valor de R$ 1 milhão e EBITDA de R$ 200 gera um múltiplo de 5x, enquanto uma empresa madura, com valor de R$ 5 milhões e EBITDA de R$ 1,2 milhão gera um múltiplo de 4,1x. O tamanho é sempre uma variável relevante no refinamento da lista de empresas comparáveis agrupadas por setor econômico e está presente, sempre que possível, no trabalho de analistas, conforme registra Damodaran (2002).

Negociação malfeita ou feita às pressas

Dentre diversos motivos, existem dois que explicam essa questão. O primeiro é em relação ao agente que cuida desse processo. No universo de Fusões & Aquisições, os agentes responsáveis pelo processo são chamados de interlocutores, assessores (*advisors*) ou intermediadores. Eles servem de ponte entre a parte compradora e a vendedora na tentativa de fazer a transação ocorrer. Existem, para essa função, profissionais para todo tipo de bolso e gosto. Entretanto, a contratação desse profissional deve ser feita com cuidado a fim de não esbarrar em questões ligadas a conflito de interesses e baixa qualificação. No caso dos profissionais com pouca ou nenhuma experiência, nota-se com certa facilidade aqueles com espírito aventureiro, que buscam concluir o negócio rapidamente com objetivo de receber a comissão, motivando, portanto, a negociação malfeita ou feita às pressas.

O segundo motivo está relacionado com o desbalanceamento entre as partes no que diz respeito à capacidade técnica de sustentar a negociação. A parte compradora pode convencer a parte vendedora, por meio do seu intermediador, de que fará um excelente negócio, de tal forma que, ao vender, ela só terá vantagens ou vice-versa. O caso emblemático vivenciado em 2010 na operação da família Klein, Casas Bahia, com o Grupo Pão de Açúcar é um bom exemplo (ver capítulo 2). Segundo os executivos próximos aos dois grupos, os "Klein se sentiram no pior dos mundos" depois que a operação de Fusão foi concluída; tornaram-se minoritários na nova empresa, sentiram que seus ativos foram subavaliados e teriam, ainda, dificuldades de encontrar uma maneira de vender a grande quantidade de ações em uma possível oferta pública.

Retenção (Hold-back) *ou depósito em garantia (Escrow)*

Para mitigar riscos, a parte compradora, ao adquirir a empresa, costuma contratar empresas de auditoria para fazer um trabalho de levantamento de passivos ocultos, chamado de *due diligence*. Ante os passivos oriundos da operação, a compradora pode fazer uma retenção em conta garantida (*Escrow account*) ou ainda simplesmente reter o pagamento(*hold-back*) de valores em razão, por exemplo, de contingências trabalhistas, ambientais ou tributárias. Para Bronstein e Marques (2012),[17] não existe uma regra sobre quanto deve ser retido do preço de compra sob a estrutura do *hold-back* ou *escrow*. Isso vai depender da quantidade de contingências identificadas pelo comprador durante a auditoria e das chances de elas se materializarem no futuro. Laudos de Avaliação de grandes bancos como Santander destacam essas questões (Laudo de Avaliação da Estácio Participações S.A.). Esses valores muitas vezes são negociados e determinados de maneira sigilosa. Portanto, a composição do múltiplo de mercado gerado é duvidosa para efeitos práticos. Para ilustrar, suponhamos que uma empresa com EBITDA de R$ 4 milhões tenha sido vendida pelo valor de R$ 10 milhões, e a retenção por contingências tributárias tenha sido de R$ 3 milhões. Nesse caso, embora o múltiplo Valor/EBITDA tenha sofrido baixa 1,75x (7/4), o múltiplo informado ao público é de 2,5x (10/4).

3.3.2 Razões que podem elevar os múltiplos de empresas privadas

À luz da realidade das transações privadas, são apresentadas as possíveis razões que influenciam a elevação dos múltiplos sem a pretensão de limitação, como mostrado a seguir.

---

17. BRONSTEIN, Sérgio; MARQUES, Mária C. **Retenção do preço de compra em operações de M&A**. Boletim Informativo Bimestral Veirano Advogados: Fusões e Aquisições, 2012.

Empresa vendedora desinteressada na venda

Em um processo de negociação, a parte vendedora pode estar menos interessada na transação do que a parte compradora. Os motivos que justificam o menor interesse estão relacionados à fonte segura de recebimento de dividendos, à fidelidade dos clientes e à tradição e reconhecimento no ramo em que atua. Para o fundador-vendedor, por sua vez, o valor da empresa pode ir ainda muito além dos fundamentos econômicos, e sua percepção de realidade pode ser comumente sentimental e romântica. Então, o que pode justificar vender uma empresa com essas características? A resposta está associada ao quanto a parte compradora está disposta a pagar. Nesses casos, se a transação se concretizar, espera-se que o comprador tenha pagado um valor de prêmio. Dessa forma, distorce positivamente a média dos múltiplos desse segmento.

Motivos pessoais

Da mesma maneira que podem reduzir os múltiplos de uma empresa, motivos pessoais também podem ter um efeito inverso, aumentando-os. Esse cenário pode ocorrer, por exemplo, quando um proprietário fundador tem um envolvimento pessoal com seu negócio, criando estima e laços emocionais com o seu empreendimento. Em casos assim, é evidente que a transação só ocorrerá por insistência de alguém que veja valor na empresa. Dessa forma, é provável que o valor de tal negócio seja especialmente alto, o que levaria uma transação a só ocorrer acima da média das demais, distorcendo positivamente o múltiplo.

Startups *ou empresas* baby

Empresas com alta expectativa de crescimento costumam ser negociadas por valores substancialmente maiores do que os seus resultados presentes. Mesmo em casos em que a transação tenha valor baixo, o denominador é tão baixo que faz o múltiplo se dirigir para patamares mais elevados. Por exemplo: uma empresa *baby* com 14 meses de vida e com faturamento anual de R$ 300 mil, vendida por R$ 4 milhões, resultará em múltiplo Valor/faturamento de 13,3x.

É válido dizer que, em se tratando de empresa baby, foi desprezado a utilização dos múltiplos de transação com base em *drivers* de lucro. Teoricamente, Ge (2005) sustenta que os três principais motivos são: i) empresas novas não têm lucros; ii) impossibilidade de encontrar pares; e iii) mesmo havendo grupos de empresas que possam ser referências, não há elementos para sustentar projeções.

Negociações malfeitas ou feitas às pressas

Um comprador entusiasmado e aflito em fechar um negócio pode assumir alguns ônus. Dentre eles, pagar um prêmio por sua impaciência. Nesse caso, isso leva a uma distorção positiva na média dos múltiplos de mercado. Não são raros os casos em que as compras se mostram um fracasso. De acordo com pesquisas feitas pela consultoria Bain & Company, 70% das transações fracassam. No Brasil, não faltam exemplos. A aquisição do Parque Temático Hopi Hari pela GP Investimentos por R$ 260 milhões em 1999 é um deles. Após a transação, o parque não demonstrou performance por uma série de motivos inesperados. Hoje, encontra-se em situação de recuperação judicial.

Muitos potenciais compradores para uma mesma empresa

Quando isso ocorre, a empresa ofertada promove um leilão, podendo ser carta fechada ou aberta, no qual o vencedor será aquele que pagar mais. Desse modo, o valor pago costuma ser acima do que é razoável, porque, além do valor percebido pelo comprador, ele deve estimar qual o valor que o tornará vencedor. Nesses casos, muitas vezes a parte compradora assume performances exageradas e não consegue entregar os resultados prometidos. No mercado, esse fato é conhecido como "maldição do vencedor".

Ganhos de sinergia ou controle societário

Ciente de que obterá grandes vantagens na sinergia ou na posse do controle, o comprador aceita pagar um valor adicional caso seja necessário. Normalmente, quem paga mais sabe que obterá ganhos de escala, economia de custos, maior poder de barganha, dentre outros benefícios comuns que a sinergia pode trazer.

3.4 Histórico de transações por múltiplos

O gráfico a seguir tem como fonte o relatório de transações privadas fornecidas pela *Business valuation Resources (BVR) – Deal Stats Index 2Q 2019*, no qual é demonstrada, ao longo dos anos de 2010 a 2019, a evolução das transações por múltiplos Faturamento, LD (Lucro discricionário ou Lucro ajustado antes do pró-labore) e Lajir (Lucro antes dos juros, impostos sobre o lucro, depreciação e amortização, ou EBITDA, na sigla em inglês). O volume de transações totais dessa base de dados é de 24.318 transações de empresas fechadas, sendo englobados compradores privados e públicos. A ideia central desse gráfico é demonstrar o comportamento dos múltiplos das transações de empresas de capital fechado, utilizando como critério o tamanho das empresas: empresas com faturamento de até $ 1 milhão, entre $ 1 milhão a $ 5 milhões, entre $5 a $10 milhões e com faturamento superior a $ 10 milhões.

O múltiplo que determina a transação entre as partes é denominado como preço fechado (PF).

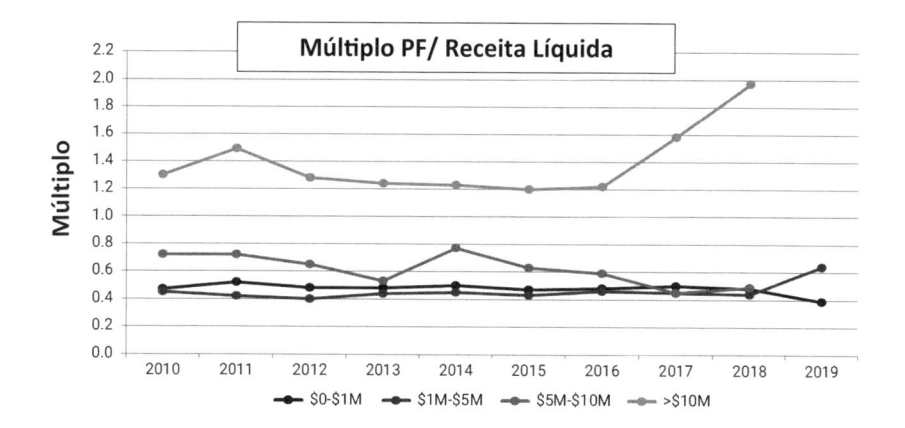

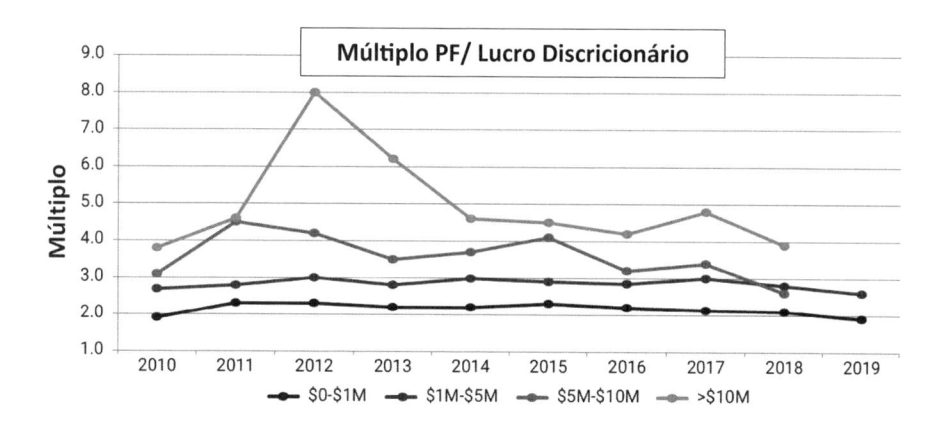

Múltiplo PF/ EBITDA

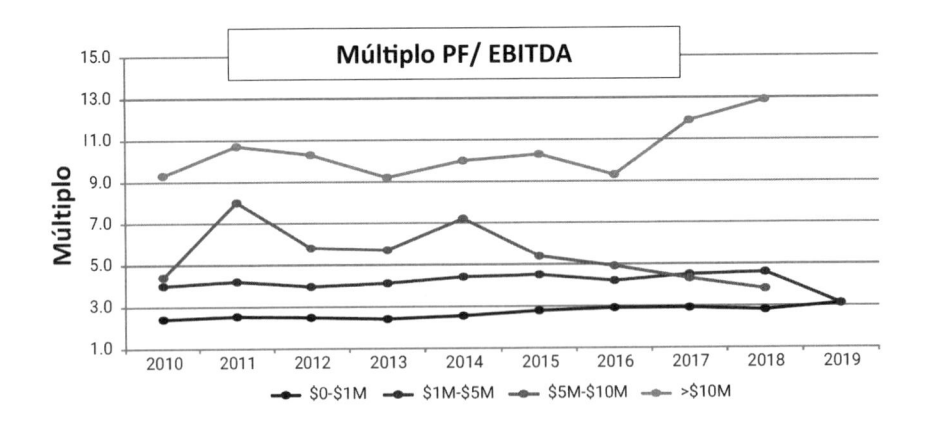

[Gráfico de linhas mostrando múltiplos por faixa de tamanho ($0-$1M, $1M-$5M, $5M-$10M, >$10M) de 2010 a 2019]

Fonte: Deal Stats – Value Index / (BVR – 2010-2019)

Com base no gráfico apresentado, podemos ver que, entre tamanhos de empresas, também não há variação significativa historicamente. No entanto, ao observarmos todos múltiplos apresentados, é visível notar que empresas de menor porte sofreram maiores descontos. Não é possível afirmar os motivos, mas é possível imaginar as razões que justificam essas diferenças. Dentre as possibilidades, uma justificativa plausível é o fato de que, quanto menores as empresas, maiores os riscos dela e, portanto, maior o desconto. Outra explicação razoável é o fato de que empresas pequenas que não geram caixa na sua fase de maturação têm poucas possibilidades de sustentarem o seu valor, fazendo com que haja maior distanciamento por tamanho em múltiplos que implicam indicadores de resultado.

Segundo Koeplin et al. (2000), as empresas fechadas adquiridas entre 1984 e 1998 tiveram desconto em relação às públicas entre 20% e 30%, quando utilizados os múltiplos de lucro como a base da transação. Quando avaliadores ou investidores avaliam empresas fechadas em relação aos múltiplos de empresas públicas, eles normalmente aplicam desconto. Na maioria das vezes, a redução devida é justificada pela baixa liquidez de empresas privadas.

Pode-se observar que ao coletar informações de múltiplos de empresas fechadas brasileiras em *big data*, as retiradas e/ou pagamentos aos donos e sócios interferem de modo significativo no múltiplos PF/Lucro Líquido. . Isso acontece, em parte, porque fiscalmente é mais econômico retirar como lucro do que por meio de pró-labore no Brasil.

3.5 Sete passos para seleção de múltiplos e dados estatísticos

A aplicabilidade da referência de valor de empresas por múltiplos tem limitações reais que não podem ser desprezadas. Nesse sentido, mostram-se viáveis apenas operações muito pontuais e específicas em que as características de uma empresa se igualam a outra em todas as questões. A seguir, estão enumeradas as sete etapas para adoção dessa metodologia.

1. Identificar e selecionar as empresas que são pares ou similares da empresa negociada. Então, a princípio, é necessário selecionar o segmento ou a atividade econômica que está relacionada à negociação, excluindo-se, se possível, empresas que não têm como atividade principal a mesma da empresa negociada. Empresas dentro do mesmo setor podem ter um mix de negócios, risco e perfis de crescimento e de distribuição de dividendos (índice de *payout*) muito diferentes.

2. Filtrar as transações que são de tamanhos semelhantes aos da empresa que está sendo negociada.

3. Excluir as transações que estão fora da curva, chamadas de transações *outliers*. Para atribuir a característica *outlier* a uma transação, deve-se considerar, como sugestão, o intervalo de confiança de 95%, cujos valores encontram-se a uma distância inferior da média de duas vezes o desvio padrão. O estudo publicado por Georgios Markakis (2017), *The Biggest M&A Multiple in Software History*, demonstrou que a remoção de uma simples transação *outlier* pode fazer com que a correlação do múltiplo de receita passe de 0,58 para 0,77, permitindo que ele seja capaz de explicar o preço gerado pelo ativo.

4. Escolher o múltiplo que melhor explica o valor da empresa, devendo ser aplicado aquele que tem melhor correlação, de preferência acima de 0,70, considerada forte pelos parâmetros e referências estatísticas.

5. Escolher o dado estatístico que melhor pode sustentar a negociação. Nesse tópico, existe uma gama de dados estatísticos capazes de contribuir para que o usuário possa tomar decisões em operações de Fusões e Aquisições:

    Mínimo: apresenta o menor múltiplo transacionado dentro do segmento escolhido. Ao longo das negociações, é muito comum e conveniente que o potencial comprador cite, de forma estratégica, algumas transações de empresas que têm múltiplos baixos. Para o comprador, investidor estratégico ou capitalista, despender o menor valor possível é mais do que uma necessidade, é uma obrigação e uma diligência perante os detentores de capital.

    Máximo: apresenta o maior múltiplo transacionado dentro do segmento escolhido. Em negociações, a parte vendedora sustenta a negociação por meio dessas empresas que foram negociadas pelo maior múltiplo.

    Média: permite conhecer a média de todas as transações ocorridas, minimizando os reflexos do mínimo e máximo como contrapeso.

    Mediana: fornece a transação central, eliminando as transações que geraram múltiplos baixos e altos. A vantagem dessa medida é que não sofre influências de transações anormais que são consideradas *outliers*.

    Média harmônica: reconhece a média ponderada por meio do valor da transação, promovendo pesos com base na relevância da empresa.

6. Selecionar o múltiplo com a melhor correlação e fazer a seleção dos dados estatísticos.
7. Aplicar um fator de ajuste de ágio ou deságio em caso de utilização de dados de transações internacionais.

É apresentada, a seguir, a melhor forma de se utilizar a metodologia dos múltiplos por meio de um exemplo numérico prático e hipotético. O objetivo, aqui, não é esgotar as discussões sobre o tema, mas promover soluções para quem deseja utilizar a metodologia como forma de avaliar uma empresa. Além disso, são demonstrados os resultados gerados por múltiplos e Fluxo de Caixa Descontado (FCD). A intenção é comparar a metodologia do FCD e a metodologia dos múltiplos.

3.6 Caso prático

Este caso prático é um exemplo típico que ocorre em uma negociação entre compradores e vendedores de empresas fechadas. Geralmente a fonte de informação é precária e as bases utilizadas, no mundo real, são internacionais ou informais.

A empresa Mar Azul é um restaurante famoso em São Paulo que conta com 30 anos de atuação no ramo alimentício e tem especialidade em frutos do mar. A clientela é fiel à casa e, aos fins de semana, a taxa de ocupação é máxima, e longas filas de espera se formam. Nos últimos anos, vem recebendo ofertas para vender o negócio, o que colocou o proprietário em dúvida sobre o valor justo de sua empresa.

Em 2018, a Mar Azul faturou R$ 27 milhões, a margem EBITDA atingiu 48% e o lucro líquido da empresa foi de R$ 9,1 milhões. Segundo os cálculos do restaurante, o volume médio de clientes é de 360 mil clientes/ano com ticket médio de R$ 75.

De acordo com o proprietário, a ampliação da área da varanda permitirá a colocação de mesas adicionais, sendo um espaço desejado e solicitado pela maioria dos clientes. Esse investimento resultará em crescimento de 25%.

A empresa apresentou o Balanço Patrimonial de 2018 e o resultado do exercício (DRE).

Balanço Patrimonial

BALANÇO PATRIMONIAL DA MAR AZUL EM 31.12.2018 (Em reais)			
Ativo Circulante	5.950.000	**Passivo Circulante**	4.950.000
Disponibilidades	450.000	Fornecedores	3.500.000
Realizável a curto prazo	5.500.000	Impostos a recolher	1.450.000
Estoque	5.475.000	**Exigível longo prazo**	9.500.000
Clientes	25.000	Bancos	9.500.000
Permanente	10.000.000	**Patrimônio Líquido**	1.500.000
Total do Ativo	15.950.000	**Total do Passivo**	15.950.000

Demonstrativo de Resultado Econômico (DRE)

Receita Líquida	**27.000.000**
(-) Custos dos produtos vendidos	(13.500.000)
(-) Custo fixo operacional	(95.000)
Resultado Bruto	**13.405.000**
Despesas administrativas	(410.000)
Despesas Gerais	(200.000)
Despesas comerciais	(150.000)
Depreciação	(10.000)
Despesas financeiras	(50.000)
Resultado antes Ir e Csll	**12.995.000**
Ir e Csll	(3.898.500)
Lucro Líquido	**9.096.500**

Faturamento

O crescimento da empresa Mar Azul foi calculado com base na premissa de que a ampliação do espaço possa trazer novos clientes, levando em conta que, atualmente, a empresa está com a capacidade da estrutura totalmente ocupada.

Custos e despesas

Os custos e despesas da Mar Azul permanecerão constantes, considerando que haverá apenas a contratação de mais garçons para atender a praça que será criada, o que custará para a empresa anualmente R$ 230 mil.

3. OS MÚLTIPLOS DE TRANSAÇÕES DE EMPRESAS FECHADAS | 105

Projeção dos resultados econômicos (em reais)

Ano	Histórico 2018	Projeções 2019	2020	2021	2022	2023	2024	Perpetuidade
Ticket Médio (R$/cliente)	75	75	75	75	75	75	75	75
Volume clientes/ano	360.000	450.000	450.000	450.000	450.000	450.000	450.000	450.000
Receita Líquida	**27.000.000**	**33.750.000**	**33.750.000**	**33.750.000**	**33.750.000**	**33.750.000**	**33.750.000**	**33.750.000**
(-) Custos dos produtos vendidos	(13.500.000)	(16.875.000)	(16.875.000)	(16.875.000)	(16.875.000)	(16.875.000)	(16.875.000)	(16.875.000)
(-) Custo fixo operacional	(95.000)	(325.000)	(325.000)	(325.000)	(325.000)	(325.000)	(325.000)	(325.000)
Resultado Bruto	**13.405.000**	**16.550.000**	**16.550.000**	**16.550.000**	**16.550.000**	**16.550.000**	**16.550.000**	**16.550.000**
Despesas administrativas	(410.000)	(410.000)	(410.000)	(410.000)	(410.000)	(410.000)	(410.000)	(410.000)
Despesas Gerais	(200.000)	(200.000)	(200.000)	(200.000)	(200.000)	(200.000)	(200.000)	(200.000)
Despesas comerciais	(150.000)	(150.000)	(150.000)	(150.000)	(150.000)	(150.000)	(150.000)	(150.000)
Depreciação	(10.000)	(10.000)	(10.000)	(10.000)	(10.000)	(10.000)	(10.000)	(10.000)
Despesas financeiras	(50.000)	(50.000)	(50.000)	(50.000)	(50.000)	(50.000)	(50.000)	(50.000)
Resultado antes Ir e Csll	**12.995.000**	**16.140.000**	**16.140.000**	**16.140.000**	**16.140.000**	**16.140.000**	**16.140.000**	**16.140.000**
Ir e Csll	(3.898.500)	(4.842.000)	(4.842.000)	(4.842.000)	(4.842.000)	(4.842.000)	(4.842.000)	(4.842.000)
Lucro Líquido	**9.096.500**	**11.298.000**	**11.298.000**	**11.298.000**	**11.298.000**	**11.298.000**	**11.298.000**	**11.298.000**

Investimentos

Imobilizado: estima-se que, para reformar o espaço, serão necessários investimentos na ordem de R$ 2,8 milhões.

Capital de giro: a necessidade histórica de capital de giro corresponde à variação de 5% do faturamento; adotado, assim, haverá reflexo apenas no ano de 2019.

Taxa de desconto

O custo de capital estimado, segundo os cálculos de avaliadores independentes para esse tipo de negócio e tamanho, é de 32% a.a. Para simplificar o exemplo, considere que não há capital de terceiros, sendo, portanto, 100% de utilização de capital próprio. A despesa financeira anual de R$ 50 mil apresentada refere-se unicamente a serviços bancários.

3. OS MÚLTIPLOS DE TRANSAÇÕES DE EMPRESAS FECHADAS | 107

Ano	Histórico 2018	2019	2020	2021	Projeções 2022	2023	2024	Perpetuidade
Ticket Médio (R$/cliente)	75	75	75	75	75	75	75	75
Volume clientes/ano	360.000	450.000	450.000	450.000	450.000	450.000	450.000	450.000
Receita Líquida	27.000.000	33.750.000	33.750.000	33.750.000	33.750.000	33.750.000	33.750.000	33.750.000
(-) Custos dos produtos vendidos	(13.500.000)	(16.875.000)	(16.875.000)	(16.875.000)	(16.875.000)	(16.875.000)	(16.875.000)	(16.875.000)
(-) Custo fixo operacional	(95.000)	(325.000)	(325.000)	(325.000)	(325.000)	(325.000)	(325.000)	(325.000)
Resultado Bruto	13.405.000	16.550.000	16.550.000	16.550.000	16.550.000	16.550.000	16.550.000	16.550.000
Despesas administrativas	(410.000)	(410.000)	(410.000)	(410.000)	(410.000)	(410.000)	(410.000)	(410.000)
Despesas Gerais	(200.000)	(200.000)	(200.000)	(200.000)	(200.000)	(200.000)	(200.000)	(200.000)
Despesas comerciais	(150.000)	(150.000)	(150.000)	(150.000)	(150.000)	(150.000)	(150.000)	(150.000)
Depreciação	(10.000)	(10.000)	(10.000)	(10.000)	(10.000)	(10.000)	(10.000)	(10.000)
Despesas financeiras	(50.000)	(50.000)	(50.000)	(50.000)	(50.000)	(50.000)	(50.000)	(50.000)
Resultado antes Ir e Csll	12.995.000	16.140.000	16.140.000	16.140.000	16.140.000	16.140.000	16.140.000	16.140.000
Ir e Csll	(3.898.500)	(4.842.000)	(4.842.000)	(4.842.000)	(4.842.000)	(4.842.000)	(4.842.000)	(4.842.000)
Lucro Líquido	9.096.500	11.298.000	11.298.000	11.298.000	11.298.000	11.298.000	11.298.000	11.298.000
Investimentos		(3.137.500)						
Imobilizado		(2.800.000)						
Investimentos em giro		(337.500)						
Fluxo de Caixa		8.498.000	11.298.000	11.298.000	11.298.000	11.298.000	11.298.000	11.298.000
Taxa de Desconto		32%	32%	32%	32%	32%	32%	32%
Fluxo descontado		8.559.091	6.484.160	4.912.242	3.721.396	2.819.239	2.135.787	28.530.303
Valor da empresa	57.162.218							

O múltiplo da Mar Azul, gerado internamente pelo FCD, pode ser visto a seguir.

	Vo Empresa	Métrica	Múltiplo
Múltiplo Receita	R$57.162.218	R$27.000.000	2,12x
Múltiplo Ebitda (*)	R$57.162.218	R$13.005.000	4,40x
Múltiplo Lucro	R$57.162.218	R$9.096.500	6,28x

(*) Cálculo do EBITDA: não foram reconhecidas as despesas financeiras por se tratar de despesas correntes.

Avaliação por múltiplos

Agora, para se entender o universo dos múltiplos, vamos seguir as sete etapas apresentadas anteriormente:

Passo 1: utilizando a base de transações de 1996-2016 do *big data Pratt's Stats*,[18] foram identificadas 2.848 empresas de restaurantes, dentre elas: rede de lanchonetes, bares e drinks, *fast foods*, pizzarias, buffets, sorveterias, comida japonesa, churrascarias etc. Ao fazer o filtro de empresas do segmento específico de restaurantes focado em frutos do mar, restaram 43 empresas desse segmento.

Passo 2: ao selecionar empresas do mesmo tamanho, duas foram excluídas.

Passo 3: por fim, excluindo as empresas *outliers*, com base no múltiplo de receita e utilizando o intervalo de confiança de 95% (intervalo de 0,28x e 0,45x), restaram 21. Desse modo, a correlação do múltiplo de receita migrou de 0,75 para 0,86, aumentando o poder explicativo do múltiplo.

Passo 4: o múltiplo que melhor explica o valor da empresa é Ve/Vendas: 0,86.

A regressão permite conhecer se a relação entre a variável independente (*drivers* de valor) e dependente (valor da empresa) é capaz de explicar o preço

---

18. https://www.bvresources.com/products/dealstats

da empresa. Os gráficos de regressão apresentados a seguir têm como propósito analisar qual múltiplo explica melhor o preço do ativo:

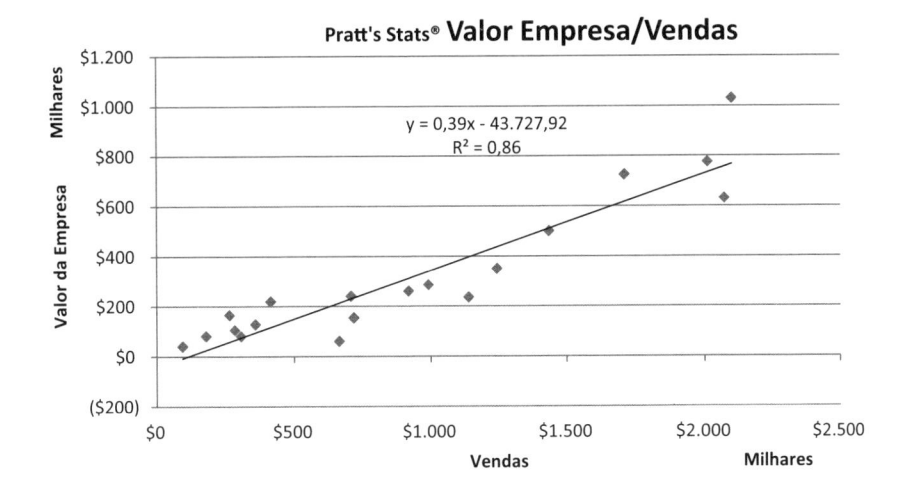

Pratt's Stats® Valor Empresa/Vendas

$y = 0{,}39x - 43.727{,}92$
$R^2 = 0{,}86$

Fonte: Big Data Pratt´s Stats
https://www.bvresources.com/products/pratts-stats

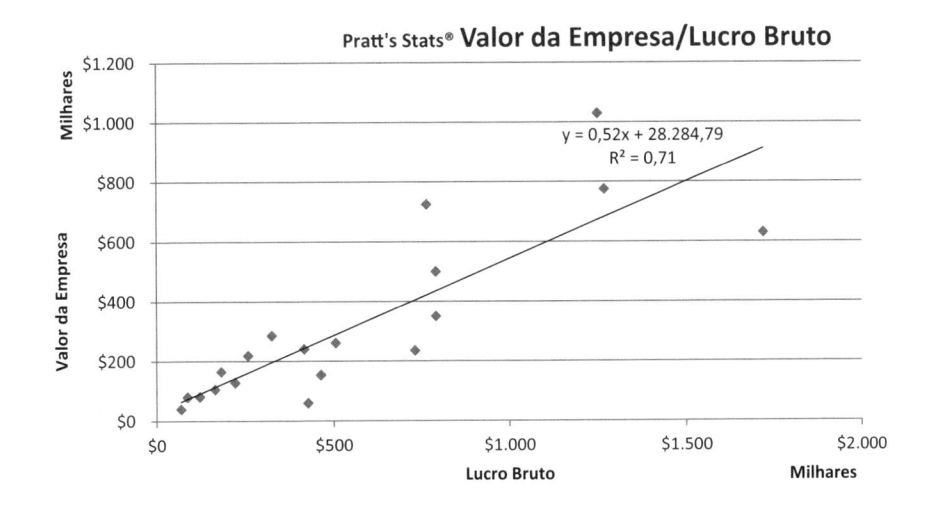

Pratt's Stats® Valor da Empresa/Lucro Bruto

$y = 0{,}52x + 28.284{,}79$
$R^2 = 0{,}71$

Fonte: Big Data Pratt´s Stats
https://www.bvresources.com/products/pratts-stats

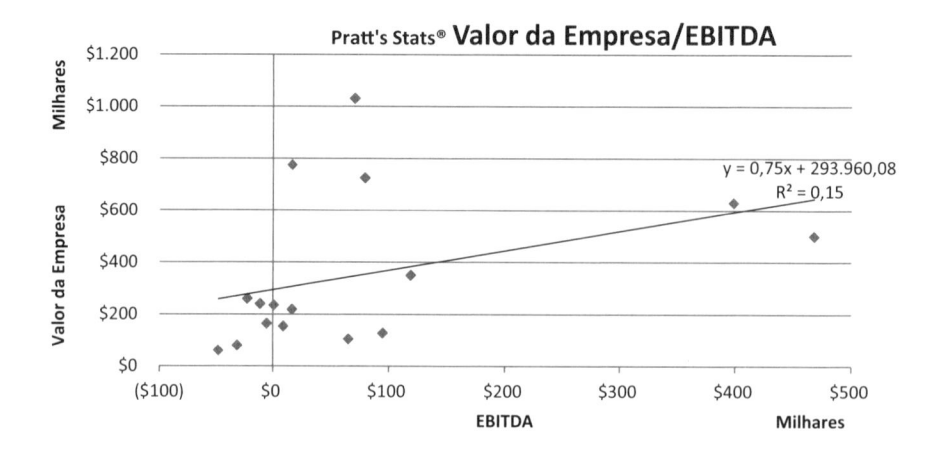

Pratt's Stats® Valor da Empresa/EBITDA

$y = 0,75x + 293.960,08$
$R^2 = 0,15$

Fonte: Big Data Pratt´s Stats
https://www.bvresources.com/products/pratts-stats

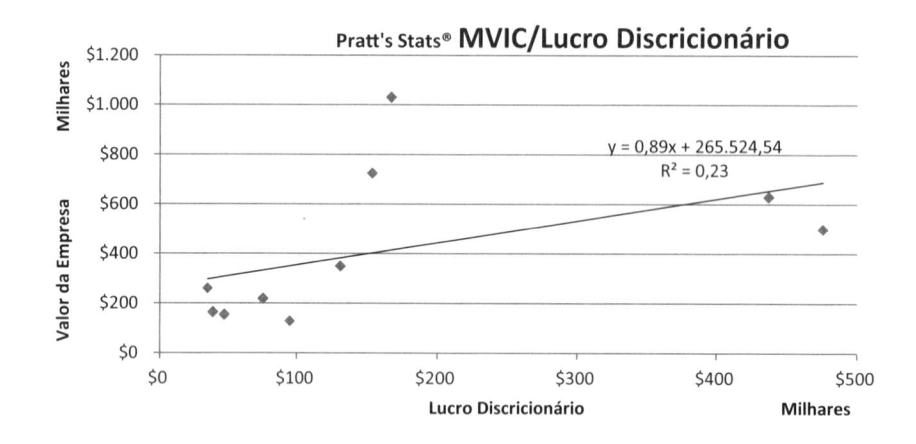

Pratt's Stats® MVIC/Lucro Discricionário

$y = 0,89x + 265.524,54$
$R^2 = 0,23$

Fonte: Big Data Pratt´s Stats
https://www.bvresources.com/products/pratts-stats

3. OS MÚLTIPLOS DE TRANSAÇÕES DE EMPRESAS FECHADAS | 111

Passo 5: o quadro estatístico resulta nestes números:

Dados estatísticos

Selected Transactions

	Count	Min	Max	10th Percentile	25th Percentile	Median	75th Percentile	90th Percentile	Mean	Harmonic Mean	Coefficient of Variation
Sale Date	21	23/12/2001	09/03/2016								
Market Value of Invested Capital (MVIC)	21	R$ 40.000	R$ 1.030.000	R$ 68.000	R$ 105.000	R$ 235.000	R$ 350.000	R$ 725.000	R$ 308.607		
Net Sales	21	R$ 93.758	R$ 2.097.114	R$ 256.955	R$ 307.292	R$ 718.630	R$ 1.244.467	R$ 2.010.427	R$ 910.327		
Discretionary Earnings	12	R$ 35.158	R$ 475.703	R$ 39.895	R$ 68.476	R$ 131.009	R$ 156.851	R$ 410.029	R$ 159.874		
EBITDA	18	-R$ 47.505	R$ 467.703	-R$ 24.732	-R$ 3.777	R$ 41.197	R$ 109.828	R$ 203.006	R$ 80.941		
Operating Profit	21	-R$ 53.727	R$ 456.703	R$ 34.434	-R$ 5.341	R$ 22.654	R$ 94.895	R$ 114.806	R$ 63.582		
Net Income	19	-R$ 52.910	R$ 332.342	-R$ 37.257	-R$ 13.436	R$ 2.309	R$ 83.037	R$ 95.465	R$ 37.037		
Total Assets	5	R$ 18.936	R$ 129.850	N/A	R$ 40.553	R$ 78.096	R$ 107.068	N/A	R$ 74.901		
Gross Profit Margin	21	29,0%	83,0%	45,0%	58,0%	62,0%	64,0%	69,0%	59,8%		
Operating Profit Margin	21	-15,0%	45,0%	-5,0%	-2,0%	3,0%	13,0%	26,0%	6,9%		
Net Profit Margin	19	-16,0%	38,0%	-5,6%	-2,0%	1,0%	10,0%	18,8%	4,8%		
MVIC/Net Sales	21	0,09	0,62	0,21	0,28	0,34	0,42	0,49	0,34	0,29	0,35
MVIC/Gross Profit	21	0,14	0,95	0,33	0,44	0,58	0,82	0,90	0,60	0,49	0,37
MVIC/EBITDA	13	0,59	106,50	1,14	1,78	3,58	9,13	79,75	19,32	2,29	1,09
MVIC/EBIT	13	0,59	256,55	1,13	1,58	2,94	14,54	40,34	28,34	2,30	2,46
MVIC/Discretionary Earnings	12	0,52	7,41	1,08	1,42	2,79	4,35	6,03	3,20	1,86	0,66
MVIC/Book Value of Invested Capital	3	2,15	21,52	N/A	4,12	6,09	13,81	N/A	9,92	4,44	1,03

All Transactions (from "All Trans" sheet)

	Count	Min	Max	10th Percentile	25th Percentile	Median	75th Percentile	90th Percentile	Mean	Harmonic Mean	Coefficient of Variation
Sale Date	2848	11/10/1991	09/03/2016								
Market Value of Invested Capital (MVIC)	2848	R$ 5.000	R$ 182.000.000	R$ 45.000	R$ 71.125	R$ 125.000	R$ 223.500	R$ 400.000	R$ 862.985		
Net Sales	2848	R$ 2.700	R$ 240.538.000	R$ 144.934	R$ 222.841	R$ 362.704	R$ 625.938	R$ 1.100.809	R$ 1.298.274		
Discretionary Earnings	1748	-R$ 598.876	R$ 5.800.000	R$ 12.604	R$ 37.483	R$ 67.239	R$ 110.520	R$ 187.490	R$ 96.224		
EBITDA	2184	-R$ 47.574.000	R$ 26.089.125	-R$ 8.427	R$ 14.196	R$ 46.134	R$ 87.962	R$ 157.378	R$ 120.590		
Operating Profit	2802	-R$ 56.396.000	R$ 19.949.158	R$ 15.307	R$ 7.582	R$ 40.990	R$ 80.884	R$ 142.824	R$ 67.994		
Net Income	2717	-R$ 49.568.000	R$ 49.919.109	-R$ 22.265	R$ 4.730	R$ 37.993	R$ 78.549	R$ 137.830	R$ 66.935		
Total Assets	842	-R$ 110.786	R$ 107.000.000	R$ 25.266	R$ 52.000	R$ 112.796	R$ 236.439	R$ 575.091	R$ 1.577.837		
Gross Profit Margin	2821	2,0%	100,0%	45,0%	60,0%	66,0%	71,0%	77,0%	64,5%		
Operating Profit Margin	2802	-324,0%	100,0%	-4,0%	2,0%	11,0%	21,0%	31,0%	11,3%		
Net Profit Margin	2717	-324,0%	139,0%	-6,0%	1,0%	10,0%	21,0%	31,0%	10,6%		
MVIC/Net Sales	2848	0,02	15,89	0,16	0,24	0,35	0,50	0,69	0,42	0,28	1,15
MVIC/Gross Profit	2821	0,03	26,10	0,25	0,37	0,56	0,80	1,14	0,70	0,44	1,30
MVIC/EBIT	2284	0,09	4.482,76	0,95	1,45	2,48	5,42	13,83	13,92	1,92	10,57
MVIC/EBITDA	1852	0,09	4.285,71	0,95	1,45	2,48	5,08	11,30	9,03	1,90	11,30
MVIC/Discretionary Earnings	1643	0,07	4.285,71	0,83	1,25	1,85	2,94	4,98	5,84	1,53	18,17
MVIC/Book Value of Invested Capital	375	0,03	567,38	0,61	1,03	1,82	3,62	8,71	5,28	1,07	5,62

Fonte: *Big Data Pratt's Stats*
https://www.bvresources.com/products/pratts-stats

Resultado

O quadro estatístico por múltiplos resulta no valor da empresa:
Mínimo: 0,09x receita
Máximo: 0,62x receita
Média: 0,34x receita
Média Harmônica: 0,29x receita
Mediana: 0,34x receita

Intervalo de Valor da empresa por múltiplo de transações de receita:

Faturamento: R$ 27 milhões

Mínimo: R$ 2,4 milhões
Máximo: R$ 16 milhões
Média: R$ 9,18 milhões
Média Harmônica: R$ 7,83 milhões
Mediana: R$ 9,18 milhões

Passo 6: reconhecendo a mediana como a melhor proposição, temos o valor da empresa sustentado por múltiplo em R$ 9,18 milhões.

Passo 7: quando se utiliza uma *big data* norte-americana de transações privadas, imagina-se que exista um desconto para "tropicalizar" o múltiplo internacional, haja vista que o mercado norte-americano tem mais solidez do que o brasileiro. Alguns autores, como Serra Ricardo (2014), sugerem a aplicação de um fator de ajuste entre múltiplos da bolsa de valores do país de origem versus o múltiplo da bolsa de valores do Brasil. Já os autores Pasin e Martelanc (2006) recomendam uma segunda alternativa que implica utilizar os múltiplos de transações do setor do país de origem e compará-los com o múltiplo nacional, utilizando a mediana. Faz sentido, porém, na prática, não é o que se observa em empresas privadas/fechadas. Utilizando a base *Transactional Track Record* (TRR), foi possível constatar que o múltiplo transacional do *driver* de valor de receita norte-americano foi de 0,17x e o brasileiro foi de 1,84x para o mesmo setor. Quando analisado setorialmente, há ágio e deságio representativos entre setores, o que torna a base pouco explicativa. Muitos fatores distorcem os múltiplos entre países, como crescimento, risco e desenvolvimento do setor. Tal análise pode ser feita comparando os apêndices I e II, mais à frente, nos quais é possível comparar segmentos nacionais e internacionais.

Como estamos tratando de empresas fechadas, uma forma alternativa simplista, recomenda-se incorporar o múltiplo nacional no intervalo de preço. No caso, obtivemos, por intermédio da fonte *Pratt's Stats*, o múltiplo internacional do *driver* de valor de receita de R$ 9,18 milhões, enquanto o múltiplo nacional do mesmo *driver* foi de 1,79x (cf. TRR/Apêndice I), resultando no preço de R$ 48,3 milhões. O intervalo é significativo, entretanto, demonstra a realidade e as implicações do uso dos múltiplos quando empregado para negociação ou precificação de um ativo.

3.6.1 Suposições em relação ao resultado

O que poderia explicar a diferença de valores entre metodologias FCD e múltiplos? Por que motivo a avalição por múltiplo resultou em valor menor? Significa dizer que a empresa está cara pelo Fluxo de Caixa Descontado?

> **Suposição I:** as premissas feitas para o Fluxo de Caixa não retrataram a realidade, uma vez que essa depende de premissas, projeções, reconhecimento de taxas de risco, dentre outros elementos que são extremamente subjetivos.
>
> **Suposição II:** as transações feitas por múltiplos podem ter sido enviesadas de modo que, mesmo utilizando a mediana, houve interferência em razão de transações que resultaram em múltiplo baixo, cujos motivos não podem ser explicados, mas podem ser supostamente entendidos, conforme visto no tópico *3.3.1 Razões que podem distorcer "para baixo" os múltiplos de empresas privadas*.
>
> **Suposição III:** empresas pequenas com altas perspectivas de crescimento geram múltiplos mais elevados internamente.
>
> **Suposição IV:** uma transação por múltiplos tem o poder de revelar que houve o desembolso de caixa, ou seja, houve de fato o pagamento (concretização do negócio). Ao passo que, por Fluxo de Caixa, enquanto não há a transação, o valor fica no campo das ideias e das premissas. Talvez esse seja o ponto mais forte e sustentável do múltiplo. Afinal, existe um espaço enorme entre reconhecer um "valor justo" e estar disposto a pagar.
>
> **Suposição V:** embora o múltiplo forneça esse dado importante da suposição IV, não permite mensurar a capacidade de geração de valor do negócio específico que está sendo transacionado, o que nos

leva a crer que o Fluxo de Caixa Descontado (FCD) tem maior embasamento técnico fundamentalista.

Suposição VI: algumas transações por múltiplos podem ter sofrido descontos.

Suposição VII: especificamente, as empresas do segmento de restaurante Frutos do Mar selecionadas por Múltiplos não retratam o nicho específico que a empresa Mar Azul atende, pelo simples fato de ela atender público de alta renda de São Paulo e atuar em local relativamente próximo aos fornecedores de insumos (70 quilômetros do litoral).

CONSIDERAÇÕES FINAIS

A avaliação relativa é uma metodologia de avaliação de empresas útil, mas muito perigosa. Segundo Damodaran (2002, p. 258), *"as empresas comparáveis precisam apresentar características de risco, crescimento e fluxos de caixa semelhantes para poderem ser comparadas com mais legitimidade"*. No entanto, mesmo nessas circunstâncias, dependendo do tamanho, setor e particularidades da empresa avaliada, a resultante do trabalho por múltiplos de transações pode ser totalmente divergente do que poderia ser chamado de "valor justo". Essa metodologia tem uma roupagem padrão de número fechado que dificilmente atende, em rigor, aos interesses de quem deseja uma avaliação adequada. Analogicamente, são como uma caixa-preta, fornecem elementos reais, mas não permitem que se conheçam os detalhes da transação de compra e venda. Segundo Mario (2005), em geral os múltiplos de transações carregam prêmios de controle e sinergia. No entanto, como já visto neste capítulo, nem sempre essas informações estão disponíveis ao usuário.

Embora seja defensável, o praticante dessa metodologia precisa ter ciência de que a sua aplicabilidade depende de muitos ajustes e análises. A sua utilização pode ser tendenciosa ou não, afinal, a escolha do múltiplo em que a avaliação se baseia e das empresas comparáveis está sob o comando de quem a executa. Damodaran (2007, p. 449) definiu essa prática de visão cínica:

"Sempre podemos usar o múltiplo que melhor servir à nossa história. Assim, se estamos tentando vender uma empresa, usaremos o múltiplo que resulte no maior valor. Embora isso seja claramente transpor a linha entre análise e manipulação, é uma prática mais comum do que se imagina."

APÊNDICES

Apêndice I – Múltiplos de transações de empresas fechadas brasileiras

Serviços	Quantidade Transações	Receita Média	Receita Média Ajustada	Receita Mediana	EBITDA Média	EBITDA Média Ajustada	EBITDA Mediana
Água e Saneamento	31	3,67x	3,42x	2,49x	13,81x	13,78x	11,20x
Alimentação e Bebidas	112	3,24x	4,02x	1,79x	26,44x	31,18x	11,70x
Concessionárias de veículos	48	44,67x	44,67x	6,21x	2.318,00x	2.318,00x	49,29x
Certificadoras	23	2,99x	2,99x	2,99x	-	-	-
Consultoria	449	3,38x	3,17x	1,70x	38,97x	7,09x	10,63x
Varejo	512	7,12x	1,37x	0,82x	108,52x	117,35x	14,97x
Educação	228	2,85x	2,51x	2,48x	29,67x	34,53x	13,00x
Seguros e Finanças	612	5,44x	5,59x	1,10x	18,39x	18,39x	9,17x
Lazer e Esporte	35	2,68x	2,68x	2,68x	-	-	-
Limpeza e Reciclagem	60	100,98x	114,98x	1,15x	7,30x	6,65x	8,61x
Marketing e Publicidade	244	47,65x	59,30x	1,38x	2,43x	2,43x	2,43x
Media	163	1,51x	1,99x	1,08x	4,10x	4,10x	4,10x
Organização de Eventos	37	3,90x	3,90x	3,90x	7,37x	7,37x	7,37x
Outros Serviços	48	14,01x	14,01x	14,01x	-	-	-
Saúde/Higiene/Estética	342	2,78x	2,15x	1,52x	15,82x	13,58x	14,16x
Transportes/Aviação/Logística	303	404,90x	443,84x	1,44x	38,26x	39,90x	13,27x
Turismo/Hotelaria/Restaurantes	98	10,19x	19,35x	10,19x	6,99x	6,99x	6,99x

Energia e Renováveis	Quantidade Transações	Receita Média	Receita Média Ajustada	Receita Mediana	EBITDA Média	EBITDA Média Ajustada	EBITDA Mediana
Biocombustíveis	80	0,81x	0,81x	0,62x	2,83x	2,83x	1,27x
Biomassa	20	2,05x	2,05x	1,15x	6,16x	6,16x	6,79x
Elétrica	212	2,99x	3,16x	1,73x	8,59x	8,59x	6,37x
Geotérmica	1	0,71x	-	0,71x	2,09x	-	2,09x
Petróleo e Gás	228	1,69x	1,69x	1,55x	7,72x	7,72x	6,34x

Imobiliário e Construção	Quantidade Transações	Receita Média	Receita Média Ajustada	Receita Mediana	EBITDA Média	EBITDA Média Ajustada	EBITDA Mediana
Construção e Materiais	136	4,96x	5,16x	1,28x	30,00x	32,44x	7,37x
Imobiliário	446	98,15x	108,41x	5,49x	14,76x	14,76x	5,27x

Indústria	Quantidade Transações	Receita Média	Receita Média Ajustada	Receita Mediana	EBITDA Média	EBITDA Média Ajustada	EBITDA Mediana
Aeroespacial e Aronáutica							
Alimentar	298	1,48x	1,55x	0,79x	14,85x	14,85x	8,94x
Automóvel e Veículos de Recreação	76	0,88x	0,88x	1,00x	10,45x	10,45x	11,06x
Farmacêutico e Cosmética	125	9,62x	9,96x	1,86x	9,65x	9,65x	9,28x
Metalurgica, Siderúrgia e Produção Industrial	257	9,18x	10,23x	0,97x	13,39x	10,37x	8,30x
Moda e Têxtil	64	1,10x	0,69x	0,80x	7,95x	5,23x	6,80x
Outros Bens e Consumo	36	1,87x	2,11x	1,81x	15,36x	15,36x	13,74x
Química e Materiais Químicos	169	27,37x	29,64x	1,52x	7,19x	7,19x	7,71x
Tabaco	3	6,64x	-	6,64x	15,71x	-	15,71x
Vidro, Cerâmica, Papel, Plásticos e Madeiras	163	73,46x	80,75x	1,38x	8,37x	8,37x	10,12x

Infraestrutura	Quantidade Transações	Receita Média	Receita Média Ajustada	Receita Mediana	EBITDA Média	EBITDA Média Ajustada	EBITDA Mediana
Infraestrutura em geral (Hospitais, Rodovias etc.)	46	0,64x	0,64x	0,72x	1,85x	1,85x	2,36x

Recursos Naturais	Quantidade Transações	Receita Média	Receita Média Ajustada	Receita Mediana	EBITDA Média	EBITDA Média Ajustada	EBITDA Mediana
Agricultura, Agrobusiness, Pecuária e Pesca	179	0,64x	0,64x	0,72x	1,85x	1,85x	2,36x

Tecnologia	Quantidade Transações	Receita Média	Receita Média Ajustada	Receita Mediana	EBITDA Média	EBITDA Média Ajustada	EBITDA Mediana
Biotecnologia	22	1.184,12x	1.184,12x	1.184,12x	0,01x	0,01x	0,01x
Eletrônica	47	7,42x	7,42x	7,42x	-	-	-
Internet	677	5,11x	4,90x	3,32x	33,89x	37,54x	37,54x
Tecnologia	816	2,95x	3,08x	1,83x	61,16x	55,97x	19,40x
Telecomunicações	171	2,11x	1,90x	0,95x	7,79x	4,26x	5,71x

Fonte: Transactional Track Record

Apêndice II – Múltiplos de transações de empresas fechadas por segmento – EUA

Segmento	Nº de Empresas	Receita			Lucro Bruto			EBITDA		
		Múltiplo Receita (Mediana)	R²	Equação	Múltiplo Lucro Bruto (Mediana)	R²	Equação	Múltiplo EBITDA (Mediana)	R²	Equação
Advocacia	18	0,70	0,84	y = 2,05x - 3.911.814,06	1,09	0,89	y = 7,56x - 8.285.554,26	6,82	0,81	y = 28,13x - 8.551.751,06
Agências de Viagem	37	0,45	0,75	y = 1,98x - 2.940.449,20	0,78	0,79	y = 2,01x - 455.228,62	5,88	0,50	y = 4,81x + 6.868.583,42
Agricultura	668	0,56	0,64	y = 0,55x + 2.182.349,29	0,86	0,86	y = 7,88x - 3.559.451,05	2,50	0,91	y = 9,70x + 312.168,40
Atacado	1450	0,45	0,60	y = 0,46x + 5.815.435,18	1,30	0,72	y = 1,89x + 5.589.094,80	5,44	0,80	y = 8,49x + 2.976.857,91
Construção	923	0,41	0,38	y = 0,55x + 1.838.896,93	0,98	0,45	y = 3,23x - 614.781,66	4,08	0,56	y = 5,93x + 794.363,36
Engenharia	88	0,64	0,81	y = 0,63x - 1.897.457,56	1,51	0,83	y = 0,87x + 18.453.272,13	6,33	0,28	y = 4,22x + 18.002.076,33
Seguros e Imobiliário	1008	1,12	0,33	y = 0,70x + 72.210.768,14	1,32	0,46	y = 1,68x + 40.616.029,76	4,47	0,68	y = 3,29x + 64.664.622,10
Manufaturados	4073	0,45	0,52	y = 1,23x + 10.331.057,11	1,06	0,76	y = 4,19x + 6.446.875,88	3,84	0,48	y = 6,03x + 43.210.277,75
Mineração	212	1,83	0,38	y = 2,04x + 76.467.894,11	3,53	0,57	y = 5,91x + 31.252.622,39	8,17	0,73	y = 11,08x + 9.393.368,31
Gráficas, Impressoras e Tonners	8	0,90	0,09	y = 0,51x + 837.532,78	1,66	0,20	y = 1,42x + 503.457,26	6,23	0,86	y = 7,93x - 193.395,66
Queijos e vinhos	11	0,61	0,68	y = 0,31x + 17.639.800,25	2,20	0,36	y = 0,23x + 38.960.161,31	5,84	0,38	y = 4,59x + 24.515.721,90
Restaurantes	2849	0,35	0,74	y = 0,55x - 49.362,94	0,56	0,74	y = 0,90x - 16.223,09	2,48	0,17	y = 2,05x + 560.959,55
Serviços em Geral	6310	0,68	0,36	y = 1,09x + 7.497.498,00	0,99	0,43	y = 2,54x + 6.487.266,01	4,19	0,01	y = 0,28x + 17.190.907,94
Serviços Específicos	2357	0,67	0,58	y = 0,92x + 5.326.912,90	0,79	0,62	y = 1,43x + 8.379.310,43	6,40	0,08	y = 5,09x + 13.724.356,90
Transporte, Energia, Gás e Saneamento	1212	0,80	0,13	y = 0,66x + 76.895.270,50	1,34	0,27	y = 2,95x + 30.884.897,37	5,50	0,10	y = 4,21x + 73.662.408,58
Varejo	6590	0,36	0,66	y = 0,35x + 1.389.070,11	0,69	0,72	y = 1,68x + 703.686,68	3,05	0,72	y = 9,13x + 1.197.815,60

Fonte: Big Data Pratt's Stats

Apêndice III – Múltiplos EV/EBITDA USA x BR | Empresas abertas

Segmentos Economatica	Qtde	USA	Qtde	BR	Spread (USA/BR)
Outros	880	10,73	69	7,24	48%
Química	654	-2,18	8	4,54	-148%
Finanças e Seguros	652	10,08	30	4,07	147%
Eletroeletrônicos	363	9,52	5	1,55	513%
Comércio	256	9,18	19	9,68	-5%
Software e Dados	256	11,95	4	15,25	-22%
Petróleo e Gás	150	8,12	9	5,82	40%
Mineração	138	5,23	3	-0,09	-6148%
Máquinas Industriais	122	10,86	5	9,49	14%
Transporte Serviços	109	9,20	14	7,80	18%
Siderur & Metalúrgica	102	9,92	18	6,09	63%
Veículos e peças	84	9,56	14	6,47	48%
Energia Elétrica	64	10,95	36	7,33	49%
Telecomunicações	63	6,95	5	5,18	34%
Alimentos e Bebidas	61	14,79	12	7,65	93%
Construção	51	10,25	20	-0,77	-1426%
Têxtil	38	11,30	17	6,96	62%
Minerais não Metálicos	22	9,38	3	4,67	101%
Agro e Pesca	20	11,30	4	4,24	166%
Papel e Celulose	17	9,82	4	8,83	11%

REFERÊNCIAS

BAHURY, Miguel Antonio. **Laudos de avaliação, Instrução CVM N 361/2002**. Tese de Pós-graduação em Regulação de Capitais – Monografia – Universidade do Rio de Janeiro – UFRJ 2005.

BROSTEIN, Sérgio, MARQUES, Mária. Retenção do preço de compra em Fusões e Aquisições, **Revista Capital Aberto**. São Paulo, 10/2012.

COUTO, Junior; GALDI, Caio. Avaliação de Empresas por Múltiplos Aplicados em empresas agrupadas com análise de Cluster. **Revista Administração Mackenzie**. V.13, 5 8/2012.

DAMODARAN, Aswath. **Avaliação de empresas**. Ed. Pearson – Prentice Hall, Nova York, 2007.

DAMODARAN, Aswath. **Finanças corporativas**. Ed. Bookman–USA, 2012.

DINGKUN Ge; JAMES M.; MAHONEY, Joseph T. **New Venture** *valuation* **by Venture Capitalists**: an integrative approach. Estudo Acadêmico San Francisco State University, 2005.

KOEPLIN, J.; SARIN, A.; SHAPIRO, ALAN C.; STANLEY, M., **Journal of Applied Corporate Finance**. Volumes 1, 2, 4, The Private Company Discount, Bank of America, volume 12 number 4, 2000.

KAPLAN, S.; RUBACK, R. **The** *valuation* **of Cash Flow Forecasts:** an Empirical Analysis, The Journal of Finance: Volume I, n. 4 – September 1995.

LIE, E.; LIE, Heidi J. **Multiples Used to Estimate Corporate Value**. Financial Analysts Journal, March/April, 2002.

LLOSA, Álvaro Vargas. **Todo amador confunde preço e valor:** estratégias de formação e crescimento de patrimônio para tempos de crise e também de prosperidade. Ed. Virgiliae, São Paulo, 2012.

LIU, Jing. Equity *valuation* Using Multiples. **Journal of Accounting Research**. USA. Vol.40. March 2002.

MALVESSI, Oscar, O EBITDA pode ser um bom indicador como geração de caixa? Matéria de abril de 2012. Disponível em: <http://www.oscarmalvessi.com.br/downloads/artigos/94/EBITDA-Artigo_Comportamento_EBITDA%20versus%20F_Cx%20Oper_Oscar%20Malvessi_Abril%202012.pdf>

MALVESSI, Oscar. O EBITDA pode ser um bom indicador como geração de caixa? <http://www.oscarmalvessi.com.br>. 2012. Disponível em: <http://www.oscarmalvessi.com.br/downloads/artigos/94/EBITDA-Artigo_Comportamento_EBITDA%20versus%20F_Cx%20Oper_Oscar%20Malvessi_Abril%202012.pdf>. Acesso em: 25 set. 2018.

MALVESSI, Oscar. **Fusões & Aquisições, estratégias empresariais e tópicos de** *valuation*. Capítulo 4 – As fraquezas do EBITDA, Coordenação Roy Martelanc e Rodrigo Pasin, Editora All Print, São Paulo, 2017.

MOONCHUL, Kim; RITTER, Jay R. Valuing IPOS. **Journal of Financial Economics** 53. Department of Finance, School of Business Administration, University of Florida, Gainesville, USA, 1999.

OLSSON, Fredrik. **Business Valuation**: How to value Limited Knowledge Based Companies. Jonkoping International Business School, June, 2009.

Private Deal Update –/ BVR – Business *valuation* Resources–A quarterly publication analyzing private company acquisitions 1Q 2016 by private buyers from the Pratt´s Stats Database.

ROCHA, A. O charme enganoso do Múltiplo P/VPA, O estrategista. **Jornal Valor Econômico**. Valor Investe, 8 2013.

Disponível em: <http://www.valor.com.br/valor-investe/o-estrategista/3230168/o-charme-enganoso-do-multiplo-pvpa>

SALIBA, Rafael. **Aplicação de modelos de avalição por múltiplos no Brasil**. Rio de Janeiro, 2005. Trabalho de conclusão de curso (Mestrado em Finanças e Economia Empresarial) – Fundação Getulio Vargas Escola de Pós-Graduação em Economia.

SANTANDER. **Laudo de Avaliação Estácio Participações S.A**. Banco Santander. Maio de 2014.

SERRA, Ricardo Goulart; WICKERT, Michael. **Valuation:** guia fundamental. Ed. Atlas, São Paulo, 2014.

ZAMARIOLA, L.; LANNA, R.; SILVEIRA, F. **Avaliação por Múltiplos**: uma análise entre diversos drivers de valor e diferentes critérios de agrupamento de empresas, Rio de Janeiro, 4-7 de setembro 2011.

4

A IMPORTÂNCIA DAS PROJEÇÕES DE CRESCIMENTO NO *VALUATION* E SEUS REFLEXOS

Em 2007, o forte movimento de abertura de capital conhecido como Oferta Pública de Ações (IPOs, na sigla em inglês) no Brasil colocou em xeque uma das principais metodologias de avaliação: o Fluxo de Caixa Descontado (FCD). Essa metodologia prediz que o valor de uma empresa está baseado nas expectativas futuras de geração de caixa. As empresas que fizeram IPO sustentadas por essa metodologia prometeram em seu prospecto crescimento vertiginoso. No entanto, praticamente nada aconteceu desde então. Das empresas que abriram capital, mais de 70% perderam valor ao longo dos últimos dez anos. Exemplos não faltam, sendo o mais famoso e emblemático as empresas "X" ligadas ao empresário Eike Batista, protagonista da maior oferta pública inicial de ações do mercado brasileiro em 2008. A unidade principal de negócios, a OGX, anunciou que a extração dos campos Tubarão Azul na Bacia de Campos havia sido superdimensionada cinco anos depois. Para se ter ideia da dimensão do problema, as promessas iniciais eram de 100 milhões de barris de óleo, porém, o volume recuperável não passou, na verdade, de 6 milhões.

A implosão do império de Eike Batista parece ter mudado o humor de muitos investidores brasileiros, trazendo aos holofotes como pode ser prejudicial acreditar nas projeções de crescimento por FCD, desenvolvidas, geralmente, por avaliadores contratados pela própria empresa, a contratante.

No mercado internacional, é surpreendente e fascinante ver como se comporta o preço de algumas ações.

Em março de 2017, o jornal *The Economist* publicou:

> *"Com uma capitalização de mercado em torno de 400 bilhões, a Amazon é a quinta empresa mais valiosa do mundo. Nunca antes uma empresa valeu tanto, por tanto tempo, dando tão pouco dinheiro: 92% do preço de suas ações corresponde a lucros que, espera-se, virão a partir de 2020."*

Então, estariam os investidores realmente convencidos de que a Amazon vale tanto assim por Fluxo de Caixa Descontado (FCD) ou ela estaria superavaliada pelos "moldes" contábeis? Essa indagação provém da lógica contábil básica em que pregam que o valor de empresas é fruto do acúmulo de riqueza gerada no passado, como máquinas, prédios, veículos, estoques etc. (ASSAF, 2003):

> *"A Contabilidade costuma expressar seus valores com base no princípio do custo, voltado fundamentalmente ao objetivo do lucro, e não para referenciar os valores de venda dos ativos."*

Na verdade, o preceito de que o valor de uma empresa está, pura e simplesmente, ligado aos ativos tangíveis da empresa é um entendimento equivocado e ultrapassado, pois o que importa é a capacidade de gerar caixa futuro. Do contrário, qual seria o sentido da oferta feita pela Microsoft em 2008 pela Yahoo por U$ 44 bilhões de dólares para uma empresa que possuía poucos ativos tangíveis contabilizados (U$ 4,7 bilhões)? Estaria, então, a Yahoo superavaliada? A taxa de crescimento tem alguma relação com o valor ofertado?

Mundialmente, o FCD é a metodologia mais utilizada para avaliação de empresas, segundo pesquisa desenvolvida por Roy Martelanc et al. (2004). Mas, por trás dela, muitas vezes, pode haver "planilhas" desenvolvidas para inflar o valor desses ativos. As informações necessárias para utilização dessa metodologia são: projeção de receitas, custos, despesas, investimentos em capital de giro/imobilizado e a estimativa de custo de capital (risco). Dentre todas, a projeção de receitas e o custo de capital são as contas que mais comprometem o processo de avaliação de empresas.

Nesse contexto, este capítulo tem como propósito específico apresentar, de maneira crítica, a adoção indiscriminada ou persuasiva de projeções de crescimento, buscando trazer à luz da realidade empresarial brasileira os problemas enfrentados pelos avaliadores na adoção e aplicação, bem como apresentar ao leitor alternativas para estimar as taxas de crescimento na utilização do FCD.

4.1 O desafio do avaliador nas projeções de crescimento pelo FCD

O *valuation* é um estado de arte e um ato de fé. Quando o avaliador inicia uma avaliação por FCD, obrigatoriamente tem como papel "desenhar" os possíveis futuros da empresa avaliada com dados exógenos do mercado (inflação, câmbio, PIB etc.). Essa tarefa, além de ser um desafio, requer muita responsabilidade e muitos cuidados haja vista que o valor de uma empresa é altamente sensível às projeções de crescimento estimadas pelo avaliador.

As fontes de informações que permitem estimar o crescimento de uma empresa são muitas vezes precárias e, por vezes, manipuladas. Quando se tenta extrair diretórios de empresas fechadas no Brasil, o problema é ainda maior. Esse tipo de diretório contém apenas informações de notícias ou informações operacionais e financeiras (receitas, custos, despesas, margens etc.). Pelo fato de não ser obrigatório para empresas de capital fechado, pouca ou nenhuma informação está disponível ao público. Em algumas situações pontuais, informações rasas são disponibilizadas. Em Fusões e Aquisições, às vezes é revelado em noticiário jornalístico e televisivo o valor da transação, porém, sem detalhes. Não por acaso, a literatura brasileira de finanças explora *cases* reais internacionais para ilustrar exemplos à obra. As empresas norte-americanas fechadas, embora não tenham a obrigatoriedade em dar publicidade, muitas vezes o fazem, voluntariamente, fornecendo as informações contábeis e múltiplos de transações. Em virtude disso, na escassez de informações, o avaliador precisa muitas vezes utilizar alguns parâmetros de outros países desenvolvidos, como o *benchmark*.

4.2 A Estrutura básica para projeções

Há uma artilharia de satélites, radares e telescópios por trás da previsão do tempo que nos diz se haverá sol ou chuva nos próximos dias. Fazendo uma analogia com a climatologia, pode-se imaginar a dificuldade do avaliador em estimar o futuro de uma empresa pelo FCD para os próximos cinco, dez anos ou perpetuidade? Nessa mesma linha de raciocínio, qual deveria ser então a duração dos fluxos futuros de caixa para uma empresa? A forma mais objetiva e lógica de tratar o futuro de uma empresa é dividi-lo em duas partes: período explícito e perpetuidade.

4.2.1 Estrutura básica temporal: período explícito e perpetuidade

Período explícito: é o período previsível, no qual é possível estimar ou sustentar com alguma segurança as premissas adotadas. Não existe período explícito padrão, estando a cargo das informações disponíveis da economia, mercado e da própria empresa. Normalmente, esse período não excede cinco anos. No Brasil, costuma ser menor por alguns motivos, não se limitando a: incertezas políticas e econômicas (refletidas na taxa de risco país – Selic), ausência de informações setoriais ou desconfiança em relação aos rumos da empresa. No entanto, existem muitos laudos de avaliação com prazos superiores (dez anos). Ao contrário de empresas do ramo de tecnologia, as empresas de utilidade, por exemplo, costumam ter demandas mais previsíveis, permitindo projeções de longo prazo.

Grosso modo, quanto maior for o tempo explícito projetado, maior é a chance de resultar subavaliação ou superavaliação. Assim, a vantagem obtida com base nas informações coletadas disponíveis parece se deteriorar com o aumento do horizonte de tempo da previsão. Isso acontece porque à medida que a base de dados se distancia do presente, fatos novos e inesperados costumam ocorrer, o que torna a informação de longo prazo vulnerável à ocorrência de erros grosseiros de avaliação. Povoa (2012) acredita que um bom e experiente analista consiga estimar com competência, em média, os cinco primeiros anos de vida de uma empresa, construindo alguns cenários diferentes. No tópico seguinte, serão elucidadas em detalhes as fontes de informações que fornecem a base de dados que influenciam as premissas elaboradas pelo avaliador.

Outra forma utilizada pelo mercado para estimar o período explícito é reconhecendo o momento em que há o término ou limite dos retornos excedentes em relação ao custo de capital. Nessa condição, admite-se que tais retornos não serão eternos em virtude da concorrência, fazendo com que seja reduzida a capacidade da empresa em gerar riqueza eternamente. Nesse momento, chegou-se ao "paredão do crescimento" (termo utilizado por Damodaran, 2002, em *Avaliação de Empresas*). Em outras palavras, chegou-se à perpetuidade.

Em alguns laudos de grandes empresas, é possível observar que utilizam a expectativa de participação de mercado/nicho futura da empresa como premissa para estimar o período explícito. Essa é uma forma eficiente para limitar o avaliador ao crescimento real possível, porém, essa informação, em 99% dos casos, não está disponível no mercado, principalmente em nichos específicos.

Perpetuidade: é o período perpétuo, conhecido como valor residual ou infinito. Existem duas formas de identificar se há ou não perpetuidade. A primeira por meio do estatuto social, no qual fica especificado se há ou não cláusulas que determinam a liquidação ou o encerramento em certo período. A segunda forma, nos casos em que a empresa apresenta indícios de declínio de maneira irreparável e irreversível, por exemplo, situação falimentar ou de insolvência financeira e econômica.

A segunda forma não é detectável facilmente, pois é preciso ter muita visão de negócios ou a sorte de estar muito próximo do declínio da atividade. Por exemplo, em 2010, com o avanço tecnológico de filmes por *streaming* e *downloads*, o mercado de videolocadoras chegou ao fim. Um avaliador da década de 1990 sem dúvida reconheceu em seus laudos a perpetuidade, mas dificilmente um avaliador em 2009 a considerou para esse segmento. Não por acaso, em 2002, Damodaran, em *Avaliação de Empresas*, referendou em exemplos acadêmicos a perpetuidade da Blockbuster. Hoje facilmente seria alvo de críticas, mas quem imaginaria seu fim? Talvez essa capacidade de enxergar a "derradeira" esteja ligada ao campo pessoal de cada um, como expertise, talento, perspicácia e outras características.

A verdade é que a maioria dos avaliadores e analistas não demandam tempo necessário em relação à perpetuidade. É um grande erro, porque parte significativa do valor de uma empresa reside nela. Então, quanto menor for o período explícito, maior será o valor da empresa na perpetuidade dentro da composição participativa e vice-versa. Uma premissa relevante e importante como a perpetuidade necessita ser cuidadosamente elaborada para não haver inconsistências. Existem algumas condições que delimitam o trabalho do avaliador referente à mensuração de valor na perpetuidade. Essas condições serão tratadas no final deste capítulo.

4.2.2 Indicador de crescimento para as projeções

O avaliador pode utilizar receitas ou lucros como indicador de crescimento. Em muitas obras acadêmicas é comum ver as projeções de lucro. No entanto, as projeções de lucro dependem de projeções de custos e despesas, o que pode dificultar o trabalho do avaliador. Certos segmentos, como tecnologia, demandam recursos em que perduram prejuízos por um longo período de tempo. A receita, por outro lado, tende a ser mais persistente e previsível do que o lucro.

Damodaran (2002), *Olhando para o Futuro*, sustenta:

> *"O crescimento da receita apresenta correlação mais estável ao longo do tempo do que o dos lucros. Isso implica que o crescimento histórico das receitas é um dado muito mais útil no que se refere à previsão do que o crescimento histórico do lucro."*

No decorrer deste capítulo será utilizado o indicador de receita, em linha com os preceitos de que esse atende melhor ao trabalho do avaliador.

4.2.3 Crescimento nominal ou real?

Essa é uma pergunta comum. Devemos reconhecer a receita real ou nominal?

A avaliação em moeda nominal ou real teoricamente deveria resultar no mesmo valor. No entanto, na prática, essa afirmativa nem sempre é correta. A recomposição de preços de uma empresa nem sempre está em linha com os efeitos inflacionários de custos e despesas. Em alguns segmentos competitivos é comum notar que certas empresas não repassam a inflação na íntegra para o preço final. Talvez por razões estratégicas ou talvez porque o repasse significaria perder venda; assim sendo, perdem na margem.

Uma forma interessante de descobrir se a empresa repassa o aumento de custos seria por meio do levantamento da política estratégica de precificação. Caso não exista, possivelmente ela não repassa a rigor e, com isso, a premissa que sustenta as projeções reais torna-se um tanto quanto frágil.

Outro ponto importante que deve ser destacado é em relação ao crescimento histórico. Quando analisada a base histórica de receitas de uma empresa, o avaliador deve descontar a inflação para conhecer o crescimento real. Do contrário, haverá um entendimento equivocado de crescimento histórico da empresa. A fórmula aplicada a seguir permite o ajuste adequado.

$$Crescimento\ real = \left(\frac{1 + Taxa\ de\ Crescimento\ Nominal}{1 + Inflação}\right) - 1$$

Vamos imaginar uma empresa com o seguinte histórico:

- Faturamento 2015: R$ 10 milhões
- Faturamento 2016: R$ 11,67 milhões
- Crescimento Nominal 2015-2016: 16,70%
- Inflação registrada em 2016: 5,00%

Utilizando a fórmula, temos:

$$Crescimento\ real = \left(\frac{1 + 16,70\%}{1 + 5,00\%}\right) - 1$$

$$\boldsymbol{Crescimento\ real = 11,11\%}$$

A principal razão do uso das projeções em moeda real está no fato de que permite maior simplicidade. Segundo Damodaran (2012), quanto mais detalhadas são as projeções, mais suscetíveis estarão aos erros. A omissão de algumas premissas setoriais, porém, pode resultar em avaliações inconsistentes. Desprezar o reajuste salarial do piso de uma categoria em relação aos preços praticados pelo mercado pode ser considerado um bom exemplo.

4.3 Fontes de projeções

Dentre as formas de estimar o crescimento de uma empresa, temos: i) fonte histórica; ii) mercado: associações, empresários, analistas; e iii) fundamentos das empresas.

4.3.1 Base de projeções: histórica de crescimento

As projeções em bases históricas têm como pressuposto principal que o passado se repetirá no futuro. Todavia, nem toda empresa tem um histórico pelo qual seja capaz de prever com clareza o futuro. Muitas empresas fechadas e abertas, principalmente as brasileiras, apresentam históricos de crescimento totalmente flutuantes em razão de instabilidade política e macroeconômica. As empresas cíclicas que dependem da economia costumam apresentar taxas de crescimento negativas em momentos de recessão. Sendo o inverso também verdadeiro, em tempos de pujança econômica essas empresas costumam ter alto crescimento. Em um estudo desenvolvido por Little (1960), embora antigo, já se comprovava que há poucas evidências de que empresas que cresciam rapidamente em um período continuariam a crescer da mesma forma no período seguinte.

Inicialmente, para utilizar o crescimento histórico como base para projetar o futuro, deve-se ter melhor entendimento do ciclo normal de crescimento de uma empresa. Para entender esse ciclo, uma analogia interessante é a comparação de uma empresa com um ser vivo. Um ser humano, por exemplo, quando nasce, cresce a taxas exponenciais; quando adolescente para fase adulta, cresce a taxas menores; e, posteriormente, estabiliza. O ciclo normal de crescimento de uma empresa tem o mesmo comportamento que o crescimento humano. O mercado divide as fases desse crescimento em até três estágios.

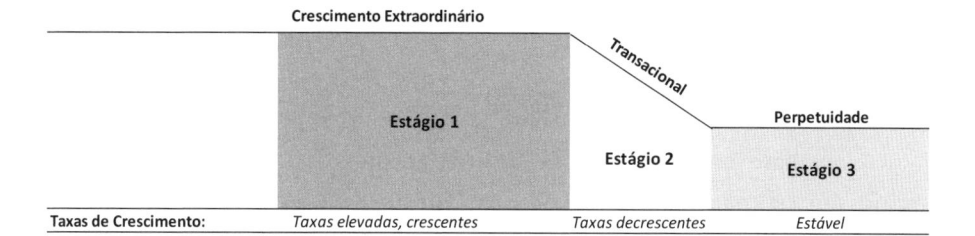

4. A IMPORTÂNCIA DAS PROJEÇÕES DE CRESCIMENTO NO VALUATION | 129

Taxas de Crescimento:	Crescimento Extraordinário — Estágio 1	Transacional — Estágio 2	Perpetuidade — Estágio 3
	Taxas elevadas, crescentes	Taxas decrescentes	Estável

Crescimento extraordinário (Estágio 1): empresas em estágio de maturação sustentam incrementos de receita que remetem a altas taxas de crescimento. Empresas jovens tendem a obter ganhos de escala inicialmente, o que favorece para o seu crescimento. Logo, se no primeiro estágio de crescimento for insignificante, qualquer incremento adicional de receita provocará elevada taxa de crescimento. Em outras palavras, é mais factível que uma empresa jovem, que gerou R$ 2 milhões no ano, tenha uma maior probabilidade de obter um crescimento de 20% no próximo ano do que uma empresa comparável de médio porte que fatura R$ 40 milhões.

Crescimento transacional (Estágio 2): momento pelo qual ocorre a migração do período de crescimento acelerado para estabilidade; chamamos esse período de crescimento transacional. Nesse período, a condição e sustentação do crescimento extraordinário de uma empresa vai perdendo força à medida que cresce, e torna-se cada vez mais difícil superar o que havia crescido anteriormente. Empresas com cultura de inovação tendem a potencializar seu crescimento, resultando na extensão do decrescimento transacional.

Estabilidade (Estágio 3): trata-se do crescimento linear e constante, o qual chamamos de período da estabilidade, no qual a empresa geralmente tem retornos em excesso, pequenos ou desprezíveis. Nesse período, é natural que o reconhecimento de taxa de crescimento seja similar ao da economia local, tendo em vista que nenhuma empresa é capaz de crescer eternamente mais do que a própria economia.

Logo, se essa premissa fosse verdadeira, a empresa em algum momento se tornaria a própria economia, o que não faz sentido.

4.3.1.1 Como utilizar a base histórica

Com base no ciclo de vida de uma empresa, para prevermos, projetarmos ou estimarmos o fluxo de caixa futuro dela, devemos, para fins de avaliação, reconhecer o seu estágio atual, delimitando, assim, o marco zero entre passado, presente e futuro. Esse conhecimento é fundamental ao avaliador, tendo em vista que suas projeções serão lastreadas e alinhadas ao ciclo normal de crescimento de uma empresa. O que implica dizer que é preciso haver elementos que sustentem uma premissa de crescimento, do contrário, o *valuation* sem lastro nasce morto. Nos casos em que não há possibilidade de sustentação, uma alternativa prudente que faria sentido seria reconhecer a estabilidade da empresa, mesmo sabendo que tudo poderá ser diferente do previsto.

Conhecendo o ciclo de vida normal de uma empresa, certamente você deve estar se perguntando: como identifico a maturação ou estágio atual de uma empresa?

Sendo honesto com o nosso leitor, não há uma resposta exata para essa pergunta. Esse é um desafio para o avaliador, em que se carrega uma dose muito grande de subjetividade. Como alternativa, são apresentados caminhos plausíveis de execução que podem ser construídos para um trabalho qualitativo. Então, o ponto-chave para essa resposta consiste primeiramente em conhecer o segmento de atuação da empresa avaliada, o tamanho do mercado em que atua, sua participação e as perspectivas para o setor. De posse dessas informações (muitas vezes não disponíveis no mercado), cabe ao avaliador, por meio de seus fluxos históricos, definir o estágio vivenciado pela empresa. Nesse sentido, deve-se:

- para empresas *startups* ou jovens em estágio inicial, aplicar os três estágios com crescimento extraordinário, transacional e perpetuidade. Observa-se que essas empresas têm alto crescimento e alta necessidade de investimentos;

- para empresas que já vivenciaram um "*boom*" de crescimento no passado, aplicar dois estágios: transição e estabilidade;
- para empresas já maduras que estabilizaram e crescem muito próximo às taxas de crescimento da economia, aplicar o último estágio. Para essas empresas, não se esperam mudanças ou transformações em termos de produtividade, margens, estrutura de capital etc. Caso a empresa madura apresente alguma possibilidade de inovação, deve ser construindo um cenário paralelo com características de um *business plan*. Naturalmente haverá um intervalo grande de valor entre cenários, cabendo às partes envolvidas delimitar as condições probabilísticas de ocorrência.

Nos casos em que o comportamento de crescimento da empresa é volátil e sazonal, recomenda-se, como alternativa secundária, observar a base histórica genuinamente e modelar a sua tendência. Como exemplo vamos imaginar uma empresa que apresenta o seguinte histórico de crescimento:

FATURAMENTO HISTÓRICO

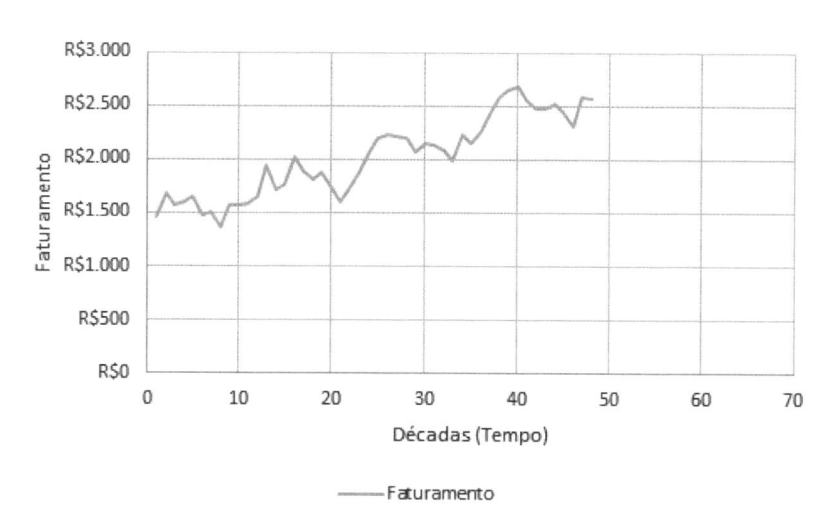

Observa-se, pela base histórica, que há uma tendência de crescimento, sazonalidade e volatilidade. Dessa forma, o avaliador pode estimar o crescimento para empresa nos moldes do seu crescimento histórico.

SÉRIES TEMPORAIS

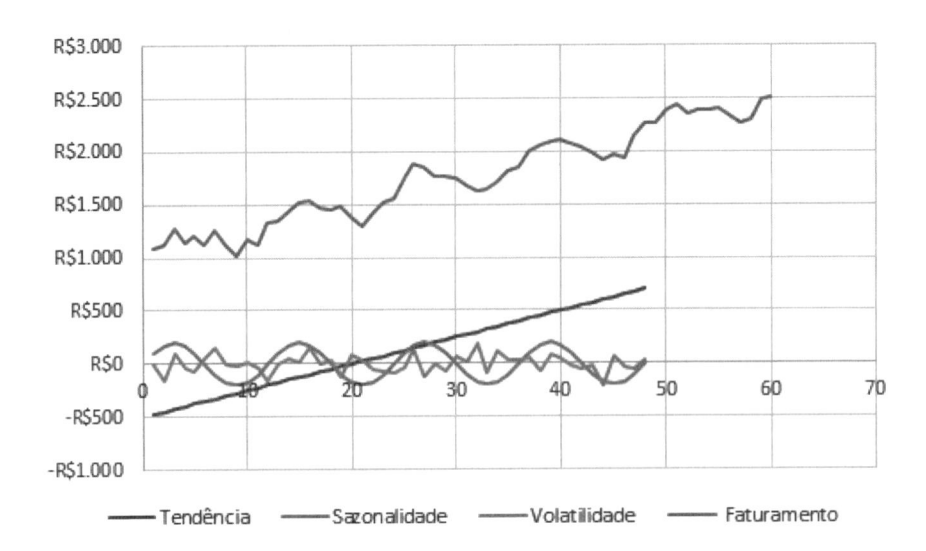

A ferramenta da Palisade @Risk permite ao usuário trabalhar com séries temporais e identificar qual o melhor modelo estocástico que explica o crescimento da empresa:

Crescimento histórico:

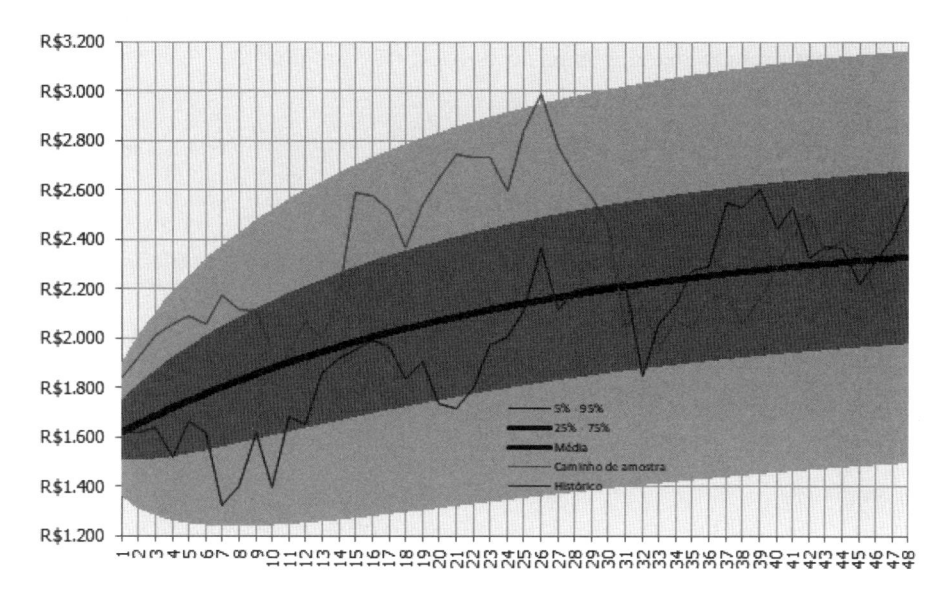

Projeção de crescimento – Fonte: base histórica.

PROJEÇÃO DE CRESCIMENTO

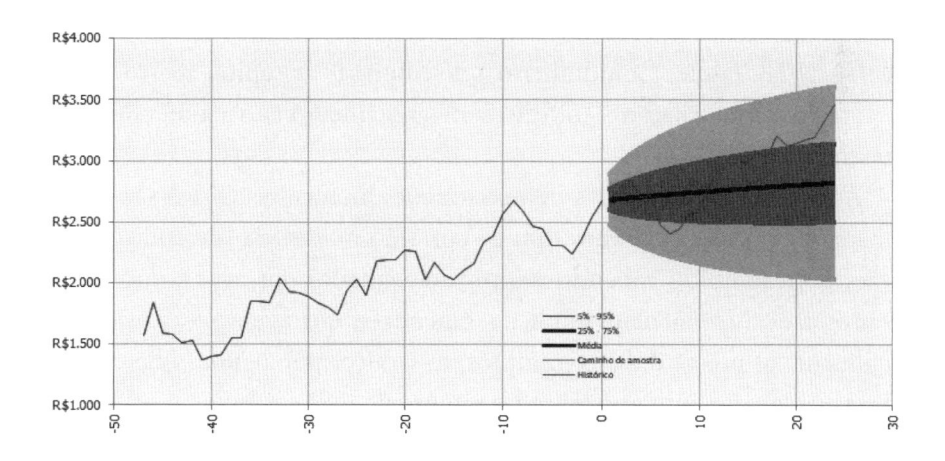

4.3.1.2 Como aplicar a taxa de crescimento transacional

Recomenda-se adotar o decrescimento linear, caso o avaliador reconheça que a empresa avaliada vivenciará dois ou três estágios:

$$Cresc.\,esperado\,ano\,x = \frac{tx.\,Cresc.\,Últ.\,ano - (cresc.\,do\,último\,ano - Cresc.\,esperado\,último\,ano)}{Anos\,projetados\,(n)}$$

Em que:

- Tx. Cres.Últ.ano = taxa de crescimento do último ano realizado (histórico)
- Cresc. esperado último ano = projetado

4.3.1.3 Crescimento Setorial e investimentos

O crescimento setorial médio histórico em tese poderia ser uma referência valiosa entre os pares. No entanto, ao analisar o comportamento histórico da mediana do faturamento anual setorial dos últimos oito anos (2010 – 2018. Fonte: Comdinheiro®) de empresas de capital aberto, pode-se notar que há oscilação significativa de crescimento ano a ano, conforme apresentado a seguir.

As receitas oriundas das demonstrações financeiras (DFs) são informações que não têm nenhum tipo de correção monetária (desconto da inflação, por exemplo), cabendo sempre ao avaliador observar como deseja tratar os dados. De maneira implícita, entende-se que as empresas reajustam anualmente os preços de seus produtos ou serviços por algum índice. Logo, as taxas de crescimento apresentadas são nominais.

4. A IMPORTÂNCIA DAS PROJEÇÕES DE CRESCIMENTO NO VALUATION | 135

Taxa de Crescimento Nominal (Inflação)

Setor	Qtd Empresas	2010	2011	2012	2013	2014	2015	2016	2017	2018
Agronegócio	13	25,10%	19,10%	20,60%	7,70%	6,20%	11,00%	4,60%	-0,80%	6,25%
Alimentos e Bebidas	11	8,79%	13,34%	21,78%	7,94%	5,19%	11,00%	4,58%	-0,78%	6,63%
Biocombustíveis, Gás e Petróleo	11	16,70%	76,70%	16,95%	6,75%	13,00%	-1,40%	-13,15%	5,30%	26,20%
Construção e Imóveis	32	47,00%	18,85%	15,25%	12,35%	-7,90%	-9,35%	-26,80%	-8,35%	-0,50%
Indústria - Materiais de Construção	3	27,20%	8,10%	10,50%	5,60%	13,80%	-0,30%	-10,70%	-7,80%	-6,10%
Petroquímico	5	36,90%	9,20%	12,90%	3,60%	9,70%	2,70%	-13,80%	9,10%	14,90%
Tecidos, Vestuário e Calçados	17	18,15%	-0,50%	1,20%	12,60%	1,15%	-0,45%	3,65%	-0,45%	2,55%
Utilidades Domésticas	6	-2,60%	-1,00%	25,70%	-4,75%	3,95%	-5,70%	1,65%	-10,40%	-5,50%
Bancos e Serviços Financeiros	31	7,75%	24,60%	5,65%	2,55%	17,60%	18,00%	5,75%	-7,95%	-9,30%
Celulose, Papel e Madeira	7	16,80%	8,30%	7,10%	14,10%	6,40%	2,70%	0,10%	6,50%	19,60%
Energia e Serviços Básicos	40	19,00%	6,45%	14,35%	-1,30%	24,40%	12,80%	1,50%	14,10%	10,85%
Indústria - Construção Pesada	3	-21,60%	27,50%	16,30%	31,80%	15,70%	-29,60%	-57,60%	-47,90%	-17,50%
Indústria - Material Rodoviario	8	45,60%	12,70%	17,40%	12,55%	-9,15%	-18,70%	-7,10%	10,80%	35,55%
Metalurgia e Siderurgia	14	18,70%	4,20%	2,50%	5,00%	-2,40%	-5,40%	-8,80%	4,30%	24,60%
Serviços	11	8,30%	11,30%	8,35%	3,20%	10,30%	10,80%	8,10%	7,25%	6,90%
Telefonia e Comunicações	3	-0,30%	18,20%	16,50%	6,20%	-0,60%	-3,20%	-5,00%	1,60%	0,60%
Bens de Consumo e Varejo	13	11,70%	17,70%	13,65%	10,20%	9,50%	-8,20%	-2,40%	6,35%	3,65%
Comércio	11	19,40%	17,70%	17,40%	12,50%	16,20%	13,75%	1,95%	9,70%	8,00%
Indústria - Máqs. e Equips.	6	18,80%	3,20%	3,60%	8,10%	2,10%	-10,60%	-26,20%	5,80%	9,85%
Informática	7	4,75%	2,00%	-5,30%	6,00%	10,00%	10,70%	10,50%	-1,90%	7,20%
Mineração	1	71,60%	24,00%	-9,40%	8,50%	-13,00%	-3,10%	10,70%	14,70%	23,90%
Saúde	16	14,85%	29,20%	16,70%	12,70%	8,40%	8,10%	9,90%	7,60%	9,30%
Serviços Educacionais	4	35,30%	22,50%	54,40%	42,95%	52,35%	31,50%	9,30%	7,50%	6,25%
Transportes	14	34,15%	23,05%	12,40%	8,00%	11,30%	8,20%	0,90%	8,70%	10,70%

Fonte: Comdinheiro®

Taxa de Crescimento Real (Sem inflação)

Setor	Qtd Empresas	2010	2011	2012	2013	2014	2015	2016	2017	2018
Agronegócio	13	18,12%	11,83%	13,95%	1,69%	-0,20%	0,30%	-1,59%	-3,64%	2,41%
Alimentos e Bebidas	11	2,72%	6,42%	15,07%	1,92%	-1,14%	0,29%	-1,60%	-3,62%	2,78%
Biocombustíveis, Gás e Petróleo	11	10,19%	65,91%	10,50%	0,79%	6,20%	-10,91%	-18,29%	2,29%	21,64%
Construção e Imóveis	32	38,80%	11,59%	8,89%	6,08%	-13,45%	-18,09%	-31,13%	-10,97%	-4,09%
Indústria - Materiais de Construção	3	20,10%	1,50%	4,40%	-0,29%	6,95%	-9,92%	-15,98%	-10,44%	-9,49%
Petroquímico	5	29,26%	2,53%	6,67%	-2,18%	3,09%	-7,20%	-18,90%	5,98%	10,75%
Tecidos, Vestuário e Calçados	17	11,56%	-6,58%	-4,38%	6,32%	-4,94%	-10,05%	-2,48%	-3,30%	-1,15%
Utilidades Domésticas	6	-8,03%	-7,04%	18,77%	-10,07%	-2,31%	-14,79%	-4,36%	-12,97%	-8,91%
Bancos e Serviços Financeiros	31	1,74%	16,99%	-0,18%	-3,17%	10,52%	6,62%	-0,51%	10,59%	-12,57%
Celulose, Papel e Madeira	7	10,28%	1,69%	1,19%	7,73%	-0,01%	-7,20%	-5,82%	3,45%	15,28%
Energia e Serviços Básicos	40	12,36%	-0,05%	8,04%	-6,81%	16,91%	1,92%	-4,50%	10,83%	6,85%
Indústria - Construção Pesada	3	-25,97%	19,71%	9,88%	24,44%	8,73%	-36,39%	-60,11%	49,39%	-20,48%
Indústria - Material Rodoviário	8	37,48%	5,82%	10,92%	6,27%	-14,62%	-26,54%	-12,60%	7,63%	30,66%
Metalurgia e Siderurgia	14	11,89%	-1,60%	-1,22%	-1,47%	-9,22%	-14,34%	-15,03%	-0,24%	19,81%
Serviços	11	2,26%	4,50%	2,37%	-2,56%	3,66%	0,11%	1,70%	4,18%	3,04%
Telefonia e Comunicações	3	-5,86%	10,98%	10,07%	0,27%	-6,59%	-12,54%	-10,62%	-1,31%	-3,03%
Bens de Consumo e Varejo	13	9,91%	13,33%	7,43%	4,33%	3,09%	-15,74%	-7,99%	4,62%	1,11%
Comércio	11	-2,13%	-0,14%	-7,78%	-13,32%	2,91%	-0,43%	6,93%	14,33%	7,67%
Indústria - Máqs. e Equips.	6	12,17%	-3,10%	-2,12%	2,07%	-4,05%	-19,22%	-30,57%	2,77%	5,88%
Informática	7	1,22%	-7,89%	4,40%	4,52%	3,38%	-4,22%	-10,90%	-0,92%	0,97%
Mineração	1	62,03%	16,43%	-14,40%	2,44%	-18,24%	-12,45%	4,15%	11,42%	19,43%
Saúde	16	8,44%	21,31%	10,26%	6,41%	1,87%	-2,33%	3,40%	4,52%	5,35%
Serviços Educacionais	4	27,75%	15,02%	45,88%	34,97%	43,18%	18,82%	2,83%	4,42%	2,41%
Transportes	14	26,67%	15,54%	6,20%	1,97%	4,60%	-2,23%	-5,07%	5,59%	6,70%

Fonte: Comdinheiro®

Muitos podem estar pensando que a justificativa para oscilação do crescimento dos segmentos listados é decorrente da inflação, porém, quando descontada, a oscilação da reccita permanece alta, como pode ser visto na página anterior.

Surpreendentemente, se analisadas as empresas do segmento de Alimentos e Bebidas, observamos uma oscilação significativa e irregular no comportamento de crescimento anualmente entre empresas que atuam no mesmo segmento. Mas por que isso ocorre? As empresas brasileiras ao menos não deveriam ter um comportamento de crescimento convencional ou no mínimo similar aos padrões de crescimento apresentados anteriormente? Há muitas variáveis que justificam a instabilidade do crescimento de uma empresa. Essas podem ser explicadas por questões atreladas ao risco sistêmico e não sistêmico. A primeira, conhecida como risco sistêmico, reconhece as questões macroeconômicas como inflação, tributação, política interna e externa, variação cambial, dentre outros que não podem ser controlados pela empresa. Já o risco não sistêmico é atribuído a fatores como preços praticados, custos operacionais, ganhos de escala, margem etc. Nos tópicos *4.3.3.1 e 4.3.3.2,* serão discutidas com maiores detalhes essas variáveis que interferem no crescimento de uma empresa.

TAXA DE CRESCIMENTO HISTÓRICA SETORIAL – ALIMENTOS E BEBIDAS

Crescimento Nominal (Inflação)

Empresas	Classe	2.010	2.011	2.012	2.013	2.014	2.015	2.016	2.017	2.018	Média	Mediana
Ambev S/A	ON	8,79%	7,50%	18,82%	7,94%	9,45%	22,69%	-2,39%	5,04%	4,87%	9,19%	7,94%
BRF SA	ON	42,60%	13,34%	10,94%	7,03%	-4,96%	11,00%	4,77%	-0,78%	-9,80%	8,24%	7,03%
Excelsior	ON	-10,20%	33,29%	39,37%	22,41%	3,81%	-6,54%	17,77%	21,66%	6,63%	14,25%	17,77%
JBS	ON	60,46%	12,24%	22,49%	22,73%	29,67%	35,23%	4,58%	-4,23%	11,34%	21,61%	22,49%
Josapar	ON	-0,55%	7,15%	26,19%	6,12%	4,15%	2,78%	10,93%	-8,79%	3,50%	5,72%	4,15%
M.Diasbranco	ON	4,09%	19,11%	21,78%	21,62%	6,22%	0,92%	15,27%	1,64%	11,26%	11,32%	11,26%
Marfrig	ON	65,13%	37,83%	8,41%	-20,96%	12,38%	-10,35%	2,34%	-3,91%	59,95%	16,76%	8,41%
Minerva	ON	30,98%	16,69%	10,13%	24,58%	28,05%	36,32%	1,30%	25,45%	33,97%	23,05%	25,45%
Minupar	ON	-2,69%	52,37%	65,32%	-25,13%	-16,85%	10,76%	-5,31%	-2,99%	4,80%	8,92%	-2,69%
Oderich	ON	-12,09%	11,25%	22,09%	2,02%	5,19%	11,18%	0,37%	-14,40%	10,18%	3,98%	5,19%
Sao Martinho	ON	25,08%	1,33%	7,46%	8,42%	-1,48%	43,91%	6,99%	29,11%	5,81%	14,07%	7,46%

Crescimento Real (Sem inflação)

Empresas	Classe	2.010	2.011	2.012	2.013	2.014	2.015	2.016	2.017	2.018	Média	Mediana
Ambev S/A	ON	2,72%	0,94%	12,26%	1,92%	2,86%	10,86%	-8,17%	2,03%	1,08%	2,94%	2,03%
BRF SA	ON	34,64%	6,42%	4,82%	1,05%	-10,68%	0,29%	-1,43%	-3,62%	-13,06%	2,05%	0,29%
Excelsior	ON	-15,21%	25,15%	31,68%	15,58%	-2,44%	-15,55%	10,80%	18,18%	2,78%	7,89%	10,80%
JBS	ON	51,50%	5,39%	15,74%	15,88%	21,86%	22,19%	-1,60%	-6,97%	7,32%	14,59%	15,74%
Josapar	ON	-6,10%	0,61%	19,23%	0,20%	-2,13%	-7,13%	4,36%	-11,40%	-0,23%	-0,29%	-0,23%
M.Diasbranco	ON	-1,71%	11,84%	15,07%	14,83%	-0,17%	-8,81%	8,45%	-1,27%	7,24%	5,05%	7,24%
Marfrig	ON	55,92%	29,41%	2,43%	-25,38%	5,61%	-19,00%	-3,72%	-6,66%	54,17%	10,31%	2,43%
Minerva	ON	23,67%	9,56%	4,05%	17,63%	20,34%	23,17%	-4,69%	21,86%	29,13%	16,08%	20,34%
Minupar	ON	-8,12%	43,07%	56,20%	-29,31%	-21,86%	0,08%	-10,91%	-5,77%	1,02%	2,71%	-5,77%
Oderich	ON	-17,00%	4,46%	15,35%	-3,67%	-1,14%	0,46%	-5,56%	-16,85%	6,20%	-1,97%	-1,14%
Sao Martinho	ON	18,10%	-4,86%	1,53%	2,36%	-7,41%	30,03%	0,66%	25,41%	1,99%	7,54%	1,99%

Fonte: Comdinheiro®

Taxa de Crescimento Histórica
Setor de Alimentos e Bebidas

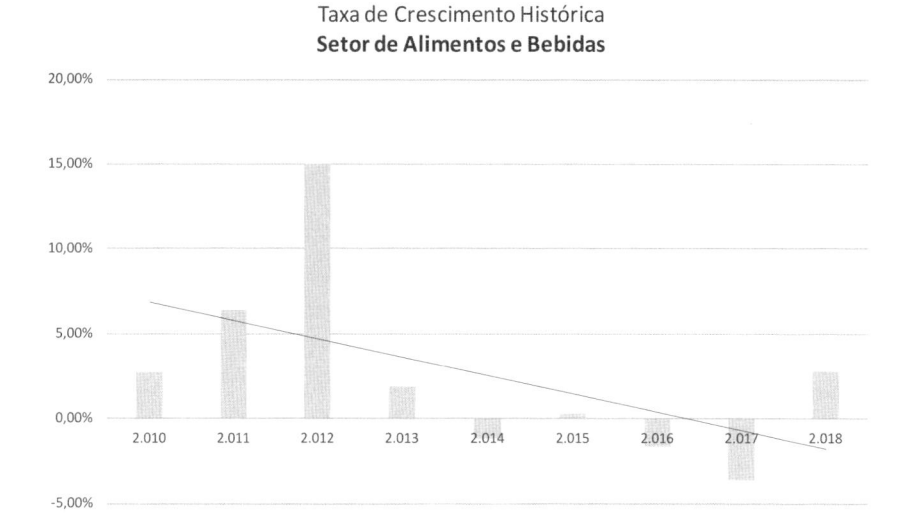

4.3.2 Base de projeções: mercado (empresário/analistas/outras fontes)

O mercado pode ser uma fonte de informação interessante para o avaliador elaborar suas projeções. Se usada da maneira correta e segura, pode trazer maior consistência para sustentação das premissas de crescimento de uma empresa. As fontes mais conhecidas são: empresários, analistas, associações, jornais, revistas, *big datas* ou até mesmo *insiders*.

Empresário: o empresário seria a melhor fonte de informação para elaboração das projeções, se não fosse o fato de que há um viés natural em superavaliar suas condições reais.

Outro problema sério diz respeito ao contratante. Geralmente é a empresa avaliada que contrata os serviços de avaliação. Temos aqui uma relação de conflito de interesse, afinal, qualquer valor inferior ao esperado pelo cliente pode ser visto como desserviço. Há uma forma velada de indução e extração de dados. Na indução, o contratante não raro "ventila" o valor desejado, estabelecendo aí um viés de valor. Na extração de dados, o avaliador, inconscientemente, faz indagações que buscam conhecer o valor esperado pelo contratado.

Analistas: o papel dos analistas de investimentos é acompanhar os rumos da empresa e fazer recomendações para: comprar, vender ou manter determinada ação. Eles costumam fazer a cobertura de alguns setores e empresas de grande porte, todas de capital aberto. Um estudo antigo de Cragg e Malkiel comparou as previsões de longo prazo de cinco administradoras de investimentos em 1962 e 1963 com o crescimento efetivo no decorrer de três anos e concluiu que os analistas são maus previsores de longo prazo.

Evidentemente que, para o avaliador que está buscando realizar uma avaliação de empresa fechada, pouco ou nada terá para extrair dos analistas. Todavia, parte dessas informações pode ser útil como, por exemplo, dados do segmento. Como as empresas de capital aberto são de grande porte, o avaliador pode ter elementos que sustentem seu trabalho para estimar a perpetuidade da empresa-alvo da avaliação.

Outras fontes: as informações de mercado são fornecidas por sociedades de classe (associações, sindicatos, conselhos regionais), jornais e outras fontes como *big datas*. No Brasil, as associações nem sempre fornecem dados completos. Isso ocorre porque muitas empresas não querem abrir seus dados para concorrentes por questões estratégicas. Quando disponíveis, as informações de projeções de crescimento não costumam exceder dois anos. Além disso, a informalidade em muitos setores prejudica qualitativamente a base criada. Já os jornais, cobertos por jornalistas e pesquisadores, costumam fornecer notícias e acontecimentos pontuais relevantes, porém de maneira vaga a respeito de projeções. Por último, os *big datas* carregam dados de analistas (ex. *Reuters Knowledge, Euromonitor, Economática, Bloomberg*) e dos próprios jornais (*Valor Econômico, O Estado de S. Paulo, Folha de S. Paulo*) e dessa forma se retroalimentam.

Note no quadro a seguir que, no horizonte de tempo do período explícito até a perpetuidade, as fontes de informação vão perdendo força gradualmente.

4. A IMPORTÂNCIA DAS PROJEÇÕES DE CRESCIMENTO NO VALUATION | 141

Fontes	Período Explícito					Transacional	Perpetuidade
	ANO 1	ANO 2	ANO 3	ANO 4	ANO 5		
Mercado	Forte	Forte	Regular	Regular	Regular		
Empresário	Forte	Forte	Regular	Regular	Fraca		
Analista	Forte	Regular	Regular	Fraca	Fraca		
Setorial	Forte	Forte	Fraca	Fraca	Fraca		
Taxas de Crescimento	Taxas elevadas, crescentes					Taxas decrescentes	Estável

4.3.3 Base de projeções: fundamentos da empresa

Compete ao avaliador conhecer os fundamentos da empresa que estão relacionados a fatores exógenos e endógenos que irão impactar o valor da empresa. De posse de todas as informações necessárias, o avaliador deve conciliar os dados e estipular a duração do período explícito e as taxas de crescimento que entende serem adequadas na projeção. Essa decisão é de cunho pessoal, mas normalmente é balizada levando em conta as informações da empresa. O corte entre período explícito e perpetuidade faz toda diferença no trabalho, haja vista que as premissas norteiam caminhos diferentes.

4.3.3.1 Período explícito

Os fundamentos econômicos da empresa que sustentam o seu crescimento no período explícito estão relacionados a fatores subjetivos, internos e externos. Os fatores endógenos, não limitados a esses, são: capacidade, clientes, produtos, serviços, contratos, qualidade da administração e marketing, gestão estratégica do negócio etc. Os fatores exógenos são: concorrentes, tamanho do mercado, questões macroeconômicas, políticas, climáticas, dentre outros.

A combinação desses fatores pode orientar o avaliador na condução das projeções. Na prática, isso significa converter essas informações qualitativas em quantitativas na elaboração das projeções. Para responder a essa questão, é importante entender os fatores mostrados a seguir.

4.3.3.1.1 Fatores internos – riscos não sistemáticos

Capacidade: está relacionada ao rendimento máximo que a empresa tem, ou, se preferir, ao seu potencial de produção. Então, a empresa avaliada pode estar ociosa ou produzindo na sua máxima capacidade. Nos casos em que ociosidade estiver envolvida, deve-se buscar entender o motivo que justifique a baixa utilização. Dentre os motivos, pode-se citar: crise econômica, má gestão, maturidade, declínio etc. Já quando a taxa de utilização se aproxima da capacidade máxima, sabe-se, a princípio, que o crescimento estará limitado. Se no caso houver demanda que justifique, deve-se reconhecer investimento para crescimento ou remeter diretamente para a perpetuidade.

Clientes: conhecer o perfil dos clientes que consomem os produtos ou serviços pode trazer respostas interessantes sobre a empresa. Saber o quanto o cliente está disposto a gastar ou saber o quanto ele é fiel à marca avaliada pode ajudar a entender o futuro da empresa. A independência de um cliente ou a sua fidelidade tem extrema relevância no valor de uma empresa. Dessa forma, empresas que têm contratos recorrentes ou clientes fiéis à marca tendem a ser mais valiosas. Portanto, a reputação da empresa perante os clientes pode ser uma pista para entender o seu crescimento.

A composição da carteira de clientes também ajuda a entender as condições de crescimento de uma empresa. A diversificação de clientes torna as empresas mais sólidas e menos vulneráveis ao risco. Empresas que concentram 90% de sua receita em apenas um cliente são mais arriscadas. Afinal, com a perda dele, seu valor tende a zero.

Produtos/serviços: para o avaliador, é essencial conhecer o produto ou serviço na prática. Isso pode proporcionar maior conhecimento do negócio, bem como maior capacidade para projetar o futuro da empresa. Entretanto, saber qual a vida útil de um produto ou serviço no mercado é um grande desafio. Certos produtos ou serviços costumam apresentar indícios de declínio ou saturação. Nesses casos, pode-se projetar a duração dos fluxos com mais facilidade.

Contratos: as empresas de serviços que apresentam contratos pontuais e recorrentes permitem ao avaliador delimitar as possibilidades de crescimento com mais facilidade. Os contratos ajudam a entender a relação comercial entre o cliente e a empresa. Como em toda regra há exceção, deve-se tomar cuidado com as empresas cíclicas. Mesmo que tenham contratos, elas acompanham o movimento da economia e, portanto, seus fluxos podem ser incertos ou flutuantes.

Administração: a forma como uma empresa é administrada pode influenciar significativamente no seu crescimento. Na teoria, a quantificação pode ser medida por meio dos retornos sobre o capital obtidos historicamente pelo administrador em relação ao retorno do setor. No entanto, esse é apenas um indício sobre a qualidade da administração, mas não uma garantia de crescimento futuro. A Kodak, empresa gigante americana do século 20, demorou a reagir ao surgimento das fotografias digitais e faliu. Dessa forma, é preciso entender o perfil do empreendedor. Se ele tiver um perfil conservador, vai demonstrar que não está disposto a assumir novos desafios, ou então manifestar que não tem habilidades para lidar com mudanças à medida que novas demandas surgem. Então, é muito provável que essa empresa não dará um segundo passo em direção ao crescimento em algum momento.

Marketing: a estratégia de marketing de uma empresa é uma variável importante para estimar suas taxas de crescimento. Entender de que forma a empresa investe em publicidade, de que forma pretende conquistar clientes etc., é um bom caminho para quantificar o crescimento.

4.3.3.1.2 Fatores externos – riscos sistemáticos

Quando o avaliador utiliza os fundamentos da empresa para projetar o crescimento, ele precisa entender o mercado de atuação e a cadeia produtiva na qual a empresa está inserida para avaliar o negócio. Deste modo a contextualização setorial está diretamente associada com os fatores externos e tem grande relevância nos laudos de avaliação.

A análise setorial é uma técnica que mensura, compara e cruza indicadores macroeconômicos, setoriais e demográficos para embasar seus resultados. Compreender o modo de atuação do setor no qual a empresa avaliada está inserida permite identificar os fatores relevantes externos que afetam o resultado da empresa, como a ciclicidade inerente ao setor e a sensibilidade aos ciclos econômicos, os fatores econômicos que o afetam e impactam na cadeia produtiva e ainda se o mercado já está maduro ou se apresenta tendência de crescimento acelerado. Assim, conhecer o modo de funcionamento do setor permite identificar riscos e oportunidades nos negócios avaliados.

Segundo Regina Couto para analisar um setor de uma atividade econômica, e por conseguinte, avaliar uma empresa, é preciso dividir a análise em duas etapas. A primeira e mais importante é conhecer o setor, e a outra, é avaliar a evolução do segmento ao longo do tempo e as suas tendências.

1º PASSO – CONHECER O SETOR (MERCADO)

Para conhecer profundamente um setor econômico, deve-se responder a vários pronomes relativos.

O que faz: são os produtos e serviços realizados pelo setor.

Como faz: é o modo de produção ou operação do setor. Isso permite identificar se o setor está tecnologicamente defasado e se será impactado pelas novas tecnologias.

Quando faz: é a sazonalidade de produção ou operação e de vendas do setor. Deve-se avaliar também a sazonalidade da oferta de matérias primas utilizadas no setor. Um exemplo, a sazonalidade da oferta de produtos agrícolas para a indústria de alimentos e bebidas.

Como paga: são os custos de produção do setor. Saber quais são os itens de compõem os custos de produção do setor permite antecipar riscos inerentes ao setor. Como exemplo pode ser citada a alta de preços internacionais de petróleo causada por conflitos geopolíticos nos países árabes, gerando elevação de custos na produção de produtos plásticos.

Como recebe: é a formação de preços, que é resultado de diversos aspectos do setor, como a sazonalidade, a atuação dos players, a atuação dos fundos de investimento e as negociações nacionais e internacionais. Esse aspecto é de fundamental importância a ser observado. Como exemplo, pode ser apontada a sazonalidade da produção de açúcar que é diversificada nos países produtores e tem reflexo nos preços internacionais da commodity, afetando os custos de produção da indústria de bebidas. Cabe chamar a atenção para os efeitos climáticos dos fenômenos El Niño e La Niña que impactam as safras mundiais de produtos agropecuários de forma diferente nos continentes, podendo gerar alta de preços das matérias primas para as indústrias alimentícias e de bebidas.

Onde faz: é a regionalização. Em quais regiões está concentrado o mercado consumidor, em quais regiões do país o setor produz e se está próximo às matérias primas. Conhecer a regionalização do setor permite identificar oportunidades nos mercados consumidores em expansão e identificar riscos na logística de distribuição ou de exportação.

Quem faz: é o ranking. Qual a posição da empresa no ranking nacional e qual a posição do setor no ranking mundial. Permite identificar se a empresa está ganhando ou perdendo market share. Nesse aspecto da análise podem ser traçados cenários globais de tendências de expansão da participação ou redução do país no ranking mundial do setor.

Com quem e para quem faz: é a cadeia produtiva do setor, os fornecedores e os clientes. Deve-se identificar quais são os setores fornecedores, se as matérias primas são importadas, e de quais países são importadas, se há riscos políticos e econômicos nesses países. Na avaliação da cadeia produtiva são identificados também os setores consumidores, se o produto é exportado e quais são os países de destino. A indústria automotiva é um exemplo de setor consumidor do setor siderúrgico. O segmento produtor de minério de ferro é um exemplo de fornecedor para a siderurgia, formando assim uma cadeia produtiva.

A quais fatores de riscos o setor está exposto: sazonais, climáticos, ambientais, globais, conjunturais, estruturais, climáticos, regulatórios, políticas comerciais, eleições.

Um exemplo de risco ambiental foi o acidente de Brumadinho, não previsto e que trouxe impactos negativos relevantes para a empresa, para o setor e para a economia. Em risco global pode-se considerar a desaceleração do crescimento chinês como impacto direto nas exportações brasileiras de alguns setores. Em risco conjuntural pode-se citar como exemplo a taxa de câmbio que impacta os custos de setores que dependem de importação de matéria prima, como é o caso da indústria farmacêutica. Em riscos estruturais podem ser citadas as tecnologias disruptivas, como o veículo autônomo, que afeta o modo de produzir e de vender no setor automotivo.

Qual a importância do setor na economia: participação no PIB, na pauta exportadora e na geração do estoque de emprego. Essa informação é relevante à medida que aponta a importância que governos podem dar ao setor em períodos eleitorais. Como exemplo, um setor gerador de empregos em larga escala pode receber incentivos econômicos e fiscais que o beneficiem.

Quais fatores macroeconômicos influenciam o setor: essa avaliação permite identificar se o setor é sensível a renda e juros (automotivo), a investimento (construção civil), a eleições (obras públicas, setores regulados, exemplo setor elétrico).

Conhecer o setor permite identificar se o segmento avaliado é o primeiro a sentir o impacto das crises econômicas, como é o caso de bens duráveis (veículos, imóveis) por serem muito sensíveis à confiança do consumidor. Ou ainda se é o último setor a sofrer os impactos da crise, como os supermercados e os serviços de internet. Além desses, a análise setorial permite avaliar se o setor é o último a se recuperar das crises econômicas, como o segmento de máquinas e equipamentos, que sofre os impactos da ociosidade elevada.

2º PASSO – AVALIAR AS TENDÊNCIAS DO SETOR

O segundo passo na análise setorial é a avaliação da evolução histórica, da conjuntura e das tendências do setor. Na evolução histórica deve-se avaliar o passado recente e o ano corrente para identificar o comportamento do setor diante de fatos e acontecimentos que podem se repetir no futuro. A avaliação das tendências para o setor deve ser dividida em cenários de curto e de longo prazo, já que no longo prazo, o setor pode ser impactado por mudanças que ainda não estão presentes no curto prazo.

Para avaliar a evolução e as tendências do setor, devem ser analisados diversos indicadores econômicos e setoriais, como produção, vendas, exportação, importação, geração de emprego, preços, etc. No entanto alguns setores não têm indicadores disponíveis que permitam avaliar seu desempenho. Nesse caso devem ser analisados os indicadores de setores da cadeia produtiva e indicadores econômicos que afetem o setor, como emprego, renda, juros, câmbio. Daí a importância de conhecer o funcionamento do setor analisado e os fatores macroeconômicos que o afetam.

Os dados setoriais são disponibilizados por órgãos oficiais como IBGE, Ministério da Agricultura, Ministério do Trabalho e associações de classe. É importante utilizar sempre que possível, mais de uma fonte de informação para validar os resultados da análise. Outras fontes de pesquisa são as teses de mestrado e doutorado, os sites de empresas e os relatórios de corretoras de valores. Entre os subsídios à análise estão notícias relacionadas ao setor e à cadeia produtiva e informações anedóticas, que são oriundas de pessoas que estão mais diretamente ligadas ao setor e muitas vezes apontam tendências que os números não mostram.

Fatores Endógenos	Fatores Exógenos
Administração	Sindicatos e Associações
Clientes	Clima Política
Produtos	Regulamentações
Contratos	Economia
Serviços	Informalidade
Marketing Capacidade	Educação / Qualificação Concorrentes

(Projeção de Crescimento)

4.3.3.2 Transacional

O período transacional deve ser pautado na construção entre o período explícito e a perpetuidade. Se a expectativa de crescimento extraordinário de uma empresa é de 20% no período explícito e na perpetuidade é de 3%, pode-se estabelecer uma transição linear, chamada período transacional (ver 4.3.1.2).

4.3.3.3 Perpetuidade

Como não é possível estimar os fluxos de crescimento para sempre, é necessário impor o encerramento do modelo de avaliação por Fluxo de Caixa Descontado (FCD). Mas, sabendo que 80% das empresas "morrem" no primeiro ano, como devemos então avaliá-las? Trata-se aqui de empresas *startups*, então caberá ao avaliador utilizar fatores de desconto significantes na perpetuidade que condizem com o risco de a empresa naufragar.

A perpetuidade está condicionada ao período que se imagina ser eterno de uma empresa. Via de regra, quando é tratado de possibilidades de crescimento de uma empresa, é reconhecida a seguinte função:

$$g = b \times r$$

$$b = \frac{\text{investimento no Ativo Fixo} - \text{Depreciação} + \Delta \text{Capital de Giro sobre o Capital}}{EBIT\,(1-t)}$$

$$r = \frac{Ebit \times (1-t)}{Capital\ Investido}$$

Em que:

g = taxa de crescimento: crescimento esperado da empresa.

b = taxa de reinvestimento (Investimentos líquidos/ Ebit(1-t) ou NOPAT: Net Operation after taxes): mede o quanto de capital é investido para gerar o crescimento futuro de uma empresa. As referências históricas para depurar esse valor podem ser encontradas nas demonstrações financeiras e contábeis de uma empresa. Damodaran (2002) recomenda a utilização de taxas de reinvestimento médias históricas para casos em que há grandes investimentos em projetos de aquisição. Para empresas que expandiram significativamente nos últimos anos, recomenda-se a utilização de taxas de reinvestimentos setoriais médias.

r = taxa de retorno do capital (ROC: Return on Capital): deve ser medida pelo retorno sobre o capital existente de uma empresa, cujo valor deve compreender o capital total dos credores: terceiros (passivos onerosos) e capital próprio.

Essa função é lógica e clara quando tratamos do crescimento em empresas que estão na fase da estabilidade, diferentemente de empresas na fase de expansão, que geralmente apresentam capacidade ociosa ou subdimensionada, sem que haja necessidade de fazer novos investimentos. Na prática, podemos observar que essa função não atende empresas que vivenciam a fase do crescimento. Para exemplificar um caso concreto, é apresentado a seguir o crescimento histórico da AMBEV no período dos últimos oito anos (2010 a 2018). Posteriormente, confrontando o crescimento histórico real do fluxo de caixa operacional e a taxa de crescimento teórica, é possível observar significativa divergência.

TAXA DE CRESCIMENTO AMBEV – TEÓRICO X REAL

Ambev	2010	2011	2012	2013	2014	2015	2016	2017	2018
Investimento em Capital de Giro & Imobilizado (A)	27.751.056	25.673.957	30.076.090	40.959.603	40.871.451	47.481.627	50.538.752	49.118.225	59.381.509
Ebit (B)	10.023.094	11.709.923	13.860.479	15.375.110	15.843.981	18.781.592	17.100.375	16.423.698	16.990.457
IR e CSLL (C)	2.084.440	2.521.995	2.405.110	2.457.614	2.006.558	3.634.248	314.973	5.079.298	1.789.594
Reinvestimento (A/(B-C))	349,57%	279,43%	262,55%	317,09%	295,37%	313,47%	301,09%	432,97%	390,65%
ROC	23,61%	28,93%	32,82%	28,57%	25,56%	28,06%	23,03%	21,75%	20,67%
(Crescimento Teórico) g =	82,52%	80,85%	86,16%	90,59%	75,49%	87,96%	69,34%	94,19%	80,75%
Taxa de Cresc. fluxo de Caixa Operacional (FCO)	15,70%	25,28%	16,88%	33,39%	-19,13%	48,35%	-47,65%	44,79%	
Crescimento da Receita Real	2,72%	0,94%	12,26%	1,92%	2,86%	10,86%	-8,17%	2,03%	1,08%

Fontes: i) *Comdinheiro®* – Elaborado pelo autor; ii) Instituto Assaf

Ilustrativamente, para entendermos essa questão, vamos imaginar o seguinte cenário:

> A empresa Sucos Bom Ltda., fundada em 1976, produtora e engarrafadora de sucos e líder no mercado do interior de São Paulo, necessita investir em seus negócios na ordem de R$ 300 mil em equipamentos com potencial de processamento de 100 mil litros/ano.
>
> Hipoteticamente, suponha que essa empresa venha a crescer da seguinte forma: ano 2-4: 25%; ano 5-8: 20%; ano 9: 18%; ano 10: 15%.
>
> A taxa de reinvestimento é a resultante do investimento pelo EBIT(1-T), totalizando 331% (300.000/90.720). Sendo o retorno sobre o capital de 30,24% (90.720/300.000), conclui-se que o crescimento deveria ser de 100% (331% x 30,24%) no ano seguinte. Então, no ano 2, a empresa venderia, por essa lógica, 84 mil litros, correto?

O mercado não atua dessa forma. A venda do ano seguinte não depende única e exclusivamente do retorno e da taxa de reinvestimento. Se não houver demanda pelas infinitas variáveis impostas pelo mercado, não haverá crescimento.

Ano	Capacidade (L)	Taxa de cresc.	Utilização (litros)	Investimento	Pvu	Margem Nopat	EBIT (1-T)	ROC	%Reinvest.	G=bxr
1	100.000		42.000	300.000,00	12	18%	90.720	30,24%	331%	100,00%
2	100.000	25,00%	52.500		12	16%	102.060	34,02%	0,00%	0,00%
3	100.000	25,00%	65.625		12	15%	114.818	38,27%	0,00%	0,00%
4	100.000	25,00%	82.031		12	13%	129.170	43,06%	0,00%	0,00%
5	100.000	20,00%	98.438		12	12%	139.503	46,50%	0,00%	0,00%
6	200.000	20,00%	118.125	300.000,00	12	11%	150.664	25,11%	199,12%	50,00%
7	200.000	20,00%	141.750		12	10%	162.717	27,12%	0,00%	0,00%
8	200.000	20,00%	170.100		12	9%	175.734	29,29%	0,00%	0,00%
9	300.000	18,00%	200.718	300.000,00	12	8%	186.629	20,74%	160,75%	33,33%
10	300.000	15,00%	230.826		12	7%	193.161	21,46%	0,00%	0,00%

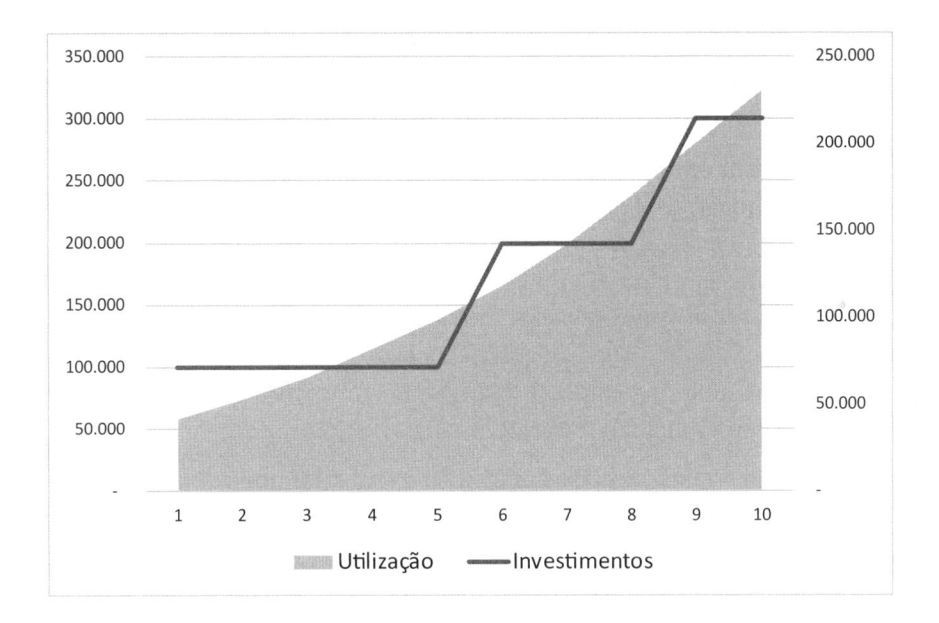

À medida que a empresa atinge o limite de sua capacidade produtiva, ela reinveste. Isso implica dizer que o crescimento não necessariamente ocorrerá no ano seguinte ao que se investe.

Em tese, o crescimento setorial médio histórico brasileiro de empresas de capital aberto poderia ser uma referência adequada e valiosa entre os pares. No entanto, ao analisar o comportamento histórico do faturamento anual setorial de 2010 a 2018, nota-se que há volatilidade significativa de crescimento de ano para ano.

Como, então, utilizar de maneira adequada essa equação na perpetuidade? Pouco se pensa acerca da perpetuidade na execução de uma avaliação, porém, esse período não deveria receber menor atenção. Na prática, quanto menor for o período explícito utilizado na avaliação, maior será a representatividade do valor de uma empresa na perpetuidade. Inúmeros laudos de avaliação feitos por grandes bancos apresentam uma relação de 40% de período explícito e 60% de perpetuidade.

Algumas premissas referentes às variáveis dessa equação da perpetuidade são de senso comum e podem ser aplicadas de maneira segura. Portanto, algumas travas para perpetuidade tornam a avaliação mais consistente:

ROC (*Return on Capital* – Retorno sobre o capital): o retorno de investimento do capital deve acompanhar uma relação entre o custo mínimo exigido e o retorno de empresas pares maduras do setor.

Retorno mínimo exigido: evidentemente que uma empresa na perpetuidade não consegue obter retornos superiores à média setorial. Portanto, é de se esperar que, em algum momento, a concorrência force a empresa a reduzir margens ou volumes. Por outro lado, o investidor também não se manterá no negócio caso o retorno seja inferior ao risco ou ao custo de oportunidade. Desse modo, a premissa de que a empresa terá retornos próximos ao custo de capital na perpetuidade é coerente.

Retorno das empresas maduras: o avaliador poderá sustentar a premissa de que o seu retorno será próximo ao retorno das empresas maduras nos casos em que a empresa avaliada estiver vivendo estágio de crescimento. As empresas maduras que estão em mercados desenvolvidos costumam apresentar retornos estáveis, portanto, sustentar a premissa de que a empresa avaliada em algum momento na perpetuidade seguirá os retornos desse mercado é factível ou consistente.

G (Crescimento na perpetuidade): deve acompanhar o crescimento da economia, haja vista que não é razoável assumir que a empresa cresça eternamente acima do crescimento médio de longo prazo da economia. Afinal, o conjunto de empresas formam o setor que, por sua vez, forma a economia. Segundo fontes de mercado (Laudos de Avaliação e Prospectos de IPO), o crescimento nominal da economia na perpetuidade é de 7,5%, o que significa dizer que a taxa real de crescimento global na perpetuidade seria algo em torno de 4-4,5%.

Com essas travas, a resultante para o avaliador limita-se a conhecer o Capex e investimento em giro. Nessa linha de raciocínio, como reinvestimento é fruto da equação b= g / r, então cabe ao avaliador levantar os números da empresa para conhecer o investimento necessário na perpetuidade. Desse modo, não há possibilidades de gerar inconsistência no laudo de avaliação.

Se analisarmos a taxa de crescimento teórica baseada na relação de reinvestimento com retorno, percebe-se que ela difere significativamente das taxas de crescimento reais. Caso, por exemplo, da BR Foods.

Período	2010	2011	2012	2013	2014	2015	2016
Crescimento Teórico	-83,8%	5,0%	-14,0%	-7,5%	-2,9%	-5,8%	0,2%
Crescimento Nominal	42,60%	13,34%	10,94%	7,03%	-4,96%	11,00%	4,77%

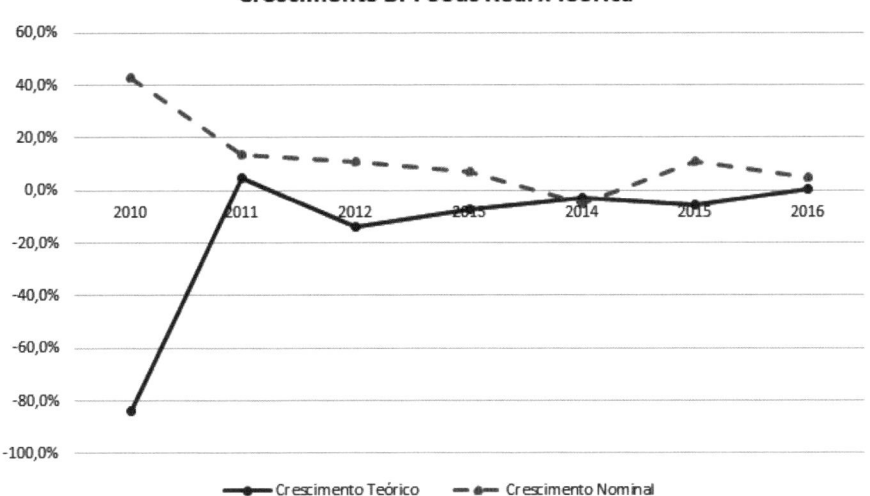

Crescimento Br Foods Real x Teórica

4.4 Casos Práticos

Por meio de dois exemplos práticos será demonstrado como o avaliador deve selecionar e estabelecer as premissas de crescimento. Embora os exemplos sejam hipotéticos, na prática é fácil notar que os exemplos citados das fontes são comuns. Para isso, será apresentado um caso prático de produtos e outro de serviços.

4.4.1 Caso Prático – empresa de produtos

Voltando ao exemplo da empresa Sucos Bom, imagine que em 2019 ela foi assediada por um Fundo de Investimentos para ser vendida. O fundador, Sr. Osvaldo, embora interessado, ficou com dúvidas em relação ao valor. Afinal, a expectativa de crescimento esperada por ele é muito grande.

Como base nas informações apresentadas adiante, qual deveria ser a taxa de crescimento esperada para os próximos anos da empresa Sucos Bom Ltda.?

Informações de crescimento

Fonte histórica:

O histórico de crescimento foi apresentado pela contabilidade por meio dos faturamentos de 2014 a 2019.

Em reais (R$)

Ano	Faturamento Histórico		
	Pessoa Física (PF)	Pessoa Jurídica (PJ)	Total
2014	246.361	733.639	980.000
2015	410.602	1.059.398	1.470.000
2016	586.574	1.295.026	1.881.600
2017	733.218	1.524.702	2.257.920
2018	814.686	1.894.818	2.709.504
2019	958.454	2.022.000	2.980.454

Informação Adicional histórica: Inflação 2015: 7%; 2016: 5,5%; 2017: 9,8%; 2018: 10,5%; 2019: 4,00%

Fonte de mercado

Associação Brasileira das Indústrias de Refrigerantes e Bebidas não Alcoólicas (Abir): expectativa de crescimento do setor para 2020 – 7,5%.

Analistas: não tem analistas, trata-se de empresa de capital fechado.

Empresário/Administrador: "*A minha empresa tem expectativa de dobrar o faturamento no ano seguinte. Parte desse crescimento ocorrerá em razão da boa aceitação do nosso público consumidor, para o qual tivemos uma aceitação muito boa, de acordo com o que nos informou a equipe comercial. Além disso, muito provavelmente também iremos inaugurar uma nova linha de sucos orgânicos que vai ser um* boom *no mercado interno da região*".

Fundamentos econômicos

Fatores internos

Capacidade: atualmente (2019) a empresa tem capacidade para fazer 100 mil litros/ano. A utilização da estrutura é de 75%, ou seja, ela produz 75 mil litros por ano.

Clientes: a Sucos Bom atende clientes na pessoa física e na pessoa jurídica. Na pessoa física, as vendas ocorrem por meio de máquinas distribuídas estrategicamente em escolas. O público consumidor são crianças na faixa etária entre 8 a 12 anos. Quando a lanchonete está aberta, a venda de refrigerantes é mais frequente que a do suco. Na pessoa jurídica, há oito contratos na carteira, englobando padarias, restaurantes e supermercados.

Produtos: sucos orgânicos com apelo nutricional.

Contratos: os contratos vigentes trazem informações de vigência e valor. Alguns têm longo histórico de relacionamento, outros, pouco, como visto a seguir.

Em reais (R$)

Contratos	Relacionamento	Vigência	Valor Anual
1	10 anos	2021	150.000
2	5 anos	2022	325.000
3	2 meses	2018	285.000
4	20 anos	2019	900.000
5	40 anos	2025	350.000
6	8 anos	2022	198.000
7	2 anos	2018	210.000
8	4 anos	2022	99.000

Fatores externos

Concorrentes: o preço dos sucos oferecidos pela concorrência é 20% acima dos preços praticados pela Sucos Bom Ltda. Os sabores oferecidos são similares. O que difere a Sucos Bom da concorrência é a embalagem e a forma de distribuição. A embalagem é mais colorida e a distribuição é feita em pontos estratégicos. É perceptível que o público infantil substitui os sucos por refrigerantes, independentemente do preço, quando há oportunidade.

Política: os parlamentares tentaram tramitar no Congresso Nacional o aumento da tributação de sucos e derivados, mas por enquanto não há consenso, uma vez que uma maioria defende que sucos trazem benefícios à saúde.

Economia: a economia vem apresentando resultados tímidos de melhora, porém, o poder aquisitivo restringiu o consumo de sucos, reduzindo em geral 6% em 2018. Segundo o Boletim Focus, a inflação esperada para os próximos anos é de 4,5%.

Clima: o consumo de bebidas das máquinas Sucos Bom também sofre influência do clima. No verão as vendas aumentam 20% em relação ao inverno. Espera-se que em 2020 não haja grandes variações climáticas, e o consumo permaneça normal em relação aos anos anteriores.

Entendimento das informações preliminares

Inicialmente, a forma mais adequada para elaborar a premissa de crescimento de uma empresa deve ser eliminando as informações que não trazem contribuição ao avaliador. Nesse caso, as informações provenientes do mercado que não agregam valor na elaboração das premissas da empresa Sucos Bom Ltda. são, a saber:

Associação: para 2020, a Abir projeta crescimento do setor em 7,5%. No entanto, essa amostra conta com empresas de todos os tamanhos e de diferentes regiões do País, sejam elas grandes ou pequenas. A entrada ou a saída de um cliente da Sucos Bom Ltda. pode ter um reflexo muito maior que o crescimento ou declínio projetado. Portanto, a abrangência da taxa de crescimento do setor não retrata a realidade pontual da empresa avaliada.

Analistas: sem informação, não há o que comentar.

Empresário/Administrador: 99% dos empresários têm a sensação de que o crescimento da própria empresa alcançará o céu, onde não há limites. O administrador ou comercial costumam ter o mesmo pensamento. Eles precisam defender o sonho de crescimento para manterem-se no posto de trabalho. Referente ao lançamento de novos sucos, qualquer reconhecimento deve ser levado para o cenário otimista. Do contrário, estará vulnerável à superavaliação. Afinal, com novos produtos, tudo pode acontecer. Pode ser um sucesso, ou pode ser um fracasso total.

As informações provenientes do fundamento econômico que agregam valor às premissas do negócio da Sucos Bom Ltda, são a saber:

Fatores internos

Capacidade: atualmente a empresa tem capacidade para fazer 100 mil litros/ano. A utilização da estrutura é de 75%, ou seja, ela produz 75 mil litros por ano.

Clientes: por meio da informação dos clientes, foi possível constatar que os consumidores pessoa física não são fiéis à marca. Isso significa dizer que a qualquer momento esses clientes poderão migrar de um suco para outro mais barato, ou a um suco de menor preço que atenda ao paladar. Em relação aos clientes pessoa jurídica, parece haver muita solidez e expectativas sólidas de crescimento.

Produtos: segundo fontes do segmento nutricional, o apelo orgânico é uma tendência mundial, portanto, não há indícios de produto em declínio.

Contratos: os contratos que apresentam relacionamentos superiores a três anos carregam indícios de que permanecerão fiéis à empresa Sucos Bom. No que diz respeito aos demais contratos que apresentam período inferior a três anos, considera-se que não há garantias de que serão clientes recorrentes e, sendo assim, podem ser inseridos em um cenário otimista.

Contratos	Relacionamento	Vigência	Esperado	Otimista
1	10 anos	2021	R$ 150.000	R$ 150.000
2	5 anos	2022	R$ 325.000	R$ 325.000
3	2 meses	2019		R$ 285.000
4	20 anos	2019	R$ 900.000	R$ 900.000
5	40 anos	2025	R$ 350.000	R$ 350.000
6	8 anos	2022	R$ 198.000	R$ 198.000
7	2 anos	2019		R$ 210.000
8	4 anos	2022	R$ 99.000	R$ 99.000
		Total	R$ 2.022.000,00	R$ 2.517.000,00

Solução

Com base nas informações preliminares fornecidas, é possível adotar algumas premissas de crescimento, utilizando as informações históricas e os fundamentos da empresa. É válido destacar que outras premissas podem ser elaboradas, não esgotando aqui as possibilidades.

Premissa de crescimento na pessoa física

Imaginando que o consumo será reduzido drasticamente na pessoa física pelos motivos expostos anteriormente, adotou-se como premissa que até 2021 as vendas serão reduzidas pela metade (para esse público).

Entre 2020 e 2023, considerou-se que haverá um declínio linear e gradual das vendas.

1º Passo: ancorar a data base da avaliação (2019) e estimar o faturamento estabelecido na premissa até 2023. No caso, considerando que as vendas serão reduzidas em 50% em 2023, temos: R$ 613.454 x $(1+ 4,5\%)^3$ x 50% = R$ 365.935.

2º Passo: estimar o decréscimo transacional de 2020 a 2023. Para entendimento da conta, será exemplificado 2019.

Equação:

$$Faturamento\ 2020 = Fat.\ 2019 - \left(\frac{Fat\ 2019 - Fat.\ 2023}{4}\right)$$

$$Faturamento\ 2020 = 613.454 - \left(\frac{613.454 - 350.027}{4}\right)$$

$$\boldsymbol{Faturamento\ 2020 = R\$\ 547.597}$$

Em reais (R$)

Ano	Pessoa Física (PF)
2014	246.361
2015	410.602
2016	586.574
2017	733.218
2018	814.686
2019	958.454
2020	855.560
2021	752.666
2022	649.772
2023	546.878
Perp.	571.733

Premissas de crescimento na pessoa jurídica

Ante as informações de contrato e base histórica, adotou-se como premissa:

> **Base Fundamentos da empresa:** os contratos vigentes serão concluídos e mantidos na carteira como clientes recorrentes, porém, aqueles clientes com pouco tempo de relação, que apresentam período de relacionamento inferior a três anos, serão considerados como descontinuados nos anos seguintes. No entanto, outros contratos surgirão na carteira da Sucos Bom de maneira incremental;

> **Base histórica:** é possível notar que a empresa cresceu de maneira extraordinária entre os anos 2014 e 2019. No entanto, posteriormente percebe-se que sentiu os efeitos macroeconômicos da crise,

reduzindo drasticamente o crescimento da empresa. Estima-se que, para os próximos anos, o faturamento da Sucos Bom Ltda. cresça a taxas decrescentes até a estabilidade (típicas do período transacional). Posteriormente, vai se equalizar e se equiparar ao crescimento real da economia (1,5%) na perpetuidade.

1º Passo: conhecer o histórico de crescimento real utilizando a fórmula. Exemplificando: Histórico de crescimento real de 2014: (1+44,40%) / (1+7,00%) -1 = 34,96%. Calcular para todos os anos.

2º Passo: estimar o crescimento transacional de 2020 a 2023. Para entendimento da conta, será exemplificado 2020.

Equação:

$$\iota\,Cres.(\%)2020 = g.empresa(\%)2019 - \left(\frac{g.empresa(\%)\,2019 - gPIB(\%)\,Perpetuida}{4+1}\right)$$

$$Taxa\,Cres.(\%)2019 = 4{,}52\% - \left(\frac{4{,}52\% - 1{,}5\%}{5}\right)$$

$$\boldsymbol{Taxa\,Cres.(\%)2020 = 2{,}39\%}$$

3º Passo: calcular o crescimento nominal de 2020. Temos então: (1+2,39%) x (1x4,5%) = 6,99%. Projetar para todos os anos.

4º Passo: aplicar o crescimento em cada ano:

2020: R$ 2.022.000 x 6,99% = R$ 2.163.411 (o faturamento considerou a descontinuidade dos contratos de clientes não recorrentes – cenário esperado);
2021: R$ 2.163.411 x (1+6,76%) = R$ 2.309.703;
2022: R$ 2.309.703 x (1+ 6,53%) = R$ 2.460.539;
2023: R$ 2.460.539 x (1+ 6,30%) = R$ 2.615.529.

Em reais (R$)

Ano	Pessoa Jurídica (PJ)	g PJ	Inflação	g real PJ
2014	733.639			
2015	1.059.398	44,40%	7,00%	34,96%
2016	1.295.026	22,24%	5,50%	15,87%
2017	1.524.702	17,74%	9,80%	7,23%
2018	1.894.818	24,27%	10,50%	12,47%
2019	2.022.000	6,71%	4,00%	2,61%
2020	2.163.411	6,99%	4,50%	2,39%
2021	2.309.703	6,76%	4,50%	2,16%
2022	2.460.539	6,53%	4,50%	1,94%
2023	2.615.529	6,30%	4,50%	1,72%
Perp.	2.734.405	4,55%	3,00%	1,50%

O quadro apresentado a seguir tem como finalidade agrupar as receitas de PF e PJ. Por meio dele é possível analisar de maneira gráfica como a receita se comportará.

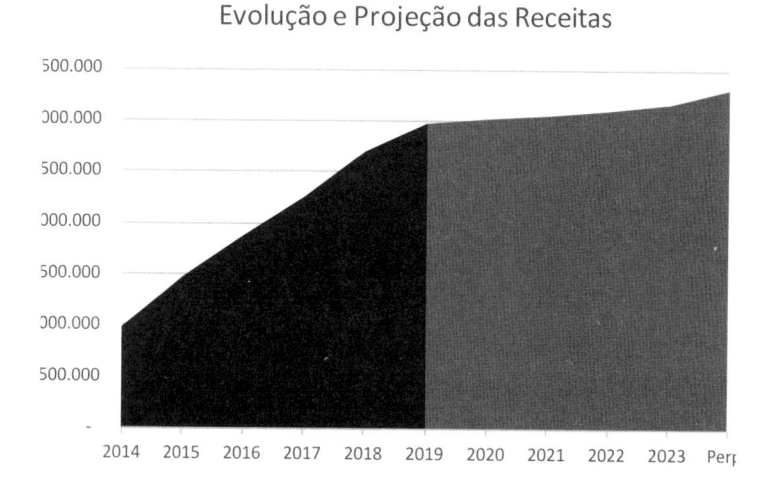

Evolução e Projeção das Receitas

Nota-se que a evolução das receitas não foi cadenciada como uma régua. As receitas estimadas tiveram um comportamento cíclico não linear (retrato do que acontece na prática).

4.4.2 Caso prático – empresa de serviços

Uma empresa de engenharia de grande porte chamada Engemax S.A., fundada pelo Sr. Mário, pretende vender suas cotas para um investidor estrangeiro que atualmente é um *player* muito forte na Europa. Em razão das incertezas do mercado, apresentou os seguintes dados para o avaliador:

Informações de crescimento

Fonte histórica:

O histórico de crescimento foi apresentado pela contabilidade por meio dos faturamentos de 2012 a 2019.

Em milhões

Ano	Obras	Faturamento	Média
2012	2	R$230,0	R$115,0
2013	4	R$210,0	R$52,5
2014	3	R$420,0	R$140,0
2015	5	R$440,0	R$88,0
2016	6	R$380,0	R$63,3
2017	8	R$510,0	R$63,8
2018	7	R$520,0	R$74,3
2019	2	R$495,0	R$247,5

Informação adicional: inflação 2012: 8%; 2013: 5,5%; 2014: 9,8%; 2015: 7,0%; 2016: 5,5%; 2017: 9,8%; 2018: 10,5%; 2019: 4,00%.

Fonte de mercado:

Associação Brasileira de Incorporadoras Imobiliárias (Abrainc): expectativa de crescimento do setor para 2020: 4,00%.

Analistas: os analistas que acompanham as ações das empresas do segmento de construções pesadas e de engenharia civil apresentaram possibilidade de crescimento das empresas – 1) Azevedo: 7,5% Lix da Cunha: 4,5% Mendes Jr.: 5%.

Empresário/Administrador: *"Se o cliente da Bahia fechar a obra de recuperação da ponte de Rio Pequeno, estimamos que nos próximos dois anos teremos um crescimento na ordem de 25%. Adicionalmente, estamos participando de uma licitação na prefeitura de São José do Rio Preto e, sendo a nossa empresa a vencedora, esperamos ter crescimento substancial em 2020 na ordem de 40%".*

Fundamentos econômicos

Fatores internos

Capacidade: atualmente (2019) a empresa tem capacidade para atender quatro obras, mas, dependendo do tipo de obra, é necessário contratar por temporada ou efetivar uma equipe extra. A contratação de baixa qualificação não requer antecedência, visto que a taxa de desemprego é grande.

Clientes: a Engemax S.A. atende a área pública e privada. A maioria dos contratos são empresas privadas. Em 2019, eles representaram na carteira algo próximo a 90%. Na área pública as margens são maiores, mas o fechamento de contratos costuma não acontecer no tempo previsto.

Serviços: construção de pontes, reformas e manutenção para atividades ligadas a áreas portuárias, edificação de shopping centers, gerenciamento de obras e locação de andaimes.

Contratos: nos contratos vigentes é possível entender o que será feito e qual é a expectativa de conclusão de obra. O valor das obras pode variar, dependendo da demanda ao longo do serviço prestado.

Em milhões

Contratos	Setor	Descrição	Duração	Esperado	Otimista
1	Privado	Reforma de Ponte	mar/20	R$ 150,00	R$ 180,00
2	Privado	Construção de Galeria	abr/20	R$ 220,00	R$ 235,00
3	Privado	Locação de Andaimes	ago/20	R$ 19,00	R$ 22,00
4	Público	Reforma de área de embarcação	dez/20	R$ 12,00	R$ 152,00

Fatores externos

Concorrentes: a concorrência na linha de construção de shoppings é brutal, fazendo com que as margens fiquem reduzidas. Normalmente, o vencedor desses contratos são empresas de grande porte. Por outro lado, no segmento de serviços de reforma de pontes a concorrência é menor em razão da especialização necessária para atuar nesse mercado. A diferenciação da Engemax reside exatamente na capacidade técnica e na tradição que tem em serviços de construção e reforma de pontes.

Política: o segmento de construção pesada sofre com problemas de corrupção, lavagem de dinheiro e caixa dois. O pagamento de propina a funcionários de alto escalão na área pública contaminou o setor da construção civil e prejudicou significativamente o seu desempenho.

Economia: a economia retraiu-se drasticamente em razão dos escândalos anunciados na área política. Por conta disso, não se espera que haja novos investimentos. Segundo o Boletim Focus, a inflação esperada para os próximos anos é de 4,5%.

Clima: as obras costumam ficar paralisadas em épocas de chuvas na região sul. Como os pagamentos estão condicionados à medição de conclusão da obra, tem-se o atraso no repasse dos recursos em tempos de paralisação de obras. No mais, não há interferências significativas.

Entendimento das informações preliminares

Inicialmente, a forma mais adequada para elaborar a premissa de crescimento de uma empresa deve ser eliminando as informações que não trazem contribuição ao avaliador. Nesse caso, as informações provenientes do mercado que não agregam valor na elaboração das premissas da empresa Engemax S.A. são, a saber:

Empresário/Administrador: a informação é relevante, mas é vaga e ficou no campo das ideias e sonhos.

Fatores internos – capacidade: a capacidade dessa empresa é altamente flexível. Então, estimar ou limitar o crescimento pela capacidade atual não faz muito sentido.

Fatores externos – clima: o clima não resultará em mudanças expressivas de caixa, apenas deslocamento de postergação de recebimentos. No entanto, se generalizado o tema, segundo cientistas, estima-se que a temperatura do planeta se elevará entre 2°C e 3°C nos próximos 50 anos. Atualmente, porém, o que assistimos são erros constantes no noticiário, pois erram até a previsão climática das 48 horas seguintes.

As informações provenientes dos analistas e fundamento econômico que agregam valor às premissas do negócio da Engemax S.A. são, a saber:

Mercado/Analistas: o crescimento esperado de grandes empresas fornece pistas de que o mercado está reagindo positivamente, porém, ainda de maneira tímida.

Fatores internos

Clientes: o perfil dos clientes ajuda a entender para qual caminho a empresa se dirige. Se a clientela de fato enxerga valor em serviços específicos de engenharia civil em shoppings e outras, tudo leva a crer que a empresa cria valor ao fidelizar esses clientes na carteira.

Serviços: todas as áreas em que a empresa atua demandam fortes investimentos. Seria pouco provável que houvesse encerramento ou declínio das atividades voltadas para a construção pesada.

Contratos: os contratos atuais caminham normalmente e, ao que tudo indica, serão concluídos sem nenhum problema. Já os contratos futuros são totalmente incertos e tudo dependerá de como o mercado caminhará no futuro. Segundo a área comercial, o mapa de propostas encaminhadas resulta no quadro a seguir:

Em milhões

Fonte Comercial		
Previsão 2020	Fat.	Status
Cliente Privado a	14	Em andamento
Cliente Privado b	25	Em vias de contrato
Cliente Privado c	120	Em conversas telefônicas
Cliente Público d	190	Em andamento
Cliente Público e	289	Em andamento
Cliente Privado f	400	Negociação

Fatores externos

Concorrentes: os concorrentes continuarão a exercer pressão sobre os preços praticados pela Engemax. No entanto, isso não implicará perda de clientes, tendo em vista que a empresa se adequará comercialmente aos preços praticados pelo mercado.

Política: o quadro político é incerto e provavelmente os investimentos na área pública ficarão represados. Estima-se que a retomada seja em 2022.

Economia: a economia vem apresentando resultados tímidos de melhora, porém, o poder aquisitivo restringiu os investimentos no setor. Acredita-se que o mercado ficará estagnado para os próximos dois anos. Adicionalmente, espera-se que a taxa de juros Selic se mantenha no patamar atual, tornando o crédito mais caro para clientes e para as construtoras.

Com base nas informações apresentadas, qual deveria ser a taxa de crescimento esperada para os próximos anos da empresa Engemax S.A.?

Solução

Com base nas informações preliminares fornecidas, é possível adotar algumas premissas de crescimento, utilizando as informações históricas e os fundamentos da empresa. É válido destacar que outras premissas podem ser elaboradas, não esgotando aqui as possibilidades.

Premissa de crescimento no setor público

Imaginando que o setor público entrou em recessão profunda, acredita-se que os investimentos serão reduzidos drasticamente. Adotou-se como premissa que até 2020 o faturamento na área pública será reduzido em linha com as probabilidades de execução conforme discussões internas com a área responsável.

Em milhões

Fonte Comercial			
Previsão 2020	Fat.	*Status*	*Probabilidade*
Cliente Privado a	14	Em andamento	Entre 40%-50%
Cliente Privado b	25	Em vias de contrato	Entre 90%-100%
Cliente Privado c	120	Em conversas telefônicas	Entre 25%-30%
Cliente Público d	190	Em andamento	Entre 5% - 10%
Cliente Público e	289	Em andamento	Entre 0% - 5%
Cliente Privado f	400	Negociação	Entre 0%-5%

Temos:
Faturamento (R$)

Em milhões			
Fonte Comercial			
Previsão 2020	Fat.	*Status*	*Expectativa*
Cliente Privado a	14	Em andamento	6
Cliente Privado b	25	Em vias de contrato	24
Cliente Privado c	120	em conversas telefônicas	30
Cliente Público d	190	Em andamento	10
Cliente Público e	289	Em andamento	7
Cliente Privado f	400	Negociação	20
		Total	96,78

Premissas de crescimento no setor privado

Ante as informações de contrato e base histórica, adotou-se como premissa:

Base Fundamentos da empresa

Para 2019: adotou-se como premissa que os contratos vigentes em 2019 serão concluídos. A premissa para os demais contratos será vinculada com as probabilidades de ocorrência apresentadas anteriormente.

Para 2020: sabendo que não haverá retomada da economia nesse período, estima-se que o crescimento real será nulo, acompanhando apenas a inflação.

Para 2021: o mercado retomará gradualmente, recuperando sua base de receitas de 2018.

Base histórica: a base histórica é altamente volátil, não sendo possível deduzir muita coisa em termos de premissa para o crescimento.

Resultado

Avaliar empresas cíclicas que estão fortemente correlacionadas com o comportamento macroeconômico é muito complicado, restringindo, assim, o período explícito consideravelmente. Em outras palavras, não é possível estimar muito além de dois ou três anos.

No caso da Engemax S.A., espera-se que as receitas totais reduzirão por conta das perspectivas de mercado. Espera-se, portanto, que a empresa se recupere apenas em 2022.

Em milhões

	Faturamento Histórico			Taxa Nominal			Taxa Real	
Ano	Público	Privado	Total	g Público	g Privado	Inflação	g Público	g Privado
2012	12,65	217,35	230,00					
2013	17,85	192,15	210,00	41,11%	-11,59%	5,50%	33,75%	-16,20%
2014	14,70	405,30	420,00	-17,65%	110,93%	9,80%	-25,00%	92,10%
2015	6,60	433,40	440,00	-55,10%	6,93%	7,00%	-58,04%	-0,06%
2016	24,70	355,30	380,00	274,24%	-18,02%	5,50%	254,73%	-22,29%
2017	48,45	461,55	510,00	96,15%	29,90%	9,80%	78,65%	18,31%
2018	54,60	465,40	520,00	12,69%	0,83%	10,50%	1,99%	-8,75%
2019	49,50	445,50	495,00	-9,34%	-4,28%	4,00%	-12,83%	-7,96%
2020	28,73	469,05	478,00	-41,97%	5,29%	4,50%	-44,47%	0,75%
2021	30,02	490,16	499,51	4,50%	4,50%	4,50%	0,00%	0,00%
2022	29,75	485,73	495,00	-0,90%	-0,90%	4,50%	-5,17%	-5,17%
Perp.	31,10	507,81	517,50	4,55%	4,55%	3,00%	1,50%	1,50%

Exemplo referencial:

Faturamento Setor Público 2020 = Projeto d + Projeto e + Contrato 4
Faturamento Setor Público 2020 (arredon.) = 10 + 7 + 12 = R$ 29 milhões

Evolução e Projeção das Receitas (R$ milhões)

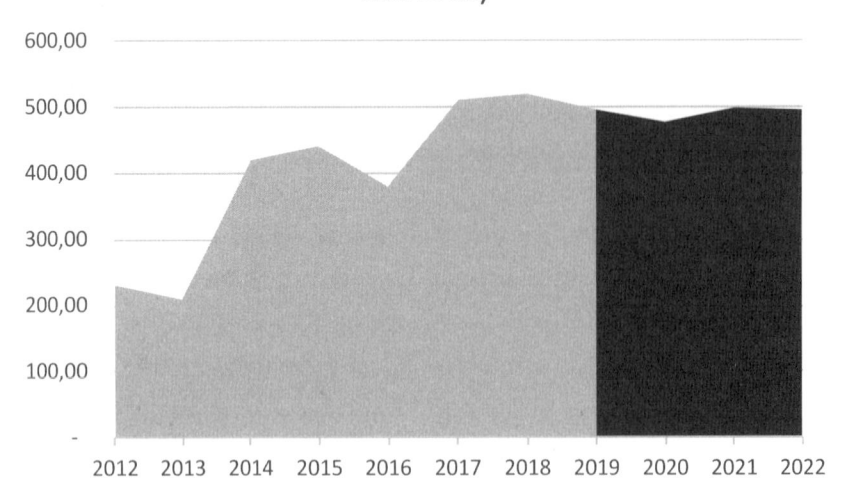

CONSIDERAÇÕES FINAIS

1. Uma avaliação pode estar cheia de técnicas avançadas para resultar no valor-alvo desejado por uma das partes. Ela pode estar subavaliada ou superavaliada e você nunca saberá onde realmente está o truque. Dentre as premissas e contas mais manipuláveis estão as projeções de receita e taxa de desconto. Então, não se pode confiar 100% no laudo de avaliação que você recebe de terceiros. Quer conhecer o valor justo da empresa? Faça você mesmo ou contrate um avaliador da sua confiança. O avaliador da parte contrária não é isento nem independente. Ele está sendo remunerado por ela. Logo, existe conflito de interesses, principalmente nos casos em que é comissionado. Em 24 de novembro de 2006, a *Revista Exame* publicou a seguinte matéria intitulada *Quem fecha os grandes negócios*:

> *"A taxa de remuneração média cobrada é de 1% do valor total da transação. Assim uma fusão de 1 bilhão de dólares gerará 10 milhões de dólares em receita. Quando recebem um mandato de venda, os assessores podem estipular taxas de sucesso para diferentes metas de preço. Quanto mais caro o banqueiro vender a empresa, mais ganha. E esse percentual pode chegar a 4% do valor total. Na compra da Arcelor pela Mittal, os bancos envolvidos na operação levaram mais de 100 milhões de dólares".*

2. Investimento não é sinônimo de crescimento. A literatura de finanças vende esse conceito há séculos. Não raro podemos ver empresas fazendo investimentos pesados e, tempos depois, assistimos à deterioração sem a ocorrência do crescimento.

3. O respaldo técnico das projeções de crescimento no laudo de avaliação não deve seguir a linha de pensamento da administração. Essa relação forçada existe com o objetivo de isentar o avaliador de futuras reinvindicações; no entanto, ao assumir essa posição, a imagem que transmite é outra, a de superavaliação.

4. Vamos lembrar que no Brasil até o passado é incerto. A única certeza que o avaliador tem em relação às projeções de receita é que ele vai errar, podendo ser para cima ou para baixo. A questão é saber quanto. Logo, em casos de divergências de expectativa entre comprador e vendedor, a recomendação

é usar pagamento por performance. Dessa forma, a chance de concretização do negócio aumenta.

5. A vantagem do Fluxo de Caixa Descontado em relação ao tempo é que, à medida que o tempo passa, os fluxos perdem força em razão do desconto. Isso significa dizer que se o avaliador fizer uma tremenda besteira em termos de projeção de crescimento, por exemplo, em 2100, pouca interferência terá quando trazido a valor presente. Diferentemente do período explícito, qualquer excesso pode significar uma superavaliação. Exemplificando: o avaliador projetou uma receita em 2019 entre R$ 1 milhão e R$ 2 milhões, perfazendo caixa entre R$ 100 mil e R$ 160 mil no período. Logo, o pedaço do valor da empresa referente a esse fluxo está entre R$ 80 mil e R$ 128 mil. Se essa mesma conta for feita na perpetuidade, o erro passa a ser de milésimos de centavos quando descontados.

Ano	Receitas Projetadas	Caixa Projetado	Valor Descontado
ANO 2019	R$ 1.000.000,00	R$ 100.000,00	R$ 80.000,00
ANO 2019	R$ 2.000.000,00	R$ 160.000,00	R$ 128.000,00
ANO 2100	R$ 1.000.000,00	R$ 100.000,00	R$ 0,00001630
ANO 2100	R$ 2.000.000,00	R$ 160.000,00	R$ 0,00002607

6. Como toda transação toma certo tempo para acontecer, parte das projeções deixa de ser futuro e se torna presente. A melhor maneira de enxergar ou fazer a outra parte enxergar a capacidade real de crescimento é mostrar o que aconteceu entre a projeção e o realizado no andamento da negociação.

7. Por fim, é válido dizer que caberá exclusivamente ao avaliador a decisão final quanto às projeções que fazem sentido para ele. Não existe uma regra, mas uma relação de crença de cada um.

REFERÊNCIAS

DAMODARAN, A. **A face oculta da avaliação:** avaliação de empresas da velha tecnologia, da nova tecnologia e da nova economia. Makron Books. São Paulo. 2002.

Base de dados – Comdinheiro

http://institutoassaf.com.br/

5

A RELEVÂNCIA DO REGIME TRIBUTÁRIO NO VALOR DE UMA EMPRESA E OS DESDOBRAMENTOS FISCAIS E SOCIETÁRIOS EM OPERAÇÕES DE M&A

A carga tributária brasileira tem sido um grande entrave para o crescimento econômico de muitas empresas nacionais e internacionais localizadas no País. Também tem levado muitas delas a buscar diferentes formas de reduzir tributos para que se valorizem. Dessa forma, podemos dizer que parte da criação de valor está diretamente vinculada a ações estratégicas orquestradas pelo Planejamento Tributário, que se tornou peça fundamental na avaliação de empresas no Brasil.

Atualmente, as obras literárias de finanças que tratam sobre o tema *valuation* são exemplificadas e interpretadas pelo Regime de Lucro Real, atendendo apenas empresas de grande porte. Assim, pouco ou nada acerca do tema foi escrito para as empresas de micro, pequeno e médio porte. Não obstante, o Conselho Administrativo de Recursos Fiscais (Carf) tem sido pouco coerente e lógico em transações de compra e venda de empresas.

Muitas empresas têm sofrido autuações fiscais no momento da amortização do ágio por esse órgão fiscal.

Nesse sentido, este capítulo é dividido em três partes:

I. Os reflexos da carga tributária na avaliação de uma empresa que busca mensurar comparativamente seu valor em diferentes regimes de tributação. Neste capítulo, você será capaz de entender por que o planejamento tributário é tão importante no *valuation*, assim como a sua relevância na geração de riqueza econômica em uma empresa. Dois exemplos serão dados. O primeiro apenas com ênfase na variação de tributos, e o segundo voltado a uma empresa de locação de veículos, na qual a rentabilidade da frota em operação ocorre apenas no momento da venda do automóvel. Essa é uma avaliação de empresa de serviços inusitada, em que a empresa é criadora de valor sem ao menos ser proprietária do ativo em operação, atuando mais como intermediadora do que locadora de carros. (5.1)

II. A influência tributária nas operações de M&A com enfoque no ágio e os principais aspectos tributários da sua geração e amortização. (5.2)

III. Planejamento tributário em incorporações. (5.3)

Possivelmente, no exato momento em que esta obra é escrita, mudanças legislativas tributárias poderão estar ocorrendo. A proposta aqui, porém, é apresentar ao leitor informações quanto à base tributária vigente e os reflexos que elas têm sobre o valor de uma empresa.

5.1 Impactos da carga tributária no *valuation*

Antes de apresentar os impactos da carga tributária no *valuation*, é preciso introduzir de maneira breve os regimes tributários brasileiros vigentes no País. Dentre as opções, temos as que se seguem.

SIMPLES NACIONAL

O Simples Nacional abrange os seguintes tributos: IRPJ, CSLL, PIS/Pasep, Cofins, IPI, ICMS, ISS e a Contribuição para a Seguridade Social destinada à Previdência Social a cargo da pessoa jurídica/INSS.

Nesse regime, há restrições e especificações para certas atividades econômicas. Dentre as vedações estão empresas jurídicas constituídas como cooperativas, empresas cujo capital participe de outra pessoa jurídica, e pessoas jurídicas cujo sócio ou titular seja administrador ou equiparado com receita superior aos limites desse regime. As atividades econômicas e as restrições da opção podem ser vistas por meio da publicação da Lei nº 123 de 2006.

Em transações merecem destaque as atividades cuja influência tributária promove criação ou destruição de valor da empresa. Sobretudo, as empresas que buscam estrategicamente explorar as combinações de negócios para reduzir a carga tributária e dividir atividades, operando, assim, com múltiplas companhias em diferentes regimes tributários.

A lógica básica de tributação do Simples Nacional ocorre em função do faturamento. Há, para tanto, a incidência da tabela progressiva sobre o faturamento mensal. Dessa forma, quanto maior for o faturamento, maior é a alíquota a ser aplicada.

De forma geral, as alíquotas do Simples Nacional podem variar de atividade para atividade dadas as premissas estabelecidas pelo Comitê Gestor, que reconheceu diferentes tabelas e anexos que podem variar de 4,00% a 22,90%, dependendo do faturamento:

Anexo I – Atividades comerciais – Tabela Progressiva: 4% a 11,61% (IRPJ, CSLL, Cofins, PIS, CPP, ICMS);

Anexo II – Atividades industriais – Tabela Progressiva: 4,5% a 12,11% (IRPJ, CSLL, Cofins, PIS, CPP, ICMS, IPI);

Anexo III – Serviços – Tabela Progressiva: 6% a 17,42% (IRPJ, CSLL, Cofins, PIS, CPP, ISS);

Anexo IV – Serviços de cunho profissional regulamentado por lei federal com algumas exceções atividades – Tabela Progressiva: 4,5% a 22,90% (IRPJ, CSLL, Cofins, PIS, ISS);

Anexo V – Serviços de atividade intelectual, de natureza técnica, científica, desportiva, artística ou cultural – Tabela Progressiva: 16,93%–22,45% (IRPJ, PIS, CSLL, Cofins, CPP, ISS).

LUCRO PRESUMIDO

A modalidade Lucro Presumido atende empresas que, por alguma razão, não obtêm informações necessárias para apurar a sua lucratividade, ou empresas com faturamento de até 78 milhões. Dessa forma, a Receita Federal estabeleceu a presunção como forma de reconhecer os ganhos da empresa contribuinte, determinando a carga tributária de acordo com setor atuante.

No que diz respeito à Prestação de Serviços, a base de cálculo para os tributos IR e CSLL são de 32% sobre o faturamento, ou seja, o Fisco parte da presunção de que há margem de lucratividade bruta de 32% sobre o faturamento, e, assim, capacidade de tributar 15% e 9% (Imposto de Renda e Contribuição Social, respectivamente) sobre esse valor.

Em relação à indústria e ao comércio, a base de cálculo para as atividades do ramo é de 8% sobre o faturamento para indústria e 12% para o comércio. Embora tal presunção assuma margens equivocadas de empresa para empresa, muitas a adotam pela comodidade existente quando comparada às obrigatoriedades acessórias existentes no outro regime (Lucro Real).

Demais impostos como PIS, Cofins, ICMS e ISS independem do ramo de atividade e incidem sobre o faturamento as mesmas alíquotas. Exceto para o contribuinte do ICMS, há uma série de critérios e premissas para determinar a alíquota.

Resumidamente, e de maneira genérica, os principais tributos desse regime são:

	Lucro Presumido	
	Indústria e Comércio	Serviços
PIS	0,65%	0,65%
COFINS	3,00%	3,00%
ICMS	variável	variável
ISS	Não tem	0,5% - 5%
IPI	variável	Não tem
IRPJ	1,2% (8% x 15%)	4,8% (32% x 15%)
IR.ADICIONAL MENSAL	(fat.bruto x bcIR - 60.000) x 10%	(fat.bruto x bcIR - 60.000) x 10%
CSLL	1,08% (12% x 9%)	2,88% (32% x 9%)

LUCRO REAL

A opção pelo Regime Tributário Lucro Real é voltada para aquelas empresas que apresentam controles internos de estoque, custos e despesas, e cujo faturamento é superior a R$ 78 milhões. Não é raro encontrar empresas que optam por ser contribuintes do Lucro Real, podendo estar de forma mais vantajosa no Lucro Presumido e vice-versa. A falta de planejamento tributário é extremamente prejudicial para a criação de valor de uma empresa.

A tabela abaixo resume os tributos do Lucro Real:

	Lucro real trimestral / Lucro real por estimativa mensal
PIS	1,65% sobre o faturamento
COFINS	7,6% sobre o faturamento
ICMS	Entre 4% e 20%
ISS	0,5% - 5% (serviços)
IRPJ	15% sobre o Lucro Bruto
IR.ADIC.	(Lucro Bruto - R$20mil/mês) x 10%
CSLL	9% sobre o Lucro Bruto

Além do crédito de ICMS, o contribuinte desse regime tem o direito de apropriar-se dos créditos na base de cálculo dos tributos PIS e Cofins, incluindo, além dos custos incorridos, energia elétrica e térmica, créditos de aluguéis e arrendamentos, depreciação de bens do ativo imobilizado e vale-transporte/alimentação/uniformes.

No Brasil, o custo do capital de terceiros assumido por dívidas (juros) pode ser deduzido da base de cálculo do lucro bruto operacional, o que evidencia um benefício econômico tributário relevante.

5.1.1 Exemplos

Todos os exemplos apresentados adiante são baseados na metodologia do Fluxo de Caixa Descontado. Ao reconhecermos tal metodologia adiante, o usuário será capaz de identificar os reflexos gerados pela carga tributária na avaliação de uma empresa.

5.1.1.1 Caso prático – Exemplo simplificado da relevância dos tributos na avaliação

A empresa de serviços chamada Libor Ltda., optante do Lucro Real, está sendo assediada por um grupo de investidores que deseja comprá-la. Os sócios, sabendo que a operação poderia ser vantajosa, resolveram praticar algumas ações estratégicas que pudessem valorizar a Libor. Antecipadamente, sabendo da relevância que os tributos podem ter no valor de empresas, optaram por fazer análises por meio de um planejamento tributário com o propósito de promover maior valor adicionado à empresa.

Dados da empresa:

- Faturamento ano data-base – R$ 15,27 milhões
- Custos operacionais e despesas representam – 55% do faturamento

Premissas da avaliação:

- investimentos anuais estimados para manutenção das operações – R$ 450 mil;
- taxa mínima de atratividade – 22%;
- crescimento projetado anual – 10%;
- crescimento na perpetuidade – 2%;
- investimento capital de giro – 1% do faturamento.

RESULTADO

Com base no regime atual do Lucro Real, a Libor Ltda. vale R$ 13,6 milhões.

- Os sócios pediram para que a empresa avaliadora simulasse qual seria o valor da Libor caso eles optassem, no ano calendário seguinte, pela migração para Optantes do Lucro Presumido.
- Com base no Lucro Presumido, a Libor Ltda. valeria R$ 17,2 milhões.
- A simples mudança de regime tributário aumentaria o valor da empresa em 26% (R$ 13,6 milhões para R$ 17,2 milhões). Isso significa dizer que as empresas devem sempre estar atentas às questões tributárias, principalmente quando têm como objetivo serem vendidas.

5. A RELEVÂNCIA DO REGIME TRIBUTÁRIO NO VALOR DE UMA EMPRESA | 181

Valor da Empresa Libor | Contribuinte optante: Lucro Real

(em reais) * Ano e - expectativa futura	x1	x2	x3	x4	x5	Perpetuidade
Receitas	**16.800.000**	**18.480.000**	**20.328.000**	**22.360.800**	**24.596.880**	**27.056.568**
Tributos	**(2.293.200)**	**(2.522.520)**	**(2.774.772)**	**(3.052.249)**	**(3.357.474)**	**(3.693.222)**
PIS	(277.200)	(304.920)	(335.412)	(368.953)	(405.849)	(446.433)
COFINS	(1.176.000)	(1.293.600)	(1.422.960)	(1.565.256)	(1.721.782)	(1.893.960)
ISS	(840.000)	(924.000)	(1.016.400)	(1.118.040)	(1.229.844)	(1.352.828)
Custos Operacionais e Despesas	**(9.240.000)**	**(10.164.000)**	**(11.180.400)**	**(12.298.440)**	**(13.528.284)**	**(14.881.112)**
LUCRO BRUTO	**5.266.800**	**5.793.480**	**6.372.828**	**7.010.111**	**7.711.122**	**8.482.234**
Tributos sobre resultado bruto	**(1.766.712)**	**(1.945.783)**	**(2.142.762)**	**(2.359.438)**	**(2.597.781)**	**(2.859.960)**
IR	(790.020)	(869.022)	(955.924)	(1.051.517)	(1.156.668)	(1.272.335)
IR ADICIONAL	(502.680)	(555.348)	(613.283)	(677.011)	(747.112)	(824.223)
CSLL	(474.012)	(521.413)	(573.555)	(630.910)	(694.001)	(763.401)
LUCRO/PREJUÍZO LÍQUIDO	**3.500.088**	**3.847.697**	**4.230.066**	**4.650.673**	**5.113.340**	**5.622.274**
Margem Lucro líquido	20,8%	20,8%	20,8%	20,8%	20,8%	20,8%
(-) Investimentos	**(618.000)**	**(634.800)**	**(653.280)**	**(673.608)**	**(695.969)**	**(419.556)**
Investimentos fixo	(450.000)	(450.000)	(450.000)	(450.000)	(450.000)	(148.990)
Capital de Giro	(168.000)	(184.800)	(203.280)	(223.608)	(245.969)	(270.566)
= FLUXO DE CAIXA LIVRE PARA EMPRESA	**2.882.088**	**3.212.897**	**3.576.786**	**3.977.065**	**4.417.372**	**5.202.719**
=FLUXO DE CAIXA DESCONTADO	**2.362.367**	**2.158.625**	**1.969.761**	**1.795.244**	**1.634.424**	**3.716.228**
Valor da Empresa Libor Ltda	**13.636.648**					

Avaliação da Empresa Libor | Contribuinte optante: Lucro Presumido

(em reais)						
* Ano e - expectativa futura	x1	x2	x3	x4	x5	Perpetuidade
Receitas	16.800.000	18.480.000	20.328.000	22.360.800	24.596.880	27.056.568
Tributos	(1.453.200)	(1.598.520)	(1.758.372)	(1.934.209)	(2.127.630)	(2.340.393)
PIS	(109.200)	(120.120)	(132.132)	(145.345)	(159.880)	(175.868)
COFINS	(504.000)	(554.400)	(609.840)	(670.824)	(737.906)	(811.697)
ISS	(840.000)	(924.000)	(1.016.400)	(1.118.040)	(1.229.844)	(1.352.828)
Custos Operacionais e Despesas	(9.240.000)	(10.164.000)	(11.180.400)	(12.298.440)	(13.528.284)	(14.881.112)
LUCRO BRUTO	6.106.800	6.717.480	7.389.228	8.128.151	8.940.966	9.835.062
	36,35%	36,35%	36,35%	36,35%	36,35%	36,35%
Tributos sobre resultado bruto	(1.803.840)	(1.986.624)	(2.187.686)	(2.408.855)	(2.652.141)	(2.919.755)
IR	(806.400)	(887.040)	(975.744)	(1.073.318)	(1.180.650)	(1.298.715)
IR ADICIONAL	(513.600)	(567.360)	(626.496)	(691.546)	(763.100)	(841.810)
CSLL	(483.840)	(532.224)	(585.446)	(643.991)	(708.390)	(779.229)
LUCRO/PREJUÍZO LÍQUIDO	4.302.960	4.730.856	5.201.542	5.719.296	6.288.825	6.915.308
Margem Lucro líquido	25,6%	25,6%	25,6%	25,6%	25,6%	25,6%
(-) Investimentos	(618.000)	(634.800)	(653.280)	(673.608)	(695.969)	(453.821)
Investimentos fixo	(450.000)	(450.000)	(450.000)	(450.000)	(450.000)	(183.256)
Capital de Giro	(168.000)	(184.800)	(203.280)	(223.608)	(245.969)	(270.566)
= FLUXO DE CAIXA LIVRE PARA EMPRESA	3.684.960,00	4.096.056,00	4.548.261,60	5.045.687,76	5.592.856,54	6.461.486,53
=FLUXO DE CAIXA DESCONTADO	3.020.459,02	2.751.986,03	2.504.758,99	2.277.618,85	2.069.352,74	4.615.347,52
Valor da Operação	17.239.523,14					

5.1.1.2 Caso prático – Operação Casada tributária – Locação x Venda

A locadora de veículos Front Car, fundada em 1990, tem como atividade comercial principal alugar veículos comerciais para empresas do segmento de refrigerantes e laticínios. Atualmente, a frota é composta de 500 veículos de porte médio e grande.

Todos os veículos da Front Car são financiados, e o valor de aquisição tem preço especial por tratar-se de aquisição para frota. A taxa de financiamento aplicada pelos bancos é de 10% a.a. com entrada à vista de 25% sobre o valor do veículo alienado pelo credor.

Informações unitárias e premissas sobre a operação:

- Receitas anuais: R$ 17.000,00 / Custos: R$ 1.200,00 Depreciação: R$ 16.000,00;
- Preço do veículo frota – R$ 80.000,00 (Preço de mercado – R$ 102.000,00);
- Financiamento: entrada de R$ 20.000,00 + 5 parcelas anuais de R$ 15.827,85;
- Valor residual 6º ano – R$ 74.000,00;
- Taxa de depreciação fiscal – 20% a.a.;
- Tributos sobre o ganho de capital – 15%;
- Taxa mínima de Atratividade – 15%.

(em reais) *Ano e - expectativa futura	x0	x1	x2	x3	x4	x5	x6
Receitas		17.000,00	17.000,00	17.000,00	17.000,00	17.000,00	17.000,00
Custos		(1.200,00)	(1.200,00)	(1.200,00)	(1.200,00)	(1.200,00)	(1.200,00)
Depreciação Fiscal		(16.000,00)	(16.000,00)	(16.000,00)	(16.000,00)	(16.000,00)	(16.000,00)
Imposto de Renda s/ Ganho Capital							(11.100,00)
LUCRO/PREJUÍZO LÍQUIDO		(200,00)	(200,00)	(200,00)	(200,00)	(200,00)	(11.100,00)
Margem Lucro líquido		-1,2%	-1,2%	-1,2%	-1,2%	-1,2%	
+ Depreciação/Amortização		16.000,00	16.000,00	16.000,00	16.000,00	16.000,00	
(-) Investimentos	(20.000,00)	-	-	-	-	-	
+Venda do veículo							74.000,00
(-) Ativos Fixos Manutenção do imobilizado	(20.000,00)	-	-	-	-	-	
= FLUXO DE CAIXA LIVRE PARA OS SÓCIOS	(20.000,00)	(27,85)	(27,85)	(27,85)	(27,85)	(27,85)	62.900,00
Amortização da Dívida		(15.828)	(15.828)	(15.828)	(15.828)	(15.828)	
=FLUXO DE CAIXA DESCONTADO	(20.000,00)	(24,22)	(21,06)	(18,31)	(15,92)	(13,85)	27.193,41
Valor da Operação	7.100,05						

Certamente você deve estar se perguntando como uma empresa que perpetua prejuízo consegue sobreviver. Note que a empresa Front Car se beneficia das condições tributárias fiscais e legais para viabilizar a operação. A atividade de locação em si não é viável, porém, como pano de fundo, pode-se dizer que existe nesse exemplo prático uma operação de venda de veículos disfarçada de locação.

Considerando que a Front Car tem 500 veículos, o valor da cota dos sócios é de R$ 3,5 milhões (R$ 7.100 x 500 veículos).

5.2 – A influência tributária nas operações de F&A

Quem vivencia operações de F&A sabe como a questão tributária é relevante no momento da transação. Ela não é o objeto fim da alienação de ativos, mas é parte importante para o fechamento. No ato do negócio, pessoa física e jurídica são submetidas à tributação incidente sobre o ganho de capital, o que, por vezes, é ignorado pelas partes no decorrer das negociações. Os dois lados, alienante e adquirente, assumem responsabilidades e obrigações legais tributárias perante o Fisco.

5.2.1 Alienante (vendedor)

As implicações tributárias para o alienante sobre o ganho de capital (definido como sendo o resultado positivo da diferença entre o preço da alienação e o custo de aquisição da participação societária) serão diferentes dependendo da qualificação: i) pessoa física residente no Brasil; ii) pessoa jurídica residente no Brasil; ou iii) não residente no Brasil.

i) Pessoa física residente no Brasil

A tributação incidente para pessoa física era de 15% de IRPF sobre o ganho de capital conforme art. 142 do Decreto nº 3.000 de 26/3/1999 (Regulamento do Imposto sobre a Renda – RIR/1999). No entanto, com a edição da Medida Provisória nº 692, de 22/9/2015, os percentuais das alíquotas foram estabelecidos entre 15%, com ganhos de até R$ 1 milhão, a 22,50%, com ganhos superiores a R$ 30 milhões.

Art. 21. O ganho de capital percebido por pessoa física em decorrência da alienação de bens e direitos de qualquer natureza sujeita-se à incidência do imposto sobre a renda, com as seguintes alíquotas:

I – 15% (quinze por cento) sobre a parcela dos ganhos que não ultrapassar R$ 5.000.000,00 (cinco milhões de reais);

II – 17,5% (dezessete inteiros e cinco décimos por cento) sobre a parcela dos ganhos que exceder R$ 5.000.000,00 (cinco milhões de reais) e não ultrapassar R$ 10.000.000,00 (dez milhões de reais);

III – 20% (vinte por cento) sobre a parcela dos ganhos que exceder R$ 10.000.000,00 (dez milhões de reais) e não ultrapassar R$ 30.000.000,00 (trinta milhões de reais); e

IV – 22,5% (vinte e dois inteiros e cinco décimos por cento) sobre a parcela dos ganhos que ultrapassar R$ 30.000.000,00 (trinta milhões de reais).

Para ilustrar, suponha que a empresa Marco Dantas Ltda. esteja sendo vendida conforme as informações que seguem:

- PL – R$ 4 milhões;
- Ativos – R$ 2 milhões;
- Passivo – R$ 2 milhões;
- Valor de venda da empresa – R$ 28 milhões;
- Sócio x – 50%;
- Sócio y – 50%.

Ganho de capital sócio x ou y = valor de venda da empresa – dívida – custo de aquisição da participação societária.

> **Ganho de capital sócio x ou y =**
> Valor de venda da empresa – dívida – custo de aquisição da participação societária

Nesse caso, temos:

Ganho de Capital sócio x/y IRPF: [R$ 28 milhões – R$ 2 milhões (dívida) – R$ 2 milhões (PL)] x 20%;

Ganho de Capital sócio x/y IRPF: R$ 24 milhões x 20% x 50%;

Ganho de Capital sócio x/y IRPF: R$ 4,8 milhões x 50%;

Ganho de Capital sócio x/y IRPF: R$ 2,4 milhões.

i) Obrigações tributárias da pessoa jurídica sobre ganho de capital residente no Brasil

A tributação incidente sobre o ganho de capital da pessoa jurídica residente no Brasil não se limita apenas ao Imposto sobre a Renda da Pessoa Jurídica (IRPJ). Há a incidência de outros tributos como PIS/Cofins, IRPJ e CSLL. Todavia, os tributos PIS/Cofins são devidos apenas sobre receitas decorrentes de venda de bens e serviços que constituem o objeto social da pessoa jurídica. Isso significa dizer que a receita originada com a venda de participação societária acaba por não ser onerada por tais contribuições.

A pessoa jurídica optante do regime de apuração do Lucro Real deve calcular o IRPJ e a CSLL de acordo com o lucro bruto contábil do período de apuração (trimestral ou anual) ajustado pelas adições e exclusões ou compensações prescritas ou autorizadas por lei. Do ponto de vista fiscal, a pessoa jurídica que apresenta prejuízos fiscais pode compensar o ganho tributável gerado na operação.

Por outro lado, a pessoa jurídica optante do regime de apuração do Lucro Presumido deve calcular o IRPJ e a CSLL de acordo com a base de cálculo de presunção apresentada anteriormente, e, nesse caso, não há a possibilidade da dedução do custo de aquisição da participação societária.

Para efeitos de entendimento, imagine que uma empresa controladora tenha desejo de vender uma unidade de negócio de serviços e deseja saber em qual regime teria melhor economia tributária na alienação. Essa unidade de negócio apresentou os seguintes números:

- Valor de venda da empresa – R$ 15 milhões;
- Prejuízo acumulado nos anos X1 e X2 – R$ 4 milhões;
- Faturamento do exercício atual ano X3 – R$ 22 milhões;
- Lucro bruto do exercício atual ano X3 – Real R$ 6 milhões Dívida – 0; Patrimônio Líquido – R$ 9 milhões.

Informações	Lucro Presumido	Lucro Real	
Faturamento	22.000.000	22.000.000	
Lucro Bruto	6.000.000	6.000.000	
Tributos	**2.369.600**	**1.404.000**	
IR	1.056.000	630.000	
IR Adicional	680.000	396.000	
CSLL	633.600	378.000	
Lucro Líquido	3.630.400	4.596.000	
Margem Líquida	16,50%	20,89%	
I **Venda da Empresa**	15.000.000	15.000.000	
II **Deduções**	-	10.800.000	
PL	Não se aplica	9.000.000	
Compensação Prejuízo	Não se aplica	1.800.000	(*)
I - II **Ganho de Capital**	15.000.000	4.200.000	
Tributação Ganho de Capital	**1.836.000**	**1.404.000**	
IR	720.000	630.000	
IR Adicional	684.000	396.000	
CSLL	432.000	378.000	

(*) Compensação de Prejuízos = (R$ 15 milhões – R$ 9 milhões) x 30%

Observe que a empresa controladora teria maior vantagem tributária como optante do Lucro Real na alienação da unidade de negócio nesse caso.

Nos casos de transações em que há permuta, o parecer recente do Fisco é de isenção nas incorporações:

STJ isenta de impostos as permutas

As incorporadoras imobiliárias têm comemorado o resultado de recente julgamento do STJ que impediu a tributação da permuta de imóveis de empresas que declaram lucro presumido. A decisão é relevante para o mercado, porque é comum a troca do terreno onde o prédio será construído por futuras unidades.

Os advogados da área afirmam que a decisão servirá de fundamento para incorporadoras questionarem no Judiciário a cobrança e pedirem devolução do que pagaram nos últimos cinco anos. Hoje, em transações dessa natureza, a Receita cobra da empresa tributos de 6,73% incluindo IR, CSLL, PIS e COFINS. As companhias que estão no lucro real não recolhem esses tributos.

Fonte: Jornal Valor Econômico – 22/01/2019

iii) Não residente no Brasil

Similar à pessoa física residente no Brasil:

Em 29 de agosto de 2017, a Instrução Normativa nº 1.732/2017 ("IN 1.732") foi publicada no Diário Oficial da União, introduzindo mudanças à Instrução Normativa nº 1.455/2014. A referida IN 1.732 esclarece que o ganho de capital de investidores não residentes deve estar sujeito ao Imposto de Renda Retido na Fonte ("IRRF") com base nas alíquotas progressivas de 15% a 22,5%.

Fonte: KPMG - 21/09/2017

Em caso de investidores não residentes, localizados em paraíso fiscal, o ganho de capital permanece sujeito a IRRF à alíquota de 25%.

5.2.2 Adquirente (comprador)

A contrapartida da tributação sobre o ganho de capital para o alienante se traduz em possibilidade de amortização de ágio para o adquirente. O ágio corresponde à diferença positiva entre o custo de aquisição e o valor de patrimônio líquido. Ao longo dos anos, houve mudanças importantes no campo fiscal e contábil referente ao ágio, como se vê nos itens que se seguem.

5.2.2.1 Perspectiva histórica do goodwill/ágio

1976	1977	1997	2007	2009	2011	2014
Lei das S.A	Decreto-Lei 1.598/77	Lei nº 9.532	Lei nº 11.638	Lei nº 11.941	CPC 15	Lei nº 12.973
	Criação do ágio/deságio e suas justificativas econômicas	Disciplina amortização do ágio após incorporação	Início da introdução das normas IFRS no Brasil	Introdução do Regime Tributário de Transição RTT	Combinação de Negócios	Adaptação do ágio às normas de IFRS

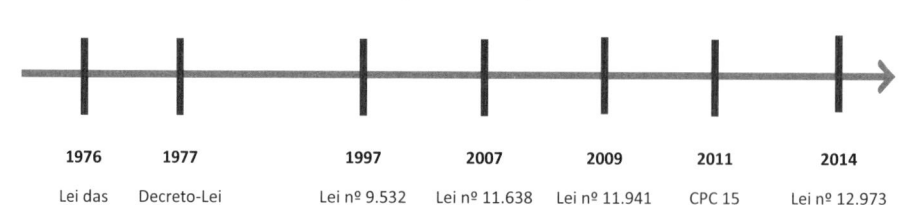

- **Lei das S.A (1976):** sanção da Lei que rege as sociedades anônimas no Brasil.

- **Decreto-Lei 1.598 (1977):** surgimento do ágio/deságio – Obrigação de justificativa econômica para o ágio ou deságio, no entanto, não era expresso a obrigatoriedade de laudo de avaliação, mas demonstração comprovada da escrituração. A dedutibilidade do ágio era imediata na realização da incorporação.

- **Lei nº 9532 (1997):** contribuinte poderia amortizar ágio contabilmente em no mínimo cinco anos – 1/60 por mês; efeito tributário por meio da dedutibilidade da amortização contábil.

- **Lei nº 11.638 (2007):** introdução das normas contábeis internacionais no Brasil. Novas normas contábeis são aplicadas, porém sem alteração no que trata o ágio ou aspectos fiscais.

- **Lei nº 11.941 (2009):** é introduzido o Regime Tributário de Transição (RTT), que estabelece que o contribuinte poderia fazer ajustes no Controle Contábil de Transição (FCONT) decorrente das mudanças vigentes de 2007. Naquele momento, a contabilidade fiscal e a societária se inter-relacionaram, de modo que ao contribuinte do Lucro Real passou a ser permitido utilizar o FCONT para as bases de IR e CSLL.

- **CPC 15 (2011):** entra em vigor o CPC 15 que trata de Combinação de Negócios que passa a reconhecer o *goodwill* como intangível, não sujeito à amortização contábil, mas ao teste de *impairment* anualmente. O teste de *impairment* visa a reconhecer a substância econômica do ativo intangível. Caso não haja justificativa econômico-financeira, deve-se dar baixa do *goodwill* na contabilidade. Naquele momento, as empresas passaram a amortizar no FCONT para fins tributários apenas.

- **Lei nº 12.973 (2014):** adaptação da legislação tributária brasileira às normas internacionais, afetando a apuração e amortização do ágio (que passou a ser denominado *goodwill*) e do deságio (que passou a ser denominado compra vantajosa). Para efeitos legais, foi criada a subconta de ajuste de mais ou menos valia decorrente da aplicação do valor justo dos ativos líquidos da investidora sobre o cálculo de ágio por rentabilidade futura (*goodwill*).

Evidentemente que, para o adquirente, esse ágio é um elemento importante na aquisição, afinal, ele poderá deduzir na sua base de cálculo do IRJJ e CSLL. Todavia, para que o adquirente possa aproveitar o benefício tributário, é preciso registrar as informações elementares da transação no Cartório de Registro de Títulos e Documentos e enviar o sumário do laudo de avaliação.

Instrução Normativa nº 1.700/2017

Artigo 178

Prazo: último dia útil do 13º (décimo terceiro) mês subsequente ao da aquisição da participação.

Registro na Receita Federal ou Cartório de Títulos e Documentos

Registro na Receita Federal:

§4º O protocolo do laudo na RFB ocorrerá com o envio do seu inteiro teor utilizando-se de processo eletrônico da RFB no prazo previsto no §2º.

o§5º Na hipótese prevista no §4º, o contribuinte deverá informar o número do processo eletrônico no primeiro Lalur de que trata o caput do art. 310 que deve ser entregue após o prazo previsto no §2º.

§6º O atendimento ao previsto nos §§4º e 5º dispensa o registro do sumário em Cartório de Registro de Títulos e Documentos.

Registro no Cartório de Registro de Títulos e Documentos – sumário do laudo a ser registrado em Cartório de Registro de Títulos e Documentos deverá conter no mínimo as seguintes informações:

I – qualificação da adquirente, alienante e adquirida;

II – data da aquisição;

III – percentual adquirido do capital votante e do capital total;

IV – principais motivos e descrição da transação, incluindo potenciais direitos de voto;

V – discriminação e valor justo dos itens que compõem a contraprestação total transferida;

VI – relação individualizada dos ativos identificáveis adquiridos e dos passivos assumidos com os respectivos valores contábeis e valores justos; e

VII – identificação e assinatura do perito independente e do responsável pelo adquirente.

Se não houver registro do laudo de avaliação no prazo estipulado, isso implica:

I – o não aproveitamento da mais-valia, conforme disposto no inciso III do caput do art. 186;

II – considerar a menos-valia como integrante do custo dos bens ou direitos que forem realizados em menor prazo, conforme disposto no inciso III do caput do art. 187; e

III – o não aproveitamento do ágio por rentabilidade futura (goodwill), conforme disposto no caput do art. 188.

A Lei nº 12.973 ainda faz menção ao artigo 20:

Art.20 Nos casos de incorporação, fusão ou cisão, o saldo existente na contabilidade, na data da aquisição da participação societária, referente à mais-valia de que trata o inciso II do caput do art. 20 do Decreto-Lei nº 1.598, de 26 de dezembro de 1977, decorrente da aquisição de participação societária entre as partes não dependentes, poderá ser considerado como integrante do custo do bem ou direito que lhe deu causa,

5. A RELEVÂNCIA DO REGIME TRIBUTÁRIO NO VALOR DE UMA EMPRESA | 193

para efeito de determinação de ganho ou perda de capital e do computo da depreciação, amortização ou exaustão.

§3º O contribuinte não poderá utilizar o dispositivo neste artigo quando:

I – O laudo de que trata o inciso I do §3 será desconsiderado na hipótese em que os dados nele constantes apresentarem comprovadamente vícios ou incorreções de caráter relevante.

Entre o período de 2016 e 2018, no Conselho de Administração de Recursos Fiscais (Carf) houve 115 casos julgados relacionados ao aproveitamento da amortização do ágio, dos quais cinco foram favoráveis ao contribuinte. Os motivos do indeferimento são variados, sendo o ágio interno correspondente à maioria das ocorrências.

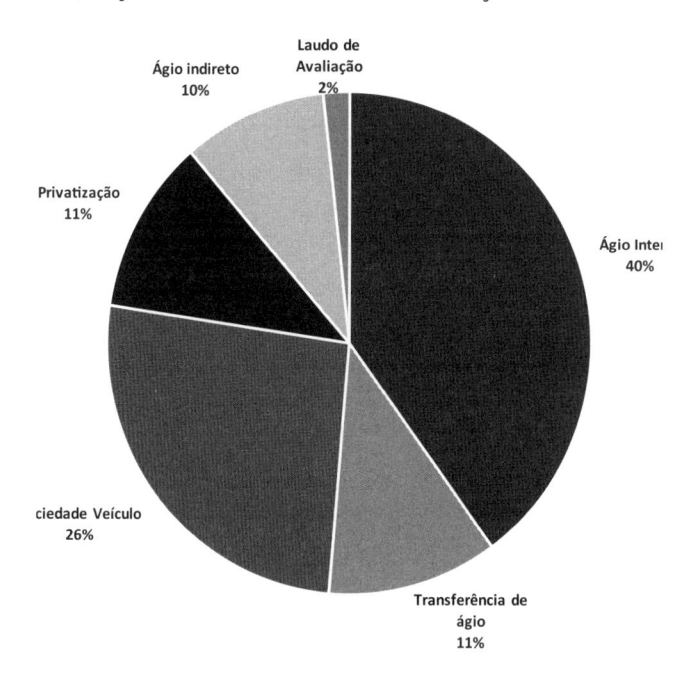

Composição das ocorrências de Auto de Infração – 2016 a 2018

- Laudo de Avaliação 2%
- Ágio indireto 10%
- Privatização 11%
- ciedade Veículo 26%
- Transferência de ágio 11%
- Ágio Inter 40%

Aqui é apresentado um exemplo de cada julgamento proferido pelo Carf, tendo como base a fonte do escritório de advocacia Mattos Filho (Ana Paula Lui).

Ágio interno | **Caso Gerdau Açominas S/A**

MINISTÉRIO DA FAZENDA	
CONSELHO ADMINISTRATIVO DE RECURSOS FISCAIS	
CÂMARA SUPERIOR DE RECURSOS FISCAIS	
Processo nº	10680.724392/2010-28
Recurso nº	Especial do Procurador
Acórdão nº	9101-002.388 – 1ª Turma
Sessão de	13 de julho de 2016
Matéria	IRPJ - OPERAÇÕES SOCIETÁRIAS - ÁGIO - OUTROS
Recorrente	FAZENDA NACIONAL
Interessado	GERDAU AÇOMINAS S/A

O artigo 36 da Lei nº 10.637/02 não dá amparo ao registro de ágio em operação entre partes relacionadas:

> Com a devida vênia aos autores, é de se verificar e como a própria Recorrida aduz em suas Contrarrazões, que existe permissão legal, sim, de integralização de capital social com ações de outra empresa, que há permissão legal de avaliação de investimentos em sociedades coligadas e controladas com o desdobramento do custo de aquisição em ágio; contudo, o que não há é autorização legal para, em virtude dessa integralização, lançar em contrapartida o desdobramento do custo como ágio, pois, em operações internas, sem que um terceiro se disponha a pagar uma mais-valia, não há ágio; a contrapartida é uma reavaliação de ativos.
>
> E é isso que os autores confundem quando tratam do art. 36 da Lei nº 10.637, de 2002, porque essa lei sequer fala em ágio. <u>Assim, o que tal dispositivo tratava é da possibilidade de diferimento do ganho de capital, quando uma companhia A, que possui participação societária em B, resolve constituir C, subscrevendo capital com ações reavaliadas de B.</u> Ocorre que essa reavaliação de B é puramente uma reavaliação, quando as operações ocorrem dentro de um mesmo grupo. <u>A lei não autoriza que a contrapartida da reavaliação seja uma conta de ágio.</u> Só existe ágio se um terceiro se dispõe a reconhecer esse sobrepreço e a pagar por ele. Sem onerosidade, descabe falar em mais-valia.

O entendimento defendido pelos contribuintes era o de que tal dispositivo permitiria, de forma expressa, a reavaliação de participação societária/registro de ágio.

Fundamentos da decisão:

> *"Art. 36. Não será computada, na determinação do lucro real e da base de cálculo da Contribuição Social sobre o Lucro Líquido da pessoa jurídica, a parcela correspondente à diferença entre o valor de integralização de capital, resultante da incorporação ao patrimônio de outra pessoa jurídica que*

efetuar a subscrição e integralização, e o valor dessa participação societária registrado na escrituração contábil desta mesma pessoa jurídica".

art. 36 da Lei nº 10.637

A Lei nº 12.973/14 (conversão da MP nº 627/13) apenas esclareceu a impossibilidade de ser registrado ágio em operações entre partes dependentes:

> Por conseguinte, não se pode afirmar agora, como suscitado da sessão passada, que o ágio interno só deixou de ser dedutível a partir da Lei nº 12.973, de 2014, ou melhor, da MP nº 627, de 2013, da qual referida lei resultou por conversão. <u>Na verdade, a nova lei, ao dispor expressamente assim, nada mais fez do que esclarecer que, por óbvio, ágio pressupõe sobrepreço pago por partes independentes, ou seja, a indedutibilidade do ágio interno para fins fiscais decorre do fato de ele não ser aceito sequer contabilmente.</u>

Transferência de ágio | **Caso Intercement Brasil S/A**

MINISTÉRIO DA FAZENDA
CONSELHO ADMINISTRATIVO DE RECURSOS FISCAIS
CÂMARA SUPERIOR DE RECURSOS FISCAIS

Processo nº	10880.721862/2010-45
Recurso nº	Especial do Procurador e do Contribuinte
Acórdão nº	9101-003.397 – 1ª Turma
Sessão de	5 de fevereiro de 2018
Matéria	ÁGIO.
Recorrentes	INTERCEMENT BRASIL S/A.
	FAZENDA NACIONAL

A transferência da participação societária não altera a figura do "real adquirente".

Acórdão nº 9101-003.397 – Acórdão da Decisão

Ainda que a pessoa jurídica A, investidora originária, para viabilizar a aquisição da pessoa jurídica B, investida, tenha (1) "transferido" o ágio para a pessoa jurídica C, ou (2) efetuado aportes financeiros (dinheiro, mútuo) para a pessoa jurídica C, **a pessoa jurídica A não perderá a condição de investidora originária**.

Pode-se dizer que, de acordo com as regras contábeis, em decorrência de reorganizações societárias empreendidas, o ágio legitimamente passou a integrar o patrimônio da pessoa jurídica C, que por sua vez foi incorporada pela pessoa jurídica B (investida).

Ocorre que a absorção patrimonial envolvendo a pessoa jurídica C e a pessoa jurídica B não tem qualificação jurídica para fins tributários.

Isso porque se trata de operação que não se enquadra na hipótese de incidência da norma, que elege, quanto ao aspecto pessoal, a pessoa jurídica A (investidora originária) e a pessoa jurídica B (investida), e quanto ao aspecto material, o encontro de contas entre a despesa incorrida pela pessoa jurídica A (investidora originária que efetivamente incorreu no esforço para adquirir o investimento com sobrepreço) e as receitas auferidas pela pessoa jurídica B (investida).

Sociedade Veículo | **Caso Pimaco Autoadesivos**

	MINISTÉRIO DA FAZENDA **CONSELHO ADMINISTRATIVO DE RECURSOS FISCAIS** CÂMARA SUPERIOR DE RECURSOS FISCAIS
Processo nº	18470.731968/2012-52
Recurso nº	Especial do Contribuinte
Acórdão nº	**9101-003.612 – 1ª Turma**
Sessão de	05 de junho de 2018
Matéria	AMORTIZAÇÃO DE ÁGIO
Recorrente	PIMACO AUTOADESIVOS LTDA.
Interessado	FAZENDA NACIONAL

A "sociedade veículo" não se qualifica como "real adquirente", e, portanto, o evento de incorporação entre esta e o investimento adquirido com ágio não satisfaz a exigência prevista na legislação acerca da confusão patrimonial/no encontro de contas:

Acórdão nº 9101-003.612 – Fundamentação da Decisão

A empresa BFL foi incorporada pela recorrente, e esta, julgando que estaria configurada a "confusão patrimonial" entre o ágio e o investimento que lhe deu causa, passou a aproveitar as despesas da amortização do ágio para fins tributários.

Ocorre que tal "confusão patrimonial", principal manifestação do aspecto material necessário à efetiva incidência da norma tributária prevista no art. 386 do RIR/1999, deve obrigatoriamente se dar entre a investida e a investidora originária, real. <u>Por investidora originária, entende-se aquela que efetivamente acreditou na mais valia do investimento, fez os estudos de rentabilidade futura e desembolsou os recursos para a aquisição da participação societária. No caso sob análise, quem está nesse papel são os sócios controladores da BFL.</u>

Privatização | **Caso Fazenda Nacional e Banco Santander (Brasil) S/A**

MINISTÉRIO DA FAZENDA	
CONSELHO ADMINISTRATIVO DE RECURSOS FISCAIS	
CÂMARA SUPERIOR DE RECURSOS FISCAIS	
Processo nº	16561.000222/2008-72
Recurso nº	Especial do Procurador e do Contribuinte
Acórdão nº	9101-002.814 – 1ª Turma
Sessão de	11 de maio de 2017
Matéria	DECADÊNCIA. ÁGIO.
Recorrentes	FAZENDA NACIONAL
	BANCO SANTANDER (BRASIL) S/A

Considerando-se que o "real adquirente" do investimento é o Santander Hispano, não foi verificada a confusão patrimonial no caso concreto:

Acórdão nº 9101-002.814 – Fundamentos da Decisão

A dedução deve ter sido feita, como sugeriu a Fiscalização e afirmou a Procuradoria, pela pessoa jurídica estrangeira, que foi quem de fato arcou com o ônus do ágio. No Brasil, essa transferência para amortizar novamente o ágio pago no exterior não encontra amparo legal.

(...)

Portanto, das disposições dos artigos transcritos tem-se que a confusão patrimonial entre investidora e investida se revela como fato condicionante para que a amortização do ágio pago na aquisição do investimento se torne possível por ocasião de incorporação, cisão ou fusão. A lógica que permeia esta condição reside no fato de que é a extinção do investimento que enseja o aproveitamento do ágio, e nos casos de incorporação, cisão ou fusão, a extinção do investimento somente ocorre quando os patrimônios da investidora e da investida se encontram (ou se confundem).

Assim, caso a empresa investidora cujo patrimônio se encontrou com a empresa investida em decorrência de evento de incorporação, cisão ou fusão não foi aquela que efetivamente suportou a aquisição do investimento, a despesa com amortização do ágio não poderá ser deduzida na apuração do IRPJ e da CSLL. Nessa linha tem sido a jurisprudência desta 1ª Turma da CSRF, conforme acórdãos 9101-002.213, 9101-002.312, 9101-002.419, 9101-002.428, 9101-002.470, 9101-002.480.

5. A RELEVÂNCIA DO REGIME TRIBUTÁRIO NO VALOR DE UMA EMPRESA | 199

Laudos de Avaliação | **BM&F BOVESPA S.A**

MINISTÉRIO DA FAZENDA	
CONSELHO ADMINISTRATIVO DE RECURSOS FISCAIS	
CÂMARA SUPERIOR DE RECURSOS FISCAIS	
Processo nº	16327.001536/2010-80
Recurso nº	Especial do Contribuinte
Acórdão nº	9101-002.758 – 1ª Turma
Sessão de	5 de abril de 2017
Matéria	IRPJ-CSLL
Recorrente	BM&F BOVESPA S.A. - BOLSA DE VALORES, MERCADORIAS E FUTUROS
Interessado	FAZENDA NACIONAL

O demonstrativo do fundamento econômico do ágio deve conter a indicação <u>exata do valor do ágio</u>.

Acórdão nº 9101-002.758 – Fundamentos da Decisão

Ora, se a demonstração, a ser arquivada pelo contribuinte, com a indicação do fundamento econômico do ágio — seja pelo valor de mercado de bens do ativo da coligada ou controlada superior ou inferior ao custo registrado na sua contabilidade, seja pelo valor de rentabilidade da coligada ou controlada, com base em previsão dos resultados nos exercícios futuros —, servirá como **comprovante da escrituração**, parece-me evidente que deva essa demonstração conter a indicação do <u>montante preciso do ágio a ser aproveitado fiscalmente</u> e, também, ter suporte em documentação do fundamento econômico do ágio.

Do contrário, não se trataria de um verdadeiro **comprovante da escrituração**, mas de uma mera memória de cálculos.

Ágio Indireto | **Caso Repsol Sinopec Brasil S/A**

	MINISTÉRIO DA FAZENDA **CONSELHO ADMINISTRATIVO DE RECURSOS FISCAIS** CÂMARA SUPERIOR DE RECURSOS FISCAIS
Processo nº	16682.721095/2013-30
Recurso nº	Especial do Procurador
Acórdão nº	**9101-003.255 – 1ª Turma**
Sessão de	5 de dezembro de 2017
Matéria	DEDUTIBILIDADE DE ÁGIO
Recorrente	FAZENDA NACIONAL
Interessado	REPSOL SINOPEC BRASIL S/A

O aspecto subjetivo do ágio exige que exista a confusão patrimonial entre "real adquirente" e "real adquirida":

Acórdão nº 9101-003.255 – Fundamentos da Decisão

> Tendo em conta que o único ativo de REFISOL é o percentual de 30% do capital de REFAP, o grupo REPSOL e PETROBRAS vislumbraram, em última instância, a transferência de REFAP para a recorrida. <u>Em outras palavras, retirando-se o véu colocado para ocultar o verdadeiro propósito negocial, mostra-se transparente que a pessoa jurídica efetivamente investida não é REFISOL, mas REFAP.</u> Por isso, impõe-se o reconhecimento da procedência do argumento da Fazenda Nacional, ao expor que "as atividades que geraram as expectativas de lucros futuros seriam todas desenvolvidas, não pela Refisol S/A, **mas sim pela Refap S/A, que não foi incorporada**." (grifo no original)

Além dos casos aqui mencionados em F&A, a empresa contribuinte também deve agir com cautela no aproveitamento da dedução do ágio nos casos em que há subscrição de ações. Isso porque, mesmo havendo ágio na subscrição de ação, aos olhos do Fisco há ausência de efetiva aquisição de participação societária, o que implica requisito mínimo necessário para ter o direito de amortizar o ágio gerado na operação.

5.3 Planejamento tributário em incorporações

Outras práticas de aquisição são comuns para gerar aproveitamento tributário. As duas mais conhecidas são: i) incorporação invertida ou incorporação às avessas; e ii) aquisição disfarçada de *joint venture* ou popularmente conhecida como operação casa e separa.

> I. *Incorporação invertida: a empresa deficitária compra a empresa superavitária como forma de planejamento tributário para economizar tributos. À primeira vista, parece ilógico que a compradora com prejuízos faça a aquisição. Todavia, essa forma de aquisição passou a ser comum, porque o Decreto-Lei nº 2.341 de 1987 proibiu o uso de prejuízo fiscal para o abatimento do imposto de renda (IR) e contribuição social (CSLL) nas operações tradicionais em que o adquirente superavitário incorporava a adquirida deficitária.*

Em 2010, um caso emblemático surpreendeu muitos advogados tributaristas. Mesmo atendendo à Legislação Societária, a segunda Turma do Superior Tribunal de Justiça (STJ) entendeu que houve "simulação" e considerou-a ilegal. Nesse caso, o Fisco autuou a empresa Josapar a pagar R$ 2 milhões. Ela recorreu, mas logo desistiu, porque desejava incluir as dívidas tributárias no Refis.

> II. *Aquisição disfarçada de joint venture*: nesse modelo, é estabelecido na sociedade que o vendedor (adquirido) aporta os ativos físicos e o comprador (adquirente) ingressa via aumento de capital em dinheiro. Logo depois a sociedade é desfeita, o vendedor sai com o caixa e fica com a empresa e os ativos. No momento em que o comprador faz o aumento de capital descrito acima, o valor aportado na *joint venture* passa a embutir um ágio sobre o valor patrimonial das ações. Essa investida faz com que os ativos físicos registrados sejam reavaliados por equivalência patrimonial. Essa reavaliação gera um ganho de capital, porém não tributável.

CONSIDERAÇÕES FINAIS

- A despeito das questões tributárias expostas neste capítulo, pode-se perceber que o planejamento tributário permite criar valor e promover economia tributária sobre o ganho de capital na alienação da empresa.

- Alienante e adquirente devem estar sempre atentos aos reflexos tributários na transação, portanto, compete a ambas as partes estudarem as melhores alternativas econômicas tributárias para viabilizar a operação.

- A prática de elisão fiscal em Fusões e Aquisições é legal e tem como propósito o planejamento tributário para economia de tributos. James Marins entende que "a adoção pelo contribuinte de condutas lícitas que tenham por finalidade diminuir, evitar ou retardar o pagamento do tributo é considerada como prática elisiva". Então, não se pode confundir tal ato praticado na observância da lei com evasão fiscal. A evasão fiscal é acobertada com roupagem jurídica simulada ou dissimulada com o simples e único propósito de pagar menos impostos. Portanto, ao concluir uma transação, aja com prudência para evitar futuros aborrecimentos.

- Economia tributária resulta da combinação de oportunidades de negócios com oportunidades tributárias, portanto, se a transação fizer sentido apenas da ótica tributária, é melhor rever os planos.

- Ao reconhecer o ágio para fins de redução da base tributária IR e CSLL no lucro real, o contribuinte deve estar muito atento às implicações tributárias, de modo que deve se enquadrar dentro das normas legais para evitar futuro procedimento de fiscalização e possível auto de infração. Infelizmente, há casos em que mesmo atendendo aos requisitos legais, o entendimento é desfavorável ao contribuinte. Por vezes, os fundamentos da decisão do colegiado tributário vão em desencontro com os fundamentos de finanças corporativas. A citar, por exemplo, não existe fundamentação econômica de ágio com indicação exata do valor como sugerida pelo Fisco. Como foi visto no capítulo 1, toda avaliação é subjetiva e, por se tratar de premissas, apresenta normalmente intervalo de valor.

- A proibição da adquirente superavitária apropriar-se dos prejuízos da deficitária adquirida é um retrocesso imposto pelo Fisco. Isso posto, continuaremos vendo incorporações invertidas simplesmente com o propósito de atender ao Fisco.

- Empresas fechadas costumam reconhecer o pró-labore dos administradores-fundadores abaixo do valor de mercado das funções com o propósito de pagar menos encargos patronais. Normalmente, a remuneração dos proprietários é feita via distribuição de lucros. Portanto, ao avaliar empresas fechadas, é importante reconhecer o custo do profissional administrador para função ao valor justo de mercado, objetivando, assim, avaliar o negócio de maneira correta.

REFERÊNCIAS

ADACHI, V.; MARTA WATANABE, M. Aquisição travestida de joint venture tirou da Receita bilhões de reais em impostos desde 1998. **Jornal Valor Econômico**. Caderno: Empresas. p. B3. 1/9/2005.

AGUIAR, A. STJ isenta de impostos as permutas. **Jornal Valor Econômico**. São Paulo. Caderno Legislação. São Paulo, 1/2019.

Disponível em : <https://www.valor.com.br/legislacao/6074283/stj-isenta-de-impostos-permutas>

BRISKI YOUNG, H. L. **Regime Tributário – Fusão, Cisão e Incorporação**. 2 ed. Editora Juruá. São Paulo. 2006 e 2007.

BRISKI YOUNG, H. L. **Regimes de Tributação Federal**. 6ª Ed. Editora Juruá. São Paulo.

Caderno Venture Capital & Empreendedorismo – Uma coletânea de 18 boletins publicados pela **Capital Aberto** – Derraik & Menezes Advogados.

CARRAMASCHI, B. M. **Fusões, aquisições, reorganizações societárias e due diligence**. Implicações tributárias em operações de M&A. Ed. Saraiva. São Paulo. Série GV Law.

HIGUCHI, H.; HIROSHI, F.; HIGUCHI, C. **Imposto de renda das empresas:** interpretação e prática. 34 ed. IR Publicações LTDA. São Paulo, 2009.

IGNÁCIO, L. STJ considera ilegal incorporação invertida. **Jornal Valor Econômico**. Caderno Tributos, 2010.

MARINS, JAME.Direito Processual Tributário Brasileiro. Administrativo e Judicial. Revista dos Tribunais.**Thomson Reuters**. 11 ed. São Paulo, 01/2018.

SANTOS, C. **Simples Nacional**. Editora SAGE, IOB. 3ª Edição. São Paulo. 2016.

UTUMI A.C.A. e LUI, A. P. *Ágio em Fusões e Aquisições – Curso de Atualização, Revista* **Capital Aberto**. São Paulo, 3/2019.

6

AS ETAPAS DO M&A E OS PONTOS ESTRATÉGICOS DA TRANSAÇÃO

Depois de longas discussões, noites perdidas, empresa parcialmente parada, parece que compradores e vendedores chegam ao senso comum sobre o valor que consideram justo para a empresa. Tudo caminha para o momento de abrir o champanhe, afinal, a empresa foi vendida! Certo? Errado! O que muitos não sabem é que o passivo da empresa pode ser um obstáculo. Comumente quem vende a empresa não conhece as etapas e processos de M&A *(Merger and Acquisition* ou Fusões e Aquisições, em português), tampouco conhece o real papel do avaliador. Acredita-se, equivocadamente, que a função dele, além de avaliar a empresa, é auditar. Então o passivo, quando revelado por empresa de auditoria feita pelo comprador (chamada de *due diligence*), provoca grande mal-estar.

Este capítulo tem como finalidade apresentar as etapas e os processos que conduzem uma operação de M&A, pensando na dificuldade encontrada por aqueles que não conhecem o trâmite convencional dessas transações. Além disso, trata dos reflexos existentes nas avaliações ao considerar o passivo oneroso, dentre outras questões ligadas ao contencioso trabalhista e fiscal, fechamento de contas na "entrega das chaves" etc.

6.1 Etapas e processos em Fusões e Aquisições

No século 20, vender uma empresa significava falência ou estar em "vias de". Hoje, o volume de Fusões e Aquisições bate recordes no Brasil, mostrando que as operações de consolidação entre empresas pode ser um bom negócio.

A intrincada operação de Fusões e Aquisições remete-nos ao jogo de sedução entre compradores e vendedores, no qual o primeiro quer sempre pagar muito pouco, e o segundo quer ser remunerado e reconhecido de maneira sublime.

Todavia, a operação pode ser bem-sucedida quando todas as etapas do ciclo da transação são alinhadas e conduzidas de maneira cautelosa, profissional e transparente.

O sucesso em transações de Fusões e Aquisições não se limita a fazer o *valuation* da empresa para efeitos de negociação comercial. As demais etapas devem ser delimitadas e tratadas com o devido cuidado. Elas são tão importantes quanto a avaliação em si, pois em muitos casos são desprezadas e interpretadas como mera formalização de contratos, e é nessa hora que lapidações, retenções e descontos ante o passivo podem culminar em uma operação malsucedida ou mesmo no cancelamento próximo ao final do processo.

Normalmente as etapas vivenciadas na transação entre compradores e vendedores são:

1. Motivação para venda: inicialmente, a ideia de vender uma empresa não é motivada apenas por questões de falência ou problemas financeiros, como interpretado pelo mercado em geral. O dono da empresa pode ter interesse na venda por diferentes motivos. Pode-se dizer que fatores internos ou externos motivam a venda. Basicamente, os fatores externos estão associados a: i) assédio de investidores estratégicos ou capitalistas, fundos de *private equity* e *venture capital*; ii) crises econômicas; iii) concorrência desleal; iv) questões políticas e de mercado; dentre outros. Já os fatores internos podem ser explicados: i) por problemas financeiros; ii) conflito entre sócios; iii) endividamento expressivo; iv) sucessão familiar e planejamento patrimonial; v) possibilidades estratégicas de fusão agregadoras de valor.

2. Ideias de valor: com o despertar pelo interesse da venda, a próxima etapa com a qual o empresário se depara é: quanto vale a minha empresa? Nessa hora, questões de julgamento pessoal, emocional e profissional se interpolam, e o valor da empresa torna-se algo de difícil compreensão. Dúvidas e autocríticas sobre qual seria o valor justo do negócio vêm à tona e busca-se entender o que tem valor na empresa, quanto pagariam e de que forma pode-se maximizar o ganho na venda. Dependendo do interessado na venda, ele pode ou não demandar a contratação por uma assessoria e consultoria especializada no assunto.

3. Relacionamento: nesse momento, inicia-se a relação de contato pessoal, em que as partes trocam informações e ideias sobre o negócio. Esse momento é muito importante para as partes. O conhecimento do vendedor ou do comprador é parte vital do processo, e é nessa hora que se percebe se há afinidade, transparência, honestidade, boas intenções e compatibilidade de cultura. Em paralelo, são analisados e questionados pelo comprador: quais são os papéis que poderá assumir (financeiro, comercial, gestão) que não sejam conflitantes com o vendedor caso a venda seja parcial? O vendedor quer permanecer no negócio? Há sucessores? Da mesma forma, o vendedor buscará informações do comprador: como ele pretende assumir o meu negócio? De que forma ele pretende participar da gestão? Quando essa etapa não é atendida, maior é a chance do insucesso ou menor é a probabilidade de êxito no fechamento da transação. Negociações feitas às pressas têm maior chance de frustrar as partes, pois a fase do "namoro", do conhecimento, do entrosamento ou relacionamento precisa ser explorada.

4. Assinatura do Acordo de Confidencialidade: documento necessário para conhecimento sigiloso e específico do negócio, conhecido pelos Fundos e estrangeiros como *Non-Disclosure Agreement* (NDA). Em outras palavras, é o termo no qual as partes se comprometem a manter total sigilo e discrição sobre as informações que serão compartilhadas. Nesse documento, as partes reveladora e receptora serão restringidas ao uso do material como um segredo comercial, exceto para as informações internas que são de conhecimento público. Além disso, no acordo também são tratadas penalidades, forma de tramitação de documentos, pessoas que poderão ter acesso à informação, e restrições, como, por exemplo: proibição de contratação de funcionários da parte reveladora e receptora. A duração desse acordo costuma ser de um a dois anos. Embora o NDA tenha efeitos jurídicos, é difícil comprovar que o infrator quebrou o sigilo estabelecido em contrato. Existem outros problemas mais sérios em que o acordo não é capaz de resguardar a transferência de conhecimento. Nos casos em que não há transação, a parte receptora absorve conhecimentos que, caso seja uma concorrente, vai explorar as informações reveladas. Um caso recente que aconteceu entre BTG Pactual e XP Investimentos é um exemplo claro das limitações desse documento. A transação não se concretizou e, com isso, a reveladora XP Investimentos apelou na justiça, alegando que o BTG Pactual usou informações confidenciais para atrair agentes autônomos de investimentos da corretora. Nesse caso, até o presente momento há apelações de ambos os lados, o que prejudica a imagem das duas empresas.

5. Revelação: abertura dos números e esclarecimentos do que a empresa faz de um modo geral, com a apresentação do Infomemo, que é um documento no qual constam dados gerais da empresa, sem necessariamente apresentar detalhamentos de receita, custos e despesas. Nessa etapa, não devem ser revelados: nomes de clientes, fornecedores, formas de negociação, estratégias específicas etc.

6. Negociação: momento em que são tratadas questões comerciais sobre o valor da empresa. É nessa etapa que costuma haver desentendimentos sobre o valor da empresa, ou ao menos um certo jogo de sedução por parte do comprador para baixar valor, ou por parte do vendedor para dizer que a empresa vale mais do que os números apresentam. Comumente, o comprador explora com argumentos voltados para empresas pares ou similares que foram negociadas por valores inferiores, trazendo para a mesa de negociação múltiplos internacionais de empresas maturadas (ver capítulo 3) ou outras referências de múltiplos atrelados ao negócio, podendo, mas não se limitando, a utilizar: faturamento, EBITDA ou mesmo outros múltiplos operacionais como: quantidade de alunos, metro quadrado, toneladas moídas etc. O vendedor, por outro lado, se não foi avaliado por empresa especializada, sustenta a riqueza gerada no passado, reforça questões de tradição, imagina crescimentos estratosféricos para os próximos anos, vislumbra o reconhecimento do valor de produtos e serviços que ainda não fazem parte da empresa e acredita que as margens serão melhores daquele dia em diante.

7. Valuation: quando não há entendimentos quanto ao valor da empresa e o interesse é real dos dois lados, o processo de transação de venda pode culminar em duas possibilidades: i) uma das partes acaba cedendo; ou ii) contrata-se empresa especializada para avaliar. Quando o trabalho de avaliação não é realizado na etapa 2, e, sim, na 7, exige-se muita pressa do avaliador para entrega do material, o que pode comprometer a qualidade do trabalho.

8. Fechamento e estruturação do preço: depois do embate, podendo ou não haver queda de braço, as partes alinham valores e condições de pagamento. Nos casos em que há divergência sobre qual seria supostamente o valor justo da sociedade (principalmente se houver dúvidas quanto ao futuro do caixa da empresa), busca-se o pagamento em duas parcelas, fixa e variável. A parcela fixa é estabelecida por um valor mínimo que satisfaz as duas partes. A parcela variável é vinculada a condições de performance (conhecido como *earn out*).

Do lado do comprador, a ideia de pagamento por performance permite mitigar riscos, reter o vendedor/fundador na administração em busca dos melhores resultados, e garantir que as obrigações assumidas em contrato pelo vendedor sejam cumpridas.

Já para o vendedor, a parcela variável é um incentivo para maximizar o valor total pago pela sua companhia, uma vez que o adquirente tem dúvidas sobre o futuro dela.

As métricas mais utilizadas para pagamento por *earn out* são: receita, EBITDA e lucro.

Earn out vinculado à receita: o vendedor receberá pagamentos adicionais se atingir determinadas metas de receita. Na prática, essa forma de pagamento pode prejudicar o comprador, tendo em vista que poderá fazer vendas sem rentabilidade.

Earn out vinculado ao EBITDA: o engajamento do vendedor por resultado permite alinhar o interesse de todos (comprador e vendedor). O pagamento de *earn out* atrelado ao EBITDA em contrato é uma métrica que requer certos cuidados. O cálculo do EBITDA, por exemplo, é passível de diferentes interpretações. O comprador pode entender que custos e despesas não recorrentes devem ser reconhecidos no cálculo, e o vendedor defender que, por ser pontual, não deveria ser deduzido para efeitos de reconhecimento de EBITDA.

A interpretação genuína de que o EBITDA representa a geração de caixa influencia as partes envolvidas em Fusões e Aquisições a utilizar essa métrica para pagamentos de *earn out*. No entanto, o EBITDA positivo não significa necessariamente que a empresa tem boa performance. Juros elevados, depreciação acelerada e alta carga tributária sobre o resultado (IR e CSLL) são exemplos comuns de como um EBITDA positivo pode culminar em resultado negativo (prejuízo) ou mesmo em deficiência de caixa pelas necessidades de investimento em capital de giro e imobilizado.

Earn out vinculado ao lucro líquido: pagamento de *earn out* atrelado à métrica de lucros futuros abre espaço para futuros desentendimentos entre comprador e vendedor. Receitas ou despesas não operacionais podem contaminar o resultado, favorecendo um em detrimento do outro. A captação de recursos de terceiros, por exemplo, resulta em juros e, consequentemente, menor resultado econômico.

O pagamento por *earn out* encontra respaldo jurídico no art. 487:

> *"É lícito às partes fixar o preço em função de índices ou parâmetros, desde que suscetíveis de objetiva determinação."*

9. Memorando de entendimentos específicos: quando as partes acreditam que o negócio pode ser fechado de fato, torna-se necessário documentar e delimitar as bases da negociação para que a operação seja concluída. Então, depois que se ajusta o preço, as partes assinam um documento chamado memorando de entendimentos específicos, batizado de *Memorandum of Understanding* (MOU). Nesse documento deverão constar as prerrogativas que serão estabelecidas para a conclusão do negócio: preço, prazo de pagamento, ativos e passivos que serão transferidos, prazos de auditoria especial e ajustes mediante créditos e débitos pertinentes. Esse contrato pode ou não ser vinculante, dependendo da vontade das partes. O contrato vinculante não permite desistências desmotivadas e pode haver sanções, punições ou indenizações no caso de informações importantes não serem reveladas ou serem apresentadas cercadas de vícios. Segundo Sérgio Botrel, é frequente o confronto das partes com a situação paradoxal no MOU:

> *"Cada uma pretende considerar-se livre quanto ao prosseguimento das negociações, mas intenciona que a outra lhe outorgue a segurança e*

garantia de que uma vez observadas as premissas no documento preliminar sob exame do negócio será concluído."

Para que o memorando de entendimentos seja caracterizado como um contrato preliminar, é obrigatório que contenha os requisitos essenciais determinados pelo Código Civil (em obediência ao artigo 427). Na prática, a exigência de celebração do contrato definitivo mediante o MOU vinculante parece ser inútil. Cabe ao prejudicado o direito de ressarcimento por perdas e danos comprovados pela ruptura ilegítima do negócio. De um modo geral, o MOU tem como objetivo principal resguardar as partes e prevenir para que não haja desembolsos desnecessários com assessoria jurídica e auditoria.

10. *Due diligence:* inicia-se um processo de análise mais refinada das informações transmitidas. Empresas de auditoria especial são contratadas para levantar passivos ocultos, principalmente no que diz respeito a passivos trabalhistas e fiscais. Participam desse processo contadores, auditores, advogados e, dependendo do segmento, outros especialistas. A empresa de auditoria contratada envia uma carta ao comprador na qual informa as recomendações e sugestões, envolvendo questões classificadas de risco baixo, médio e alto (classificadas juridicamente também como: risco remoto, provável e possível).

11. Contrato de compra e venda: os dois lados, comprador e vendedor, são assessorados por advogados que elaboram as cláusulas contratuais e as condições que permeiam a venda da empresa. Os principais pontos do contrato são: cláusulas de *non-competition*, retenções e descontos, transferência de bens e direitos, câmara de arbitragem, auditoria independente, tributos (ganho de capital), estoques obsoletos ou elevados, parcelamentos, licenças, sistema ERP, retenção de talentos, dentre outros. O EBITDA por exemplo quando utilizado como métrica de pagamento deve ser detalhado e numericamente exemplificado, mitigando assim futuros desvios de conduta.

Alguns elementos importantes no contrato merecem destaque:

- **o princípio de boa-fé:** determina que as partes, ao celebrarem um contrato, devem agir conforme os padrões de ética, honestidade e transparência, de forma que o contrato possa atingir as expectativas almejadas. Embora pareça óbvio, em casos de omissão ou dolo, a parte prejudicada deve submeter ao painel de arbitragem ou justiça comum;

- **termos financeiros:** os contratos de alienação de cotas ou ações costumam ter uma lista vasta de expressões técnicas financeiras. Recomenda-se sempre definir em detalhe os termos financeiros para mitigar divergências futuras;

- **estruturação do preço:** raramente uma transação é feita com pagamento em uma única parcela a vista. Os contratos de Fusões e Aquisições estão cada vez mais sofisticados. Existem condicionantes que podem implicar grandes perdas se não observadas. Retenções, descontos, pagamentos por *earn out*, estruturação tributária, dentre outros, merecem riqueza de detalhes;

- **câmara de arbitragem:** em especial, é importante destacar a importância da cláusula que confere o mecanismo de resolução de conflitos. A câmara de arbitragem é extremamente recomendada, tendo em vista que o sistema judiciário público brasileiro é moroso e não tem qualificação para julgar casos complexos de M&A. Em muitos casos, o juiz nomeia um perito contador, o que mais uma vez caracteriza a falta de conhecimento no assunto. O profissional contador não costuma ser um avaliador experiente no assunto. Na câmara de arbitragem, os árbitros são especializados e os proferimentos e os julgamentos são sigilosos. Deve-se sempre tomar cuidado com a existência de muitos contratos. De preferência, todos devem ter a mesma cláusula de eleição do foro.

6.2 Questões pós *due diligence*

Depois do comprador e o vendedor terem passado pelas etapas 1 a 9 na transação, é chegado o grande dia: a revelação do auditor via relatório indexado por Sumário Executivo. Nesse momento, aquele procedimento interno desacompanhado e desassistido pelos donos é revelado pela *due diligence* e transforma-se no obstáculo que faltava para inviabilizar a operação. Em muitos casos, além desse valor ser expressivo, é desconhecido pelos proprietários.

Por outro lado, também existe certa dose de exageros nesses processos, que pode ser explicada por: i) interesse da auditoria em autopromoção, justificando, assim, a razão e a importância da sua contratação. Muitas vezes, a posição da empresa é devedora, mas não tanto quanto é dimensionado pelo relatório exposto. Aquele "quadro que era até razoável", transforma-se em uma "pintura horrível"; ii) o comprador enxerga possibilidades de desembolsar menos, e barganha pela retenção ou desconto pelo maior valor apresentado entre as questões qualificadas como remoto, possível e provável; iii) a auditoria peca pelo excesso para não comprometer-se jurídica ou solidariamente, caso a empresa comprada tenha qualquer problema futuro.

O Sumário Executivo reporta as contingências conhecidas, classificadas como prováveis e possíveis. As contingências passivas, prováveis e possíveis de ocorrência são ajustadas ao valor de pagamento e compreendem, na maioria das vezes, o valor de processos cíveis e trabalhistas em fase de execução, contingências de natureza fiscal em desacordo com a legislação, prováveis indenizações contratuais e devedores duvidosos. Os exemplos são abundantes: pode ser a falta de cartão de ponto de funcionários, um imposto recolhido erroneamente por muitos anos ou até mesmo um fornecedor que ofereceu material inadequado sujeito à rejeição futura.

Nesse contexto, existem duas condutas na negociação referentes ao relatório divulgado pela *due diligence*:

i) quando o comprador é algoz, buscará induzir ao desconto máximo para pagar menos, mesmo sabendo que a taxa de incidência é baixa;

ii) as partes vão alinhar entre os assessores e consultores a melhor forma de reduzir descontos e retenções.

Quando o vendedor não é assessorado por empresas especializadas no ramo, a transação pós *due diligence* pode ser traumática e trazer perdas irrecuperáveis e irreversíveis, dentre elas:

i) créditos: oriundos de reversões fiscais, penhoras, garantias e litígios revertidos a favor da empresa que não foram reconhecidos e apropriados na contabilidade como contingência no passado;

ii) desconto sobre contingências: sobre o valor da empresa, são descontados os riscos possíveis e prováveis; riscos trabalhistas e fiscais são os mais comuns. Todavia, embora haja o desconto, o correto deveria ser "reter" (*hold-back*) e, caso não houvesse a materialização, o valor retido seria devolvido com juros e correção monetária ao vendedor;

iii) imobilizado: o imóvel operacional não é adicionado ao valor final, mesmo que tenha sido deduzido como custo de aluguel nos fluxos de caixa descontados (*valuation* por FCD), assim como ativos não operacionais são incorporados e alienados ao comprador sem acréscimos ao valor final.

6.3 De quem é o passivo?

6.3.1 Passivo operacional

Primeiramente, para entender essa questão, é preciso entender a segregação entre passivo oneroso e operacional. O passivo oneroso trata-se do passivo de financiamento, e o passivo operacional são todos os haveres operacionais da empresa.

A princípio, uma empresa que está sendo vendida manterá o ciclo operacional, no qual os haveres existentes apresentados pelo vendedor serão transferidos ao novo comprador. Nessa condição, partimos do pressuposto de que o passivo operacional é essencial para a sobrevivência da empresa na medida em que houver a manutenção da política de pagamentos.

Do mesmo modo que o novo comprador absorve o passivo operacional, ele também se apropria dos ativos operacionais. Logo, embora a conta de passivo operacional seja redutora para efeitos de pagamento ao vendedor, ela é feita pela diferença entre o ativo operacional e passivo operacional, pois ambos fazem parte da manutenção e sustentação da empresa.

Ativo	Passivo
Ativo Operacional	Passivo Operacional
Dispinibilidades	Salários a pagar
Estoques	Fornecedores
Contas a receber	Impostos a pagar
Outros	Outros

No momento do fechamento, é feita a confrontação das contas e ajuste do pagamento. Nesse caso, na transição o montante de capital de giro operacional é levantado e, sendo esse superior ao acordado em contrato, esse valor é adicionado ao pagamento. Do contrário, se o passivo operacional for maior que o ativo operacional, o montante é reduzido do pagamento. Essa condição é necessária, pois, dentro da normalidade entre a janela de tempo de análise de contratos e documentos, a empresa permanece atuante, e a ocorrência da volatilidade é inevitável.

Exemplificando, imagine uma empresa que tenha sido vendida por R$ 200 milhões, cujo capital de giro operacional estabelecido na hora do fechamento do preço tenha sido na ordem de R$ 30 milhões.

Estabelecido em contrato:

Em milhões

Ativo Operacional	R$	70	Passivo Operacional	R$	40
Disponibilidades	R$	10	Salários a pagar	R$	20
Estoques	R$	20	Fornecedores	R$	8
Contas a receber	R$	30	Impostos a pagar	R$	2
			Outros	R$	10
Outros	R$	10			

Se no percurso da realização dos contratos (na troca ou entrega de "chaves"), a empresa apresentar R$ 20 milhões como capital de giro, automaticamente o pagamento final resultará no valor de R$ 200 milhões menos R$ 10 milhões, devendo o comprador pagar R$ 190 milhões.

Ocorrência no fechamento:

Em milhões

Ativo Operacional	R$	60	Passivo Operacional	R$	40
Disponibilidades	R$	10	Salários a pagar	R$	20
Estoques	R$	20	Fornecedores	R$	8
Contas a receber	R$	20	Impostos a pagar	R$	2
			Outros	R$	10
Outros	R$	10			

Em situação inversa, se a empresa apresentar capital de giro superior ao estabelecido em contrato no valor de R$ 30 milhões, a compradora deverá pagar a diferença. No exemplo mostrado a seguir, deverá pagar R$ 200 milhões mais R$ 20 milhões (capital de giro estabelecido em contrato + Capital de Giro Fechamento).

Estabelecido em contrato:

Em milhões

Ativo Operacional	R$	70	Passivo Operacional	R$	40
Disponibilidades	R$	10	Salários a pagar	R$	20
Estoques	R$	20	Fornecedores	R$	8
Contas a receber	R$	30	Impostos a pagar	R$	2
			Outros	R$	10
Outros	R$	10			

Ocorrência no fechamento:

Em milhões

Ativo Operacional	R$	90	Passivo Operacional	R$	40
Disponibilidades	R$	30	Salários a pagar	R$	20
Estoques	R$	20	Fornecedores	R$	8
Contas a receber	R$	30	Impostos a pagar	R$	2
			Outros	R$	10
Outros	R$	10			

6.3.2 O teste de consistência do passivo no *Free Cash Flow to the Firm* (FCFF)

Se o ativo e passivo operacional são questões fáceis de serem resolvidas, conforme apresentado, como devemos então tratar o passivo oneroso? Quem deve assumir a dívida existente na empresa? A dívida não deveria ser sempre descontada do valor final apresentado pelo laudo de avaliação? No mundo do *valuation*, de alguma forma a dívida financeira deve ser descontada para efeitos de pagamento ou reconhecimento do valor patrimonial justo ao acionista/cotista. No entanto, os juros decorrentes dessa dívida podem ser traiçoeiros na aplicação do Fluxo de Caixa Descontado pela firma e, por conseguinte, prejudicar as partes que a transacionam. Nessa linha de raciocínio, podemos entender que o problema não está diretamente associado a quem ficará com a dívida, mas, sim, em como deve ser interpretada a dívida nos fluxos de caixa.

A avaliação pelos fundamentos econômicos pela modelagem do Fluxo de Caixa Descontado permite seguir dois caminhos: o Fluxo de Caixa Descontado da firma ou do acionista. O Fluxo de Caixa Descontado da firma parte do pressuposto de que o excedente de caixa deve ser descontado pelo custo médio ponderado de capital (CMPC). Portanto, nesse caso, o custo do capital de terceiros está associado aos caixas futuros gerados pela empresa, como se os juros fossem estar diretamente ligados e dependentes do caixa da companhia. Já o fluxo de caixa dos sócios desconta os juros pertinentes à dívida independentemente dos fluxos gerados de caixa. Vale lembrar a chamada do ilustre Damodaran:

> *"O conceito mais revolucionário e contraditório por trás das avaliações de negócios é o de que os investidores em ações e os credores de uma empresa são, em última instância, sócios que suprem capital à empresa e compartilham do seu sucesso. A principal diferença entre acionistas e credores nos modelos de avaliação de empresas está na natureza dos seus direitos de fluxo de caixa – credores têm precedência nos direitos de fluxo de caixa fixos, e os investidores em ações recebem direitos residuais aos fluxos de caixa remanescentes."*

Obviamente que, nesse caso, o custo da dívida não está relacionado isoladamente a expectativas futuras de fluxos de caixa que uma empresa vai gerar, ele apenas precifica a taxa baseada no *rating* e em outros índices correntes da empresa.

Matematicamente, temos:

$$Fluxo\ de\ Caixa\ da\ firma = \frac{(Lucro\ Operacional)}{CMPC}$$

$$Fluxo\ de\ Caixa\ do\ Acionista = \frac{(Lucro\ Operacional - juros)}{Custo\ de\ Oportunidade\ Capital\ Próprio}$$

ou

FLUXO DE CAIXA DA FIRMA (FCFF)

	X1	X2	X3	......	X?	Perpetuidade
Fluxo de caixa operacional						
Taxa de desconto						
= Fluxo de caixa da firma						

A taxa de desconto (CMPC) é aplicada na ponderação:

CPMC = (Part.% Capital Terceiros x Taxa%) + (Part.% Capital Próprio x Taxa%)

FLUXO DE CAIXA DOS SÓCIOS (FCFE)

	X1	X2	X3	......	X?	Perpetuidade
Fluxo de caixa operacional						
(-) Juros da dívida						
= Fluxo de caixa dos sócios						

Muitas vezes, avaliadores seguem o Fluxo de Caixa Descontado pela firma de maneira mecânica sem fazer um trabalho investigativo acerca da política de dividendos, que permita fazer julgamentos e análises mais acurados de como deve ser avaliado o ativo em questão em face da existência do passivo oneroso. Pouca investigação, que muitas vezes remete a *valuation* pouco consistente, de modo que o passivo oneroso pode interferir significativamente no valor justo da empresa.

De um modo geral, a literatura que trata sobre o assunto de *valuation* aborda a estrutura de capital da empresa sem vincular a política e a gestão financeira dela. Em geral, mesmo sabendo que a empresa avaliada mantém uma política de baixo endividamento, o avaliador reconhece uma nova estrutura de capital. Isso provoca a redução do custo financeiro, mas não retrata a realidade da empresa. Então, parte-se sempre do pressuposto de que a empresa manterá a estrutura de capital ótima seja qual for a forma como é gerida.

Para entender como a relação do passivo oneroso no tocante à metodologia utilizada FCFF pode ser alarmante, o exemplo comprobatório será apresentado a seguir.

A companhia Saga S.A. captou recursos de terceiros na ordem de R$ 1 milhão, pagando juros anuais de 16% a.a. A empresa manterá a dívida, pagando apenas os juros sobre o principal.

Considerando:

- a estrutura de capital da empresa é composta de 50% de capital próprio e 50% de capital de terceiros;
- o custo do capital próprio é de 25% a.a.;
- Que os fluxos foram projetados para o período explícito de três anos e posteriormente a perpetuidade;
- o fluxo de caixa operacional é fruto de ajustes de capital de giro e investimentos em imobilizado.

	FLUXO DA EMPRESA			
	Ano 1	Ano 2	Ano 3	*Perpetuidade*
Passivo oneroso	1.000.000	1.000.000	1.000.000	1.000.000
PL	1.000.000	1.000.000	1.000.000	1.000.000
Fluxo de Caixa Operacional	500.000,00	550.000,00	605.000,00	665.500,00
Juros s/ a dívida	160.000,00	160.000,00	160.000,00	160.000,00
EMPRESA	**340.000,00**	**390.000,00**	**445.000,00**	**505.500,00**

Com base nessas informações, qual é o valor da empresa?

Free Cash Flow to Equity (FCFE)

Considerando pelo Fluxo de Caixa Descontado do sócio, teremos:

$$Fluxo\ de\ Caixa\ do\ Acionista = \frac{340mil}{1{,}25^1} + \frac{390mil}{1{,}25^2} + \frac{445mil}{1{,}25^3} + \frac{\frac{505{,}5mil}{0{,}25}}{1{,}25^3}$$

Valor da empresa = R$ 1.784.704

Free Cash Flow to the Firm (FCFF)

Agora, considerando pelo Fluxo de Caixa Descontado da firma, teremos:
Custo Médio ponderado de capital/CMPC:
CMPC = % Capital terceiros x ki + % Capital próprio x ke
CMPC = 50% x 16% + 50% x 25%
CMPC = 20,50%
Ki = custo capital de terceiros
Ke = custo capital próprio

$$Fluxo\ de\ Caixa\ da\ Firma = \frac{500mil}{1,205^1} + \frac{550mil}{1,205^2} + \frac{605mil}{1,205^3} + \frac{\frac{665,5mil}{0,205}}{1,205^3}$$

Valor da empresa = R$ 2.994.875

Valor da cota dos sócios = valor da empresa – dívida

Valor da cota dos sócios = R$ $ 2.994.875 – R$1.000.000 = R$ 1.994.875

Observe que ambos os fluxos de caixa foram avaliados pelo Fluxo de Caixa Descontado, um pela firma e outro pelo sócio. Sendo assim, teoricamente o valor das duas deveria ser o mesmo.

Para entender essa diferença, imagine a mesma empresa avaliada sem dívida:

$$Fluxo\ de\ Caixa\ da\ Firma = \frac{500mil}{1,25^1} + \frac{550mil}{1,25^2} + \frac{605mil}{1,25^3} + \frac{\frac{665,5mil}{0,25}}{1,25^3}$$

Valor da empresa = R$ 2.424.704

Agora, ao reconhecer a dívida, note que se obtém vantagem na troca de capital próprio por capital de terceiros: 25% para 16%. Se o valor de mercado da dívida é de 640 mil reais (R$ 160mil/0,25), logo, a economia na dívida é proveniente de:

Economia da dívida: R$ 1 milhão – R$ 640 mil = R$ 360 mil.

Se considerássemos a mesma empresa avaliada sem capital de terceiros, teríamos:

Valor da empresa = Valor da empresa sem dívida − dívida + economia da dívida.

Utilizando a fórmula:

Valor da empresa = R$ 2.424.704 − R$ 1.000.000 + R$ 360 mil = R$ 1.784.704

Desse modo, é possível convalidar que a metodologia do Fluxo de Caixa pelo sócio atende de maneira menos perversa, pois a estrutura de capital pode comprometer o trabalho de *valuation*, superavaliando ou subavaliando uma empresa.

CONSIDERAÇÕES FINAIS

- É ingênuo acreditar que uma transação se limita ao entendimento final de valor entre comprador e vendedor por dois motivos. O primeiro é que essa etapa não é única, já que existem muitas outras, como pode ser visto aqui. Segundo é que em todas as etapas existe uma relação de interesses, e o escrutínio é feito por cada uma das partes de forma não revelada.

- Geralmente é o comprador quem busca por serviços de *due diligence*. Afinal, é ele quem quer saber se está comprando algo confiável e seguro. Todavia, o mais adequado seria a própria vendedora contratar esse serviço, o que é chamado de *due diligence* preventiva, ou popularmente conhecida como ação de "enfeitar a noiva". Esse serviço permite levantar todos os problemas e riscos da empresa antes da execução do comprador.

- O avaliador deve ser sempre cauteloso ao avaliar uma empresa. Antes de aplicar as regras de bolso ou cartilhas teóricas, deve refletir se aquilo realmente faz sentido na empresa que está sendo avaliada. Observam-se com muita frequência empresas avaliadoras utilizando a estrutura de capital ótima, que muitas vezes não condiz com a realidade histórica da empresa avaliada.

- Ao comprador, é importante a mitigação de riscos durante a aquisição:

I. **procure *red flags*:** riscos do país, reputação do setor, pontos de interação com agentes públicos, concentração de receitas em órgãos públicos (autarquias, estatais, sociedades de economia mista), licenças e autorizações;

II. ***due diligence*:** conduza diligência legal e contábil e adéque a profundidade dela. Nesse processo de autoria, entreviste executivos, funcionários-chave e clientes, e faça pesquisas de mídia etc.;

III. **contrato:** negocie *closing conditions* que permitam desfazer o negócio. Também negocie para que haja a implantação de políticas anticorrupção e mecanismos de indenização;

IV. O fechamento do preço da empresa em Fusões e Aquisições é sempre algo traumático. Uma forma de alinhar interesses é estabelecer parte do pagamento mediante o atingimento de metas. Para o comprador, o pagamento por *earn out* traz muitas vantagens nessa forma de aquisição. Segundo Daniel Kalansky e Rafael Biondi Sanchez:

> *... o Earn Out, além de servir como uma forma de encurtar a distância entre a avaliação feita pelo vendedor otimista e pelo comprador cético, pode ser utilizado como uma opção adicional de financiamento (já que o comprador poderá pagar a aquisição com lucros futuros gerados pela companhia adquirida) e como forma de incentivo para remunerar os vendedores que continuarão trabalhando na companhia.*

REFERÊNCIAS

BOTREL, S. **Fusões e Aquisições**. Ed. Saraiva Jur. 5ª edição. 2017.

CANARIM et al. **A arte de comprar e vender empresas**. Editora Elsevier Campus. Rio de Janeiro. 2007.

CAVALCANTE, F. "Valuation" pelo Fluxo de Caixa Operacional ou o do Acionista? (a palavra final).

COPELAND, T. KOLLER, T, MURRIN, J. **Avaliação de empresas:** calculando e gerenciando valor das empresas. 3 ed. Ed. Pearson. São Paulo, 2002.

HARDING, D. ROVIT, S. **Fusões e Aquisições**. Ed. Elsevier Campus. Rio de Janeiro. 2004.

Material Machado Meyer – Sucessão de Passivos de Corrupção – São Paulo, 26 de setembro de 2017.

PASIN, R.; MARTELANC, R. **Fusões e Aquisições:** casos de fracasso e sucesso na destruição e geração de valor (coord.). All Print Editora. 2017.

7

CAIXA E OUTRAS DISPONIBILIDADES: O QUE DEVEMOS CONSIDERAR NA AVALIAÇÃO?

No mundo capitalista, quem compra ou quem vende qualquer objeto de valor sabe que negociações nunca se limitam exclusivamente ao bem principal. Em muitas negociações, as questões secundárias são determinantes para a concretização de um negócio. No universo de Fusões e Aquisições (F&A) ocorre o mesmo. Dificilmente a negociação se limita ao valor da empresa-alvo. As questões contingenciais jurídicas, trabalhistas, societárias e ambientais, assim como formas de pagamento, ativos e passivos relacionados, dentre outras variáveis, também interferem significativamente no avanço da transação.

Nesse contexto, a conta caixa e outras disponibilidades muitas vezes são ignoradas no processo de F&A. O entendimento comum de quem atua no ramo é de que caixa é caixa. Portanto, negociar o caixa seria comprá-lo com caixa. O comprador estaria pagando pelo caixa com caixa, o que não faz sentido. Então, por trás dessa lógica, independentemente da forma como a empresa será vendida, diz-se que o caixa será sempre do vendedor. Mas faz sentido que o caixa seja 100% de quem vende?

Para responder a essa questão, primeiro é importante entender o que é caixa, bem como outras disponibilidades dentro de uma empresa. O caixa e outras disponibilidades refletem uma posição de lucros retidos ou aportes feitos no passado. Há razões das mais variadas que justificam a retenção desse ativo de alta liquidez. Damodaran (2008) cita inúmeras razões, dentre elas: questões tributárias, estratégicas etc. No entanto, embora as empresas tratem o caixa e outras disponibilidades como reservas ou posições estratégicas, há uma parte dele que deve ser tratada como necessidade operacional da empresa.

A retórica de que o valor de uma empresa está na capacidade que ela tem de gerar caixa é incontestável. Mas essa afirmativa, embora seja de simples compreensão, causa grande polêmica na troca de chaves entre comprador e vendedor. Este capítulo tem como finalidade principal tratar justamente do capital operacional necessário para manutenção da operação, especialmente nos casos em que há "troca de chaves" entre comprador e vendedor. Em outras palavras, deve-se responder qual é o montante de caixa e outras disponibilidades que devem integrar a transação entre as partes.

7.1 Caixa, um desafio e um dilema aos avaliadores atuais

Ao abordar o ciclo de vida de uma empresa no capítulo 4, o intuito foi compreender a trajetória de crescimento de uma empresa desde sua maturação até sua estabilidade/fase adulta. Foi elencada, também, a sua relação com os investimentos realizados pelas empresas, cuja existência é de vital importância para a evolução e manutenção do seu crescimento na perpetuidade. Na prática, nem sempre esses investimentos estão ajustados às necessidades operacionais da empresa. Excessos de caixa e outras disponibilidades passaram a fazer parte do cotidiano de uma companhia, fazendo com que ajustes no reconhecimento do valor justo de uma empresa tornem-se necessários.

Hoje, pode-se dizer que existem muitos estudos voltados a tratar do caixa como forma de geração de riqueza, mas poucos estudos relacionados à preocupação da segregação do caixa intrínseco e não intrínseco à atividade operacional em avaliações. Talvez, essa seja uma das tarefas, se não a mais importante, a mais complicada dentre outras no reconhecimento de valor de uma empresa. Não obstante, o caixa e outras disponibilidades são fundamentais na condução dos negócios de uma empresa e, como veremos adiante, não podem ser desconsiderados na apuração do seu valor, tornando-se um dilema e, ao mesmo tempo, um desafio segregar o que deve ser mantido na operação e o que deve ser tratado isoladamente.

Em avaliações feitas por FCD, o caixa e outras disponibilidades são negligenciados ou considerados como sendo parte integrante (100%) do ativo não operacional. Nesses casos, o vendedor recebe pela venda da empresa mais a retirada integral do caixa. A lógica por trás desse pensamento é de que o caixa não é importante para manutenção das operações da empresa, bastando dimensionar o capital de giro circulante necessário para manutenção das operações.

As consequências da negligência com o tratamento do caixa em excesso ou ausência vão desde distorções de valores a interferências na conduta da venda de uma empresa. Isso posto, o dilema reside no fato de que desprezá-lo poderá superavaliar o negócio, e se considerá-lo em excesso, poderá subavaliar. Desse modo, cabe ao avaliador a responsabilidade de auferir o caixa necessário mínimo para manutenção das atividades. Porém, quanto? É o que será visto adiante.

As ferramentas mais avançadas de avaliação de empresas utilizam a projeção dos fluxos de caixa para estimar o valor justo. Dessa forma, não são estimadas apenas receitas, custos e despesas, mas também as necessidades de investimento em ativo imobilizado e giro. É justamente neste último elemento que o avaliador está fortemente propenso a cair em uma armadilha: reconhecer caixa e outras disponibilidades indiscriminadamente nas projeções. Por consequência, isso o leva a uma avaliação incorreta da entidade e a uma conduta inapropriada do processo de compra ou venda.

7.2 Qual é a relação que tem o excedente de caixa e o capital de giro/NIG e por qual razão devemos projetá-lo?

Toda avaliação que reconhece a metodologia de FCD como forma de valorizar a empresa necessita obrigatoriamente projetar a necessidade de investimento em capital de giro (NIG). Ao incorporar a NIG na projeção de uma avaliação, busca-se essencialmente atender às necessidades de capital de giro operacional de uma empresa ao longo de sua vida.

Nesse contexto, para que se possa entender a relação existente entre o valor de uma empresa com a questão caixa e outras disponibilidades, deve-se antes entender por que é importante avaliar/projetar a NIG e, posteriormente, entender o que devemos contemplar na avaliação de uma empresa.

7.2.1 Projeção de necessidade de investimento em giro (NIG)

O capital de giro é peça fundamental para sobrevivência de uma empresa, pois, sem isso, ela não conseguiria operar. Então, ao se adotarem premissas de crescimento de uma empresa, deve-se alinhar a NIG, pois não faria sentido uma empresa crescer sem investir em mercadorias ou sem matéria-prima, por exemplo.

O que devemos contemplar como capital de giro?

Como se trata de avaliação de empresas, e, por conseguinte, avaliação dos ativos inerentes às suas operações, deve-se considerar o ativo circulante operacional, que é composto de valores que mantêm estreita relação com a atividade operacional da empresa. Esses elementos são diretamente influenciados pelo volume de negócios (produção e vendas) e características das fases do ciclo operacional (condições de recebimentos das vendas e dos pagamentos a fornecedores, prazo de estocagem etc.).

No entanto, quando o assunto é ativo circulante financeiro, deve-se oferecer tratamento especial, já que ele pode ser expurgado da avaliação, reconhecido parcial ou integralmente. Nesse escopo, ao abordar o capital circulante financeiro, deparamo-nos com a etapa investigativa que envolve o quanto de caixa ou ativos circulantes financeiros serão necessários para manutenção das operações presentes e futuras da empresa, como pode ser visto a seguir.

7. CAIXA E OUTRAS DISPONIBILIDADES | 229

Ativo	Passivo
Ativo Circulante	**Passivo Circulante**
Caixa e Outras disponibilidades	Empréstimos Bancários
Caixa	Financiamentos
Depósitos bancários à vista	Duplicatas descontadas
Aplicações financeiras	
	Fornecedores
Duplicatas a receber	Salários e Encargos
Estoques	Impostos e taxas
Adiantamentos e Despesas	Adiantamentos de clientes
Realizável a Longo Prazo	**Exigível a Longo Prazo**
Investimento Fixo	**Patrimônio Líquido**

Necessidade de investimento em giro (NIG)

Caixa e outras disponibilidades
- Duplicatas a receber
- Estoques
- Adiantamentos e Despesas

- Fornecedores
- Salários e Encargos
- Impostos e taxas
- Adiantamentos de clientes

	Histórico	Projeções					
	Ano 0	Ano 1	Ano 2	Ano 3	Ano 4	Ano 5	Ano 6	∞

= **Lucro Líquido**
+ Depreciação e amortização
+ Impostos (Ir e CSLL)
= **Ebitda**
(-) Depreciação e Amortização
= **Ebit* (1-t) / (Nopat)**
+ Depreciação e amortização
- Investimentos em imobilizado
- *Variação da NIG*
= **Fluxo de Caixa da Empresa (FCFF)**

Observe a influência do caixa na relação existente entre o Balanço Patrimonial, Capital de Giro e Elaboração do Fluxo de Caixa para a empresa. O reconhecimento do caixa na mensuração da NIG revela, portanto, a difícil tarefa em estimá-lo em operações futuras. Logo, quanto mais caixa for reconhecido como necessário para operação, maior será a necessidade de investimento em giro e, consequentemente, menor o fluxo de caixa livre para empresa, acionistas ou sócios. O inverso também é verdadeiro, pouco caixa necessário para operação denotará maior Fluxo de Caixa livre para a empresa. Na prática, isso implica dizer que, em uma avaliação, no primeiro caso o valor da empresa é reduzido; e, no segundo, elevado.

Antes mesmo de quantificar corretamente o caixa, é preciso entender o comportamento dele historicamente na empresa e no setor de atuação. Aliás, o setor de atuação é sempre muito importante no processo de avaliação como um todo. Nesse quesito (caixa) grandes oscilações podem ocorrer de setor para setor, conforme as necessidades financeiras sazonais apresentadas abaixo. Dois setores que evidenciam de maneira distinta a influência do caixa no capital de giro podem ser citados: plantio e construtoras. No plantio, a produção é financiada integralmente pelo agricultor, dependendo muito de caixa. Já para as construtoras não há necessidades de caixa, uma vez que os recursos são levantados antecipadamente na planta baixa pelo cliente.

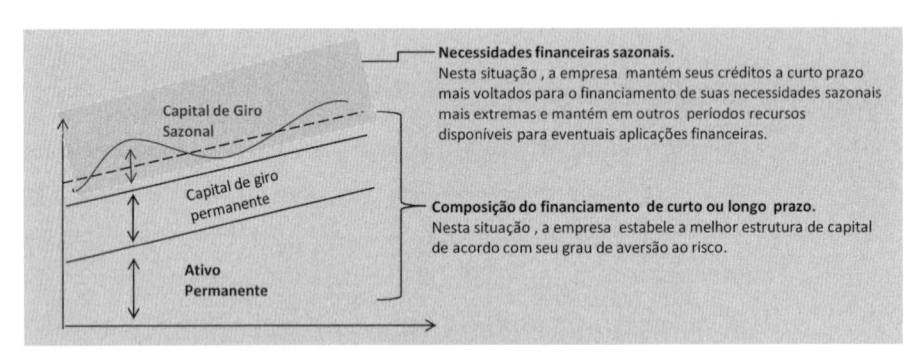

Fonte: Finanças Corporativas | Alexandre Assaf Neto

7.3 Razões da existência do caixa e outras disponibilidades

Para que se possa mensurar e projetar o quanto de caixa será necessário para manutenção das operações de uma empresa, é primordial que se conheçam as razões para sua existência.

Segundo Damodaran, os motivos que levam as empresas a manter saldos disponíveis são:

a. motivo operacional – as empresas demandam caixa e outras disponibilidades de forma muito peculiar à sua operação, e a variabilidade existente pode ser percebida de maneira clara de segmento para segmento de atuação. **O grau de sazonalidade operacional e volatilidade dos ciclos ao longo do tempo, nesse sentido, é o principal responsável pelas variações existentes entre elas. Assim, empresas que sofrem com flutuações de demanda, por conseguinte, são fortes candidatas a reter caixa para suprir necessidades futuras.** Por exemplo, as usinas de cana-de-açúcar necessitam de acesso a caixas expressivos tanto para pagamento de gastos fixos em períodos de entressafra como em períodos de transição para colheita, demandando mais recursos. Em contraposição, uma empresa de combustível necessita de um caixa inexpressivo pelo baixo grau de sazonalidade existente no setor (referência por segmentos de atuação item 7.3.1 Histórico de Participação do Caixa/Ativos);

b. motivos preventivos – as empresas necessitam de caixa para cobrir despesas imprevistas ou atender a contingências. As incertezas em relação ao futuro fazem com que empresas acumulem caixa em momentos de estabilidade, recorrendo a eles em ocasiões de recessão. As variáveis que justificam o saldo de caixa podem ser explicadas em função de:

- **volatilidade na economia** – o acúmulo de caixa deve estar mais presente nas empresas que vivenciam instabilidades econômicas do que em empresas maduras;

- **ambiente competitivo** – a competição acirrada entre empresas pode gerar maior necessidade de caixa em virtude das condições intrínsecas concorrenciais, como poder de barganha e guerra de preços;

- **alavancagem financeira** – empresas com razão de endividamento mais elevado têm maior necessidade de caixa para suportar pagamentos de juros mais altos no futuro;

c. oportunidades futuras – projetos promissores com investimentos expressivos demandam caixa significativo. Todavia, poderiam ser financiados com recursos de terceiros. No entanto, a restrição ao crédito impede a viabilidade de tais projetos e, mesmo quando disponíveis, o custo pode não ser atrativo para sua concretização. Mediante essas restrições, as empresas separam caixa para cobrir necessidades futuras de investimentos. As companhias com maior acesso a mercados de capitais devem reter menos caixa para necessidades futuras de investimento do que aquelas com menor acesso. Logo, é de se esperar que os saldos de caixa sejam mais elevados (em termos proporcionais) em empresas menores do que nas maiores;

d. saldos estratégicos em caixa – as empresas podem reter caixa com objetivos estratégicos mesmo que não tenham planos de investimentos específicos. Aproveitar oportunidades que venham a surgir no futuro pode ser uma das razões que justifiquem a manutenção de caixa elevado, mesmo que essas oportunidades nunca apareçam. Outras estratégias podem por exemplo justificar a permanência do caixa elevado de uma empresa são para futuras operações de Fusões e Aquisições (F&A);

e. interesse administrativo – dependendo da política interna administrativa, o caixa pode ser retido ou distribuído. A princípio, a retenção de caixa ocorre quando os administradores entendem que manter o dinheiro na empresa renderá mais do que devolvê-lo na forma de dividendos aos acionistas.

Segundo Pinkowitz et al, outros dois motivos justificam o excesso de caixa: i) firmas que controlam gastos para elevar fundos não podem liquidar ativos para pagar contas; ii) possibilidades de financiar investimentos ou atividades, utilizando o próprio caixa como um recurso mais barato.

> Uma forma de reconhecer o caixa necessário para a continuidade da empresa é entender a política de distribuição de lucros, a estratégia de negócios e as taxas de crescimento projetadas. Esses são filtros que possibilitam esclarecer ao avaliador o que deve ser mantido ou distribuído no momento da avaliação.

7.4 Como lidar com saldos de caixa em avaliações de empresas

Em muitos casos, no momento da avaliação, o reconhecimento do caixa e o de outras disponibilidades identificadas não são incorporados na projeção da necessidade de investimento em giro. São simplesmente ignorados, passando a fazer parte do capital de giro apenas recebimentos de clientes, adiantamento a funcionários, estoques etc., destoando da real necessidade operacional da empresa. Em outras palavras, o caixa e outras disponibilidades existentes podem estar em excesso ou escassos para a operacionalidade da empresa, como pode ser visto na figura a seguir.

7. CAIXA E OUTRAS DISPONIBILIDADES

Necessidade de investimento em giro (NIG)

Caixa e outras disponibilidades	Fornecedores
	Salários e Encargos
	Impostos e taxas
	Adiantamentos de clientes
Duplicatas a receber	
Estoques	
Adiantamentos e Despesas	

= **Lucro Líquido**
+ *Depreciação e amortização*
+ *Impostos (Ir e CSLL)*
= **Ebitda**
(-) *Depreciação e Amortização*
= **Ebit* (1-t) / (Nopat)**
+ *Depreciação e amortização*
- *Investimentos em imobilizado*
- *Variação da NIG*
= **Fluxo de Caixa da Empresa (FCFF)**

O caixa e outras disponibilidades na avaliação necessitam preliminarmente de um trabalho investigativo, no qual o avaliador obterá informações extracontábeis sobre o propósito dos recursos disponíveis. A investigação tratada aqui tem como teor o questionamento da existência de tais ativos de curtíssimo prazo, buscando apurar a razão da manutenção nas projeções dos investimentos em giro, nos fluxos de caixa, dentre outros fatores, conforme citado anteriormente.

A fonte de informações de um trabalho investigativo da origem do caixa e outras disponibilidades pode ser explorada no departamento de controladoria no qual ela poderá dar subsídios para o avaliador sustentar a manutenção ou o ajuste desse capital. Nesse sentido, o posicionamento estratégico alinhado pela controladoria de uma empresa pode ser um norteador para obtenção de respostas sobre a justificativa do caixa e outras disponibilidades. É natural, por exemplo, que uma empresa, ao informar desinvestimentos em razão do ápice da maturação, faça a distribuição em forma de dividendos. Por outro lado, se a presença das disponibilidades for significativa, caberá aos responsáveis justificá-las para que o avaliador possa ter embasamento da segregação do que deve se manter na avaliação.

Dentre as premissas para o reconhecimento dos investimentos necessários em caixa em uma avaliação, entendemos que é adequado seguir as seguintes etapas:

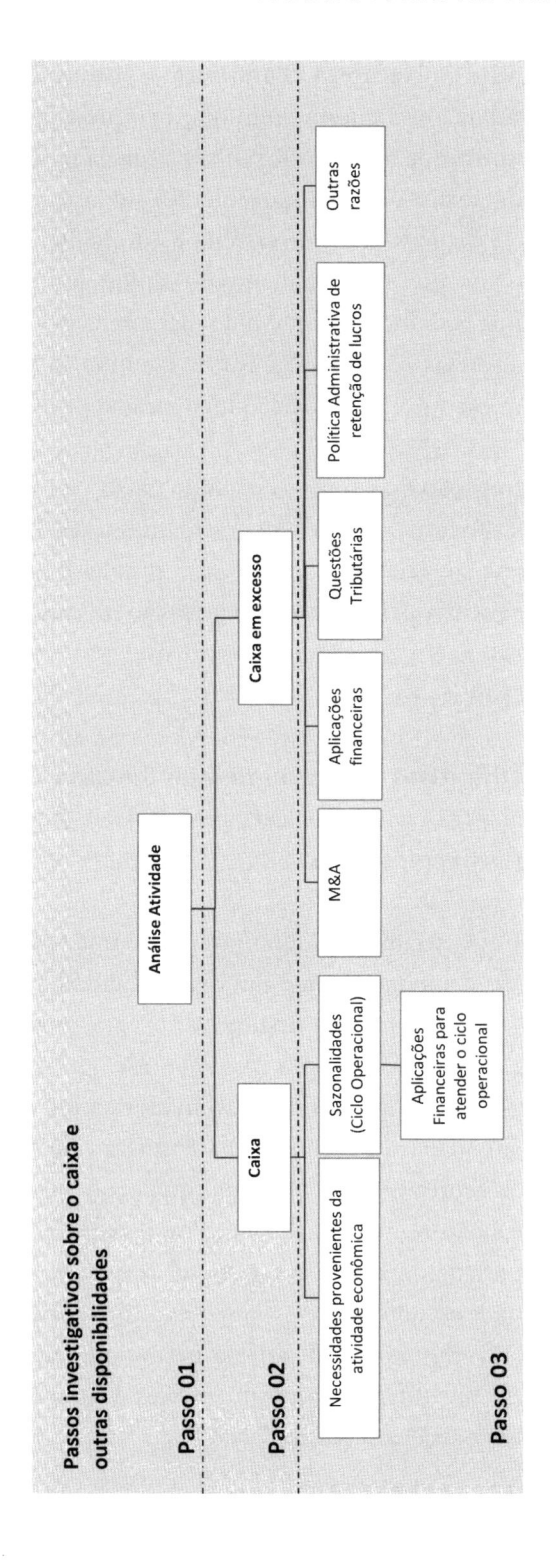

7. CAIXA E OUTRAS DISPONIBILIDADES | 235

Passos investigativos sobre o caixa e outras disponibilidades

Passo 01

- Análise Atividade

Passo 02

- Caixa
- Caixa em excesso

Passo 03

- Necessidades provenientes da atividade econômica
- Sazonalidades (Ciclo Operacional)
  - Aplicações Financeiras para atender o ciclo operacional
- M&A
- Aplicações financeiras
- Questões Tributárias
- Política Administrativa de retenção de lucros
- Outras razões

Passo 1: Análise da Natureza Econômica – o primeiro passo a ser dado é compreender a atividade econômica em que a empresa está inserida, tendo em vista que determinados segmentos, por sua própria natureza operacional, necessitam de mais caixa e outras disponibilidades do que outros. Por exemplo, ao tratarmos de bancos, casas de câmbio e outros mercados financeiros, a manutenção do caixa no reconhecimento do capital de giro é fundamental, pois a matéria-prima geradora de riqueza de suas operações é o próprio caixa. Por outro lado, empresas não financeiras que mantêm caixa sem as devidas segregações podem incorporar ativos não inerentes ao processo em questão;

Passo 2: Segregação do caixa – o segundo passo a ser dado compreende segregar o que é realmente necessário para a manutenção das atividades operacionais, o que está em excesso e o que é para simples finalidade de ganhos financeiros. Inicialmente, para fazer essa segregação do caixa, é recomendável analisar o seu histórico em face dos demais ativos e, posteriormente, compará-lo com os seus pares;

Passo 3: Justificativas para manutenção do caixa – o terceiro passo compreende entender as razões da existência do caixa e outras disponibilidades para posteriormente projetá-los.

Vale lembrar que, sejam quais forem os passos que forem dados, a regra básica deve seguir o princípio de que nas disponibilidades deve-se expurgar qualquer recurso não inerente ou desnecessário para operações da empresa nas avaliações. Obrigatoriamente e fatalmente, a permanência dele ocasionaria distorções no reconhecimento dos investimentos necessários para a manutenção das atividades operacionais da empresa. Nesse sentido, estaria mensurando outras fontes geradoras de caixa que não complementam o propósito, objetivos e a natureza operacional da empresa que está sendo avaliada.

Na figura apresentada a seguir, é possível comparar a participação do caixa e os ativos totais no tempo entre diferentes setores. Pode-se observar, em destaque, a variação temporal significativa existente nos setores de comunicação e financeiros. O que difere do setor de serviços e comércio que, em razão da estabilidade, tem baixa variação de caixa.

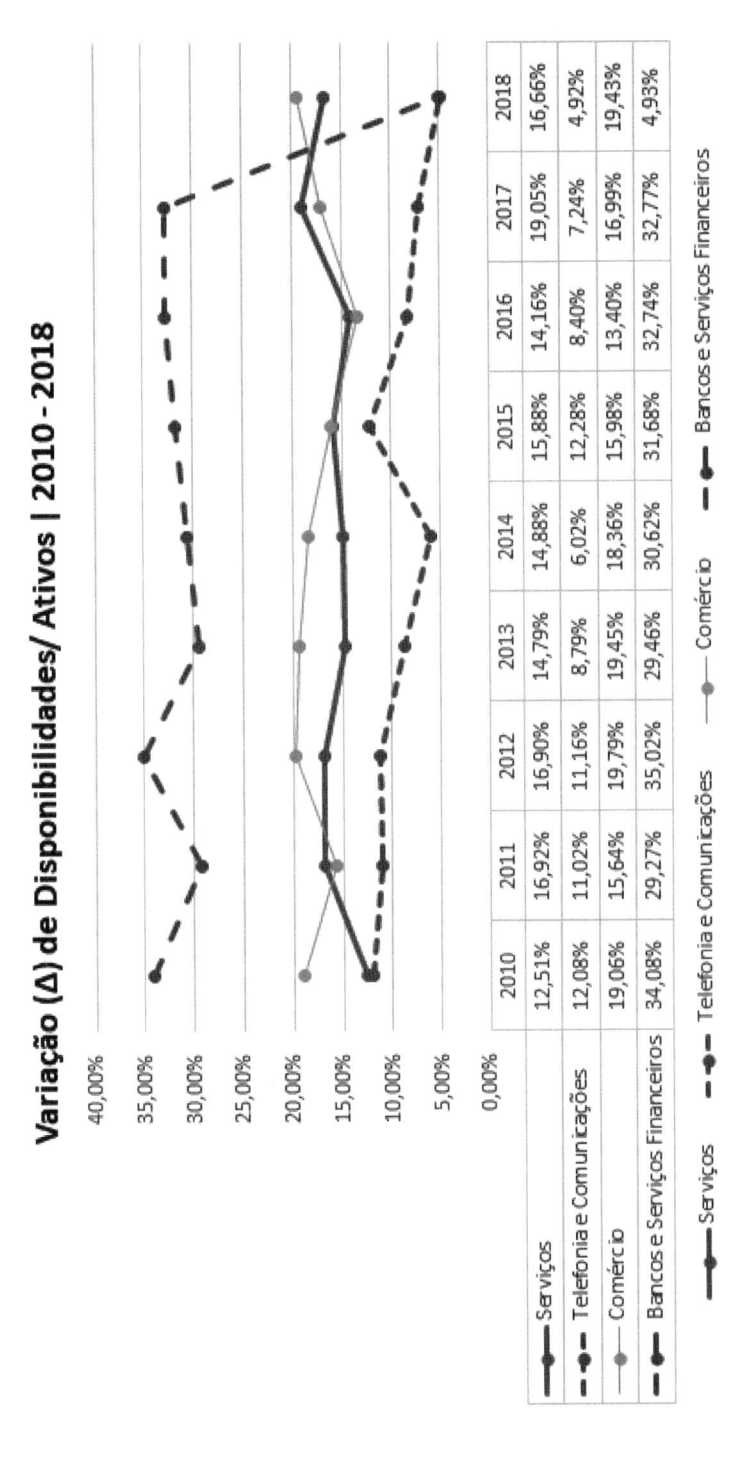

7. CAIXA E OUTRAS DISPONIBILIDADES | 237

Variação (Δ) de Disponibilidades/ Ativos | 2010 - 2018

	2010	2011	2012	2013	2014	2015	2016	2017	2018
Serviços	12,51%	16,92%	16,90%	14,79%	14,88%	15,88%	14,16%	19,05%	16,66%
Telefonia e Comunicações	12,08%	11,02%	11,16%	8,79%	6,02%	12,28%	8,40%	7,24%	4,92%
Comércio	19,06%	15,64%	19,79%	19,45%	18,36%	15,98%	13,40%	16,99%	19,43%
Bancos e Serviços Financeiros	34,08%	29,27%	35,02%	29,46%	30,62%	31,68%	32,74%	32,77%	4,93%

Fonte: Comdinheiro®

Também é apresentada a seguir a participação (caixa/ativos) por ano e a média por setor. Nota-se que o setor financeiro & Seguros e Máquinas Industriais apresentaram os extremos quando considerada a média histórica, denotando que todo cuidado é pouco no momento comparativo entre os setores.

7. CAIXA E OUTRAS DISPONIBILIDADES | 239

Participação Histórica entre Caixa/Ativos – Setorial (2010-2018)

Setor	2010	2011	2012	2013	2014	2015	2016	2017	2018	Média	Mediana
Agronegócio	10,17%	9,63%	9,42%	10,16%	13,87%	13,90%	12,94%	12,39%	12,55%	11,67%	12,39%
Biocombustíveis, Gás e Petróleo	6,66%	6,38%	4,50%	5,04%	8,80%	11,27%	8,90%	9,73%	7,12%	7,60%	7,12%
Construção e Imóveis	10,64%	10,41%	10,65%	8,76%	7,60%	8,23%	7,67%	8,48%	9,68%	9,12%	8,76%
Indústria - Materiais de Construção	8,53%	7,07%	11,05%	6,94%	7,91%	10,25%	7,00%	8,62%	5,62%	8,11%	7,91%
Petroquímico	9,68%	9,58%	9,24%	9,38%	8,29%	11,76%	14,36%	10,90%	13,50%	10,74%	9,68%
Tecidos, Vestuário e Calçados	13,69%	13,58%	10,24%	9,74%	9,56%	8,70%	12,33%	14,13%	12,38%	11,59%	12,33%
Utilidades Domésticas	9,92%	11,28%	6,60%	12,81%	11,72%	7,24%	10,65%	15,43%	11,84%	10,83%	11,28%
Bancos e Serviços Financeiros	34,08%	29,27%	35,02%	29,46%	30,62%	31,68%	32,74%	32,77%	4,93%	28,95%	31,68%
Celulose, Papel e Madeira	12,90%	11,88%	14,44%	12,38%	13,35%	10,86%	13,40%	15,36%	28,77%	14,82%	13,35%
Energia e Serviços Básicos	9,99%	9,83%	8,72%	9,03%	7,11%	8,06%	7,26%	7,32%	7,22%	8,28%	8,06%
Indústria - Construção Pesada	0,16%	0,09%	0,17%	0,13%	0,24%	0,10%	0,23%	0,03%	0,00%	0,13%	0,13%
Indústria - Material Rodoviário	23,95%	26,28%	15,45%	19,32%	20,86%	21,45%	22,92%	19,29%	15,22%	20,53%	20,86%
Metalurgia e Siderurgia	12,72%	16,76%	13,04%	11,11%	11,65%	11,40%	11,25%	8,03%	6,67%	11,40%	11,40%
Serviços	12,51%	16,92%	16,90%	14,79%	14,88%	15,88%	14,16%	19,05%	16,66%	15,75%	15,88%
Telefonia e Comunicações	12,08%	11,02%	11,16%	8,79%	6,02%	12,28%	8,40%	7,24%	4,92%	9,10%	8,79%
Bens de Consumo e Varejo	17,19%	15,43%	18,91%	18,18%	18,07%	19,03%	12,28%	14,56%	13,46%	16,35%	17,19%
Comércio	19,06%	15,64%	19,79%	19,45%	18,36%	15,98%	13,40%	16,99%	19,43%	17,57%	18,36%
Indústria - Máqs. e Equips.	8,22%	8,77%	5,10%	5,18%	5,49%	4,79%	5,36%	4,91%	3,55%	5,71%	5,18%
Informática	13,28%	17,83%	15,33%	18,60%	22,20%	23,21%	21,83%	21,36%	21,40%	19,45%	21,36%
Mineração	6,27%	3,08%	4,46%	4,27%	3,41%	4,06%	4,30%	4,36%	6,56%	4,53%	4,30%
Saúde	37,54%	30,24%	27,47%	28,74%	33,67%	31,06%	32,34%	32,10%	31,35%	31,61%	31,35%
Serviços Educacionais	9,19%	7,71%	6,69%	24,70%	6,79%	6,49%	9,26%	12,36%	11,67%	10,54%	9,19%
Transportes	13,64%	12,10%	10,22%	13,68%	10,59%	8,39%	7,39%	10,33%	9,75%	10,68%	10,33%

Fonte: Comdinheiro®

Conclui-se, pela tabela mostrada, que a média histórica setorial pode ser utilizada como *benchmark*, mas a sua adoção pode trazer fortes ruídos ao se analisarem os fundamentos econômicos de cada empresa. Há empresas que necessitam de caixa e outras disponibilidades significativas, e outras que não as demandam por razões próprias.

A seguir, a variação significativa existente na participação do caixa média entre 2010 e 2018 de algumas empresas do setor de alimentos e bebidas.

Média Disponibilidades / Ativo Total

Empresa	%
Ambev	14,7%
BRF	12,9%
Excelsior	14,4%
JBS	11,7%
Jospar	18,2%
M Dias Branco	7,8%
Marfrig	18,4%
Minerva	30,6%
Minupar	0,2%
Oderich	1,2%
São Martinho	9,6%

Fonte: Comdinheiro®

As informações de conhecimento público mostradas a seguir foram disponibilizadas objetivando entender as razões das variações de participação de caixa e outras disponibilidades existentes entre as companhias do mesmo setor. Nota-se que não há consenso dentro do próprio setor.

Segmentos	2010	2011	2012	2013	2014	2015	2016	2017	2018	MÉDIA
Ambev	16,4%	17,9%	17,4%	16,9%	14,5%	15,3%	9,7%	11,9%	12,2%	**14,7%**
BRF	11,4%	9,1%	8,3%	11,1%	18,3%	15,1%	16,3%	13,8%	12,7%	**12,9%**
Excelsior	8,7%	13,1%	2,4%	6,7%	25,0%	11,6%	17,4%	17,6%	27,1%	**14,4%**
JBS	9,1%	11,2%	10,8%	13,1%	18,1%	15,4%	9,1%	10,8%	7,8%	**11,7%**
Jospar	15,1%	10,8%	15,9%	18,4%	17,4%	16,5%	18,3%	26,0%	25,8%	**18,2%**
M Dias Branco	2,3%	3,1%	4,2%	7,9%	10,0%	7,0%	15,1%	15,2%	5,8%	**7,8%**
Marfrig	17,2%	14,6%	12,4%	10,2%	13,2%	23,9%	26,1%	20,7%	27,1%	**18,4%**
Minerva	21,9%	21,3%	29,5%	31,4%	34,3%	33,1%	37,9%	32,0%	34,3%	**30,6%**
Minupar	0,4%	0,2%	0,1%	0,2%	0,1%	0,1%	0,3%	0,1%	0,1%	**0,2%**
Oderich	1,5%	0,5%	0,5%	0,5%	1,7%	0,4%	1,0%	0,2%	4,6%	**1,2%**
São Martinho	6,0%	9,6%	10,5%	8,9%	7,9%	9,2%	9,3%	12,6%	12,3%	**9,6%**

Fonte: Comdinheiro®

7.5 Modelo alternativo de ajuste de disponibilidades em M&A

Como parâmetro indicativo da necessidade de investimento em caixa, poderia ser reconhecida a volatilidade dos ciclos financeiros do setor pelo coeficiente de variação das disponibilidades, objetivando equiparar com os ciclos de caixa objeto da avaliação.

Como modelo proposto, tem-se:

$$\text{Ajuste das disponiblidades M\&A} = NIG \times \frac{\dfrac{\sigma \text{ móvel Caixa empresa}}{NIG}}{\dfrac{\sigma \text{ móvel Caixa Setor}}{NIG}}$$

7.5.1 *Cases*

Illustrativamente, suponha que a empresa Seshi S.A., do segmento de Tecnologia, apresente as seguintes informações do seu ciclo operacional e financeiro. Com base nas informações históricas, qual seria o montante adequado no momento da venda dessa empresa em x6, considerando as disponibilidades apresentadas a seguir?

Empresa Seshi S.A

R$ (em milhões)	Ano x1	Ano x2	Ano x3	Ano x4	Ano x5	Ano Atual
Disponibilidades	441	442	420	411	644	1.200
NIG	340	374	411	498	548	603
Disponibilidades/NIG	**1,30**	**1,18**	**1,02**	**0,83**	**1,18**	**1,99**

	Ano x2	Ano x3	Ano x4	Ano x5	Ano Atual
Média Móvel das disp/NIG	1,24	1,17	1,08	1,10	1,25
Desv.padrão móvel acum. Disp./NIG	0,058	0,113	0,177	0,163	0,364
CV móvel	4,65%	9,71%	16,40%	14,82%	29,14%

Coeficiente de variação (CV) = Desvio Padrão (Sd)/Média Móvel (M)

Benchmark Setor TI - Disponibilidades/NIG

	Ano x1	Ano x2	Ano x3	Ano x4	Ano x5	Ano x6	Média
Empresa 1	1,2	1,4	1,55	1,65	1,23	1,65	1,24
Empresa 2	1,7	2,1	1,6	0,6	0,7	2,15	1,26
Empresa 3	2,2	1,2	0,98	1,1	1,2	2,65	1,33
Empresa 4	2,7	1,0	0,7	1,6	1,7	1,2	1,27
Empresa 5	3,2	1,5	1,2	2,1	2,2	1,6	1,69
Empresa 6	3,7	2,5	1,7	2,6	2,7	2,6	2,26
Empresa 7	4,2	3,5	2,2	3,1	3,2	3,6	2,83
Empresa 8	4,7	4,5	2,7	3,6	3,7	4,6	3,40
Empresa 9	5,2	5,5	3,2	4,1	4,2	5,6	3,97
Empresa 10	5,7	4,4	3,7	4,6	4,7	6,6	4,24
Empresa 11	7	7,5	4,2	5,1	5,2	7,6	5,23
Empresa 12	1,5	8	4,7	1,6	5,7	1,5	3,29
Empresa 13	1,5	4	5,2	1,5	6,2	1,5	2,84
Empresa 14	1,9	3,4	1,9	1,5	6,7	1,9	2,47
Empresa 15	1,21	3,9	2,4	1,9	7,2	2,4	2,72
Empresa 16	1,5	4,4	2,9	1,21	7,7	2,9	2,94
Empresa 17	1,5	1,5	3,4	1,71	8,2	3,4	2,82
Empresa 18	1,9	1,5	3,9	2,21	8,7	0,56	2,68
Empresa 19	2,4	1,9	4,4	1,22	1,9	0,44	1,75
Empresa 20	2,9	2,9	4,9	1,22	1,9	0,44	2,04
Média	2,9	3,3	2,9	2,2	4,2	2,7	2,6

média	3,0
desv.padrão	0,6
CV	20,59%

Note que o coeficiente de variação das disponibilidades da empresa Seshi S.A. oscilou 41% (29,14%/20,59%-1) em relação à média setorial, denotando, em outras palavras, maior sazonalidade em relação ao setor.

Ao considerarmos o modelo de ajuste de disponibilidades, apuramos:

Ajuste de Disponibilidades M&A = 602,6 x 0,364/0,2059 = **1.065**

	Ano x1	Ano x2	Ano x3	Ano x4	Ano x5	Ano Atual	Ano x6 Ajust.
Disponibilidades	441	442	420	411	644	1.200	1.065
NIG	340	374	411	498	548	603	603
Disponibilidades/NIG	1,30	1,18	1,02	0,83	1,18	1,99	1,767

	Ano x2	Ano x3	Ano x4	Ano x5	Ano Atual	Ano x6 Ajust.
Média Móvel das disp/NIG	1,24	1,17	1,08	1,10	1,25	1,767
Desv.padrão móvel acum. Disp./NIG	0,058	0,113	0,177	0,163	0,364	0,364
CV móvel	4,65%	9,71%	16,40%	14,82%	29,14%	20,59%

Com base no modelo exposto, pode-se concluir que, no momento de uma transação da Seshi S.A., deveríamos reconhecer como caixa excedente R$ 135 milhões (R$ 1.200 – R$ 1.065), devendo a diferença (R$ 1,06bi) ser mantida no caixa para manutenção das operações.

Observa-se, portanto, que o questionamento da segregação das disponibilidades, em empresas com baixas sazonalidades históricas, pode ser facilmente compreendido e adequado por esse modelo. No entanto, deve-se tomar o devido cuidado em casos em que há excessos ou deficiências em relação à média histórica, podendo comprometer o ajuste apresentado. Uma forma adequada para esses casos é expurgar o período que compromete a análise.

Retomando o exemplo apresentado, suponhamos agora que a mesma empresa, Seshi S.A., por alguma razão tenha retido os lucros em x4, apresentando o seguinte histórico:

Empresa Seshi S.A

R$ (em milhões)

	Ano x1	Ano x2	Ano x3	Ano x4	Ano x5	Ano Atual
Disponibilidades	441	442	420	1.800	644	1.200
NIG	340	374	411	498	548	603
Disponibilidades/NIG	**1,30**	**1,18**	**1,02**	**3,61**	**1,18**	**1,99**
		Ano x2	Ano x3	Ano x4	Ano x5	Ano Atual
Média Móvel		1,24	1,17	1,78	1,66	1,71
Desv.padrão móvel		0,058	0,080	1,064	0,982	0,905
CV móvel		4,65%	6,90%	59,85%	59,25%	52,83%

Ajustado (Ano de x4 – excluído da amostragem):

Empresa Seshi S.A

R$ (em milhões)

	Ano x1	Ano x2	Ano x3	Ano x5	Ano Atual	Ano Atual Ajust.
Disponibilidades	441	442	420	644	1.200	996
NIG	340	374	411	548	603	603
Disponibilidades/NIG	**1,30**	**1,18**	**1,02**	**1,18**	**1,99**	**1,653**
		Ano x2	Ano x3	Ano x5	Ano Atual	Ano x7 Ajust.
Média Móvel		1,24	1,17	1,17	1,33	1,653
Desv.padrão móvel		0,058	0,080	0,098	0,340	0,340
CV móvel		4,65%	6,90%	8,40%	25,53%	20,59%

Com base no modelo exposto de exclusão do período em que há excesso de disponibilidades em relação à média, pode-se concluir que, no momento de uma transação da Seshi S.A., dever-se-ia reconhecer a manutenção de R$ 996 milhões ou a distribuição de apenas R$ 204 milhões (R$ 1.200 – R$ 996), devendo a diferença ser mantida no caixa para manutenção das operações.

Empresa jovem – sem histórico

Pense agora sobre o exemplo da Piramid S.A., uma empresa jovem que não apresenta histórico de informações e que deseja avaliar suas cotas. Os administradores não pretendem reduzir o caixa, a não ser que a empresa seja adquirida no futuro.

Com base na ausência de informações históricas da empresa, por meio de um trabalho investigativo com os administradores e o Departamento da Controladoria, retratou-se que parte do caixa e outras disponibilidades existentes tenham como finalidade:

1. realizar pequenas aquisições de outras empresas no futuro, pois a empresa tem como estratégia eliminar concorrentes diretos do seu setor;
2. atender aos períodos de sazonalidade, sabendo que as vendas no período de baixa não suprem os custos e as despesas fixas;
3. obter ganhos financeiros em aplicações de curtíssimo prazo.

Embora tenham condições de reconhecer a participação do caixa apresentado pelo trabalho investigativo, é sempre recomendável analisar, via *benchmark*, se o caixa apresentado pela empresa é condizente com a realidade do setor em que ela atua. Sobretudo, tratando-se de uma empresa jovem e que não apresenta histórico de manutenção de caixa consolidado.

Sabendo que a empresa tem um excesso de caixa que atende a outras finalidades que não para manutenção de suas atividades operacionais, deve-se ajustá-lo para que seja possível apresentar o valor mais próximo ao justo do negócio, conforme segue:

Ativo	R$	Passivo	R$
Disponibilidades	22.200,00	Endividamento	21.000
Caixa Genuíno	1.200,00		
Reservas p/ sazonalidade	800,00		
Aquisições Futuras	18.000,00		
Aplicações financ.	2.200,00		
		PL	18.250
Imobilizado	17.050,00		
Total	39.250	**Total**	39.250

Ao analisar a necessidade de caixa e outras disponibilidades, deve-se expurgar o excedente. Essas frações do caixa (aquisições futuras e aplicações financeiras) nitidamente não são necessárias para manutenção das atuais operações da empresa e, por isso, devem ser excluídas do modelo de avaliação.

Já em relação ao caixa genuíno e as reservas para sazonalidade, podem-se buscar como alternativa referências do setor, como, por exemplo, a relação entre Disponibilidades/NIG das empresas do mesmo setor, conforme apresentado a seguir:

Benchmark - Disponibilidades/NIG

	Ano x1	Ano x2	Ano x3	Ano x4	Ano x5	Ano x6	Ano x7	Média
Empresa 1	82,60	491,86	493,24	148,63	727,59	14,84	214,08	310,40
Empresa 2	752,13	147,47	321,45	307,25	366,21	426,03	617,00	419,65
Empresa 3	816,18	326,29	307,58	962,19	134,58	997,74	98,80	520,48
Empresa 4	656,89	893,52	171,68	533,46	409,69	763,69	402,41	547,33
Empresa 5	255,95	9,20	910,88	425,51	80,41	675,23	406,24	394,77
Empresa 6	781,24	279,52	624,63	337,50	356,12	879,47	878,99	591,07
Empresa 7	295,95	745,86	820,63	155,03	863,44	235,33	949,00	580,75
Empresa 8	143,14	935,36	826,88	152,12	175,59	62,96	540,34	405,20
Empresa 9	948,01	3,35	323,65	65,30	845,25	325,94	261,38	396,12
Empresa 10	496,09	793,11	761,50	235,14	428,32	308,75	567,08	512,85
Empresa 11	996,62	694,24	480,47	370,79	873,53	669,66	352,37	633,95
Empresa 12	38,32	696,74	119,24	869,71	850,28	696,44	642,86	559,09
Empresa 13	521,36	385,08	46,74	871,40	987,15	860,23	366,49	576,92
Empresa 14	879,91	545,13	589,60	929,34	182,19	965,92	643,66	676,54
Empresa 15	232,90	298,04	57,91	906,70	53,93	911,44	738,50	457,06
Empresa 16	304,97	519,03	566,44	925,33	196,68	775,73	986,94	610,73
Empresa 17	298,51	550,10	702,72	374,83	491,04	6,10	336,42	394,25
Empresa 18	42,58	328,82	935,13	127,72	503,63	830,74	814,82	511,92
Empresa 19	576,50	405,35	112,44	146,63	912,07	576,96	876,89	515,26
Empresa 20	981,25	236,17	191,55	133,84	178,82	487,92	624,20	404,82
Média	505,1	464,2	468,2	448,9	480,8	573,6	565,9	501,0

média	501,0
desv.padrão	46,357
CV	9,25%

Logo, pode-se concluir, com base no *benchmark* apresentado, que manter um caixa no intervalo entre R$ 455 (501 – 46) e R$ 547 (501 + 46) no ano x1 atende a empresa avaliada. Esse cálculo considera a participação do caixa e do desvio padrão do setor, o que permite reconhecer a necessidade real de caixa para empresas jovens.

Outra consideração importante implica reconhecer a sazonalidade futura do setor, no qual, de acordo com o resultado da amostra, apresenta coeficiente de variação Disponibilidade/NIG de 9,25%, proporcionando, assim, condições para elaboração das projeções futuras da disponibilidade necessária para manutenção das operações.

Caminhos alternativos

Uma segunda alternativa mais simplista e recomendável permite reconhecer o caixa necessário com base na oscilação gerada pela sazonalidade. Para tanto, deve-se conhecer o momento e a duração de baixa demanda no ciclo da sazonalidade e mensurar o caixa necessário para honrar os compromissos.

Uma empresa com as características sazonais abaixo demandará caixa de R$ 2,05 milhões entre o período do mês 04 a 08. Basicamente, somam-se as despesas fixas correntes com o NIG desse período.

	Mês 01	Mês 02	Mês 03	Mês 04	Mês 05	Mês 06	Mês 07	Mês 08	Mês 09	Mês 10	Mês 11	Mês 12
Faturamento	600,00	880,00	900,00	-	-	-	-	-	900,00	800,00	900,00	1.200,00
(-) Despesas fixas	(420,00)	(420,00)	(420,00)	(420,00)	(420,00)	(420,00)	(420,00)	(420,00)	(420,00)	(420,00)	(420,00)	(420,00)
(-) NIG	(30,00)	(14,00)	(1,00)	45,00					(45,00)	5,00	(5,00)	(15,00)

Caixa necessário adicional:	2055

Observe que os investimentos feitos em NIG não serão necessários nos períodos em que não há demanda. Desta forma, no intervalo apresentado acima não é necessário capital de giro (temporariamente).

CONSIDERAÇÕES FINAIS

A escolha do tema caixa, em especial, teve como pano de fundo a adoção de um padrão ortodoxo. Afinal, o mercado estabeleceu como regra de bolso que o valor de uma empresa é igual à soma dos fluxos de caixa descontados acrescidos do caixa. Essa ideia central implica dizer que o caixa já está imputado nos fluxos de caixa. Como apresentado ao longo do capítulo, essa é uma afirmativa parcialmente correta. Faria mais sentido dizer que o valor de uma empresa é a soma dos fluxos de caixa descontados, considerando uma parte do caixa para suas operações fundamentais, e a diferença, o excedente, somado ao valor da empresa.

A relevância do caixa varia de setor para setor, de empresa para empresa (do mesmo setor), assim como seu histórico de participação pode ser muito flutuante. Então, algumas dicas são vitais, como:

- sempre busque entender a natureza da empresa avaliada, bem como seus ciclos produtivos. Há pistas valiosas que podem justificar a existência do caixa na empresa quando analisado o *business*. Dedique certo tempo para entender a operação;
- o histórico de caixa pode ser uma referência relevante para a segregação do que deve ou não se manter na avaliação;
- ao deparar-se com anormalidades de caixa e outras disponibilidades, as empresas envolvidas no processo de M&A (sigla em inglês para Fusões e Aquisições) devem adequar-se à necessidade real. Apenas essa diferença poderá ser entendida como caixa excedente para ser adicionado ao valor da empresa ou retirado da negociação.

Por fim, este capítulo limitou-se a expor o problema de reconhecimento de caixa em avaliação de empresas. No entanto, além do caixa, há uma série de armadilhas ocultas que resultam em avaliações e/ou negociações injustas. Questões relacionadas a ativos não operacionais, contingências e remunerações de pró-labore são outros bons exemplos a serem analisados e criticados.

REFERÊNCIAS

ASSAF NETO, A. **Finanças Corporativas – Capital de Giro**. Ed. Atlas, 2003.

DAMODARAN, A. **Avaliação de Empresas**. Ed. Pearson – Prentice Hall, Nova York, 2007.

OPLER, TIM, PINKOWITTZ LEE STULZ RENÉ WILLIAMSON ROHAN. The Determinants and implication of corporate cash holdings. **Journal of Financing Economics**, 1999.

SÁNCHEZ VIDAL, J.; BIGELLI, M. **Cash Holding in Private Firms**. Article SSRN Electronic Journal, 2009.

8

A DICOTOMIA DAS AÇÕES ORDINÁRIAS E PREFERENCIAIS NO BRASIL E O PRÊMIO DE CONTROLE

Em 2000, o mercado de capitais brasileiro aprimorou-se vertiginosamente ao segmentar as empresas de capital aberto por níveis de diferenciação de governança. Ao aderir às novas regras exigidas, companhias foram classificadas em Novo Mercado, nível 1 ou nível 2, e foram obrigadas a atender aos padrões mais elevados de governança corporativa e transparência. Atualmente o segmento da listagem Bovespa está dividido da seguinte forma:

Segmento de Listagem da Bolsa	Empresas	Composição
Novo Mercado	140	44%
Tradicional Bovespa	117	37%
Bovespa Nível 1	27	9%
Bovespa Nível 2	19	6%
BDR Nível 3	6	2%
Balcão Organizado	6	2%
Bovespa Mais	2	1%
Total de empresas	**317**	**100%**

Fonte: Comdinheiro® – Elaborado pelo autor

O novo regulamento do mercado de capitais permitiu que as sociedades anônimas classificadas como nível 1 e 2 pudessem emitir ações ordinárias e preferenciais. No entanto, na bolsa esses papéis não são negociados pelo mesmo valor. Então, o que justifica a diferença de valor da ação ordinária para a preferencial?

Os fluxos de dividendos pagos por meio do estatuto social promovem remunerações diferenciadas a acionistas preferenciais e ordinários. Mas deveria existir diferença de valor entre elas? Se existe, qual é a diferença de valor considerada justa entre ações ordinárias com direito a voto e preferenciais sem direito a voto?

O objetivo principal deste capítulo é descobrir se existem motivos claros que justificam as diferenças de preço entre ações preferenciais e ordinárias. A intenção aqui não é esgotar o assunto, tampouco se tem pretensão de trazer uma resposta definitiva para o problema. A proposta visa simplesmente despertar a discussão para o tema por meio de algumas aplicações. Em especial, busca-se entender a relação entre o pagamento sobre as ações ordinárias e preferenciais em casos de alienação de bloco de controle, denominado "prêmio de controle".

No decorrer do capítulo, também serão apresentadas alternativas para mensurar o valor de controle de uma companhia, visando dessa forma entender a relação entre valor de ações ordinárias e preferenciais.

Sendo assim, o capítulo foi dividido em duas partes: i) a dicotomia das ações ordinárias e preferenciais no Brasil; e ii) prêmio de controle.

8.1 A dicotomia das ações ordinárias e preferenciais no Brasil

8.1.1 Definições básicas (ações ON e PN)

Antes de apresentar as questões relacionadas aos pagamentos de dividendos, é preciso definir ON e PN:

Ações ordinárias (ON): são ações com direto a voto nas assembleias da empresa. Dependendo da participação do acionista, seus poderes são limitados. Todavia, o acionista ordinário tem privilégios com a cláusula de *tag along* (mecanismo previsto em lei para proteger os minoritários em caso de venda do controle), que lhe dá direito de receber 100% do prêmio de alienação de controle.

Ações preferenciais (PN): são ações sem direito a voto, mas com prioridade sobre os demais acionistas no recebimento de dividendos, como o próprio nome já diz. O acionista preferencialista tem prioridade na participação dos lucros distribuídos pela empresa.

> **Dividendos fixos:** percentual aplicado sobre o capital social ou preço da ação. Nesse caso, o preferencialista tem prioridade no recebimento, mas se houver resultados excedentes, essa diferença não é distribuída. Nessa condição, o acionista tem rendimento fixo similar ao juros sobre o capital próprio (JSCP).
>
> **Dividendo mínimo obrigatório:** percentual calculado sobre o lucro ou capital social, devendo este ser distribuído aos acionistas preferencialistas em prioridade.

Uma das formas de entender a razão pela qual existe diferença entre ações ordinárias e preferenciais está associada à política de pagamento de dividendos definida pelo estatuto social. Nos casos em que o estatuto social for omisso com relação ao pagamento de dividendos, caberá à empresa inserir cláusulas de distribuição de lucros ou atender os moldes e critérios impostos pela lei, à saber:

Lei nº 6.604/76:

Quando o estatuto for omisso e a assembleia geral deliberar para introduzir norma sobre a matéria, o dividendo obrigatório não poderá ser inferior a 25% (vinte e cinco por cento) do lucro líquido ajustado nos termos do inciso I deste artigo.

8.1.2 Diferença de preço entre ordinárias (ON) e preferenciais (PN) tem explicação?

No mundo acadêmico, Myron Gordon (1963) e John Lintner (1962) sustentam que o valor de uma empresa está diretamente relacionado com a política de dividendos. A ideia central dos autores é que os dividendos correntes são menos arriscados do que os futuros. Por essas ideias e conceitos ficaram conhecidos como "pássaro na mão", onde mais vale um pássaro na mão do que dois voando. No entanto, Franco Modigliani e Merton Miller (M&M) publicaram um trabalho no qual argumentaram o contrário, alegando que os investidores são indiferentes à política de dividendos. Em outras palavras, defendem que o pagamento de dividendos não altera o valor de uma empresa nem a riqueza dos seus acionistas.

Seguindo a corrente de Gordon e Lintner, citados acima, parece fazer sentido que as ações com maior índice de *payout* deveriam, teoricamente, ser as mais valiosas. Por essa lógica, se dividendos influenciam o preço de uma ação e as preferenciais têm direito de preferência no recebimento delas, então seria razoável supor que o preço das PNs é superior ao das ONs. Será?

A relação entre o preço das ações ordinárias e preferenciais pode ser medida pelo ágio da ação ordinária negociada em relação à preferencial e vice-versa. No mercado de capitais é curioso notar que o valor da ação ordinária em muitos casos é inferior ao valor da ação preferencial. Um dos prováveis motivos poderia ser a desconfiança ou o desprestígio da governança concentrada no bloco de controle, assim sofrendo um desconto expressivo em face da ação preferencial. Nesse caso, o acionista preferencial não tem direito ao voto, porém, mesmo que o tivesse, seria pouco representativo para efeitos de poder de decisão, justificando, talvez, a baixa atratividade por esse papel. No entanto, há casos particulares em que a ação ordinária tem valor superior à ação preferencial.

Para efeitos de análise, é apresentado o ranking das ações com maior *payout* em 2018, considerando apenas as empresas:

i) que detêm os dois tipos de ações (ON e PN) negociadas;

ii) que estão listadas no índice Ibovespa (os ativos mais negociados na Bovespa);

iii) com listagem no nível 1, 2 de Governança Corporativa;

iv) tradicionais.

> **Observação:** *o critério de seleção das ações foi feito com base no maior volume de negociação (Ibovespa), pois costuma apresentar maior consistência na base histórica, e que possui ON e PN para atender ao propósito deste capítulo.*

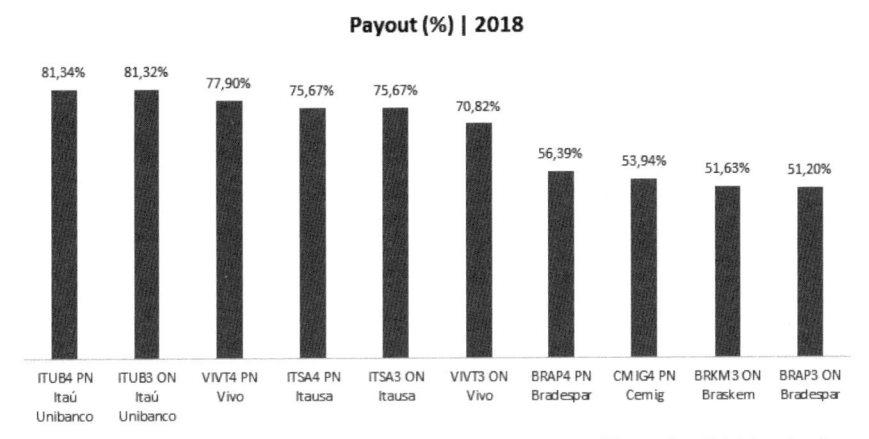

Payout (%) | 2018

Ação	Empresa	Payout
ITUB4 PN	Itaú Unibanco	81,34%
ITUB3 ON	Itaú Unibanco	81,32%
VIVT4 PN	Vivo	77,90%
ITSA4 PN	Itausa	75,67%
ITSA3 ON	Itausa	75,67%
VIVT3 ON	Vivo	70,82%
BRAP4 PN	Bradespar	56,39%
CMIG4 PN	Cemig	53,94%
BRKM3 ON	Braskem	51,63%
BRAP3 ON	Bradespar	51,20%

*Payout = Dividendos/Lucro
Fonte: Comdinheiro® – Elaborado pelo autor

As maiores pagadoras de dividendos de 2018 foram ItaúUnibanco, Vivo e Itausa. Entre as empresas que mais pagaram dividendos (na relação de *payout*), pode-se notar que a ITAUSA4 teve o maior desconto na relação ON-PN: 11,28%. Desta forma, o estudo será limitado nesta empresa como referencial exemplificativo.

Setor Comdinheiro®	Empresa	ON	PN/PNA/PNB	Spread ONxPN
Comércio	Lojas Americanas	14,95	19,62	-23,80%
Siderur. & Metalur.	Gerdau	12,07	14,65	-17,61%
Energia Elétrica	Eletrobrás	23,62	27,06	-12,68%
Finanças e Seguros	Itaú	28,33	33,72	-15,97%
Telecomunicações	Vivo	38,81	43,53	-10,84%
Outros	Bradespar	28,16	30,47	-7,57%
Outros	Braskem	45,51	47,38	-3,95%
Siderur. & Metalur.	Gerdau Metalurgica	7,29	6,85	6,38%
Energia Elétrica	Cemig	14,65	13,43	9,07%
Outros	Itaúsa	12,64	11,36	11,28%
Petróleo & Gás	Petrobrás	25,31	22,58	12,10%
Siderur. & Metalur.	Usiminas	11,30	9,07	24,60%

Fonte: Comdinheiro® – Elaborado pelo autor

Via de regra, o mercado acionário brasileiro costuma negociar as PNs com prêmio sobre as ONs por ter preferência no recebimento dos dividendos. Tal como é, seria então razoável supor que historicamente a ação da Itausa não tem relação entre preço da ação e dividendos, uma vez que as ações PN da Itausa são grandes pagadoras de dividendos e têm preço médio inferior à ON. No entanto, ao analisar a base de dados histórica de preço diário das ações e distribuição de dividendos entre 2008 e 2018, nota-se que há forte correlação entre dividendos e preço da ação:

Ações	Índice de Correlação Preço Ação e Dividendos	Correlação
ITUB3	0,93	Forte
ITUB4	0,93	Forte
ITSA4	0,93	Forte
ITSA3	0,91	Forte
USIM6	0,80	Forte
BRKM5	0,75	Forte
BRKM3	0,74	Forte
LAME4	0,74	Forte
USIM5	0,73	Forte
LAME3	0,70	Moderado
GOAU3	0,70	Moderado
GOAU4	0,68	Moderado
USIM3	0,65	Moderado
PETR3	0,63	Moderado
PCAR4	0,59	Moderado
PETR4	0,55	Moderado
CMIG4	0,41	fraco
GGBR4	0,40	fraco
GGBR3	0,37	fraco
CMIG3	0,31	fraco
BRAP4	0,30	fraco
BRAP3	0,29	Desprezível
ELET3	0,17	Desprezível
BRKM6	0,15	Desprezível
ELET5	0,02	Desprezível
PCAR3	-0,04	Desprezível
ELET6	-0,36	Desprezível
VIVT3	-0,50	Desprezível
VIVT4	-0,55	Desprezível

Fonte: Comdinheiro – Elaborado pelo autor

O *dividend yield* também é muito utilizado na seleção e análise de ações, mas é um índice pernicioso, porque alto *dividend yield* não significa necessariamente "ser boa pagadora de dividendos". Pode tratar-se de desconto da ação, elevando o índice. Novamente, no caso da Itausa, não se pode dizer que há justificativas entre ON e PN na relação *dividend yield*, porque há pouca diferença entre elas.

Dividend Yield (%) | 2018

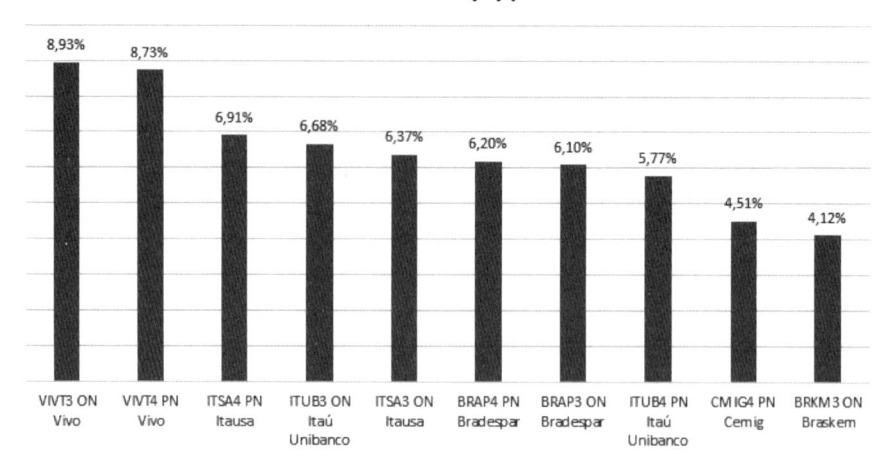

Ação	Yield
VIVT3 ON Vivo	8,93%
VIVT4 PN Vivo	8,73%
ITSA4 PN Itausa	6,91%
ITUB3 ON Itaú Unibanco	6,68%
ITSA3 ON Itausa	6,37%
BRAP4 PN Bradespar	6,20%
BRAP3 ON Bradespar	6,10%
ITUB4 PN Itaú Unibanco	5,77%
CMIG4 PN Cemig	4,51%
BRKM3 ON Braskem	4,12%

*Dividend yield= Dividendo/Preço Ação
Fonte: Comdinheiro® – Elaborado pelo autor

Então, como podemos justificar o desconto da PN perante a ON da Itausa?

Pela baixa liquidez (ações pouco negociadas), poder-se-ia dizer que a ação ITASA4 é negociada com desconto, haja vista que o investidor busca ações mais líquidas. Pela base histórica média de negociações diárias (2008-2018) de ambas ações ITSA3 e ITSA4, pode-se notar que há pouca negociação das ONs.

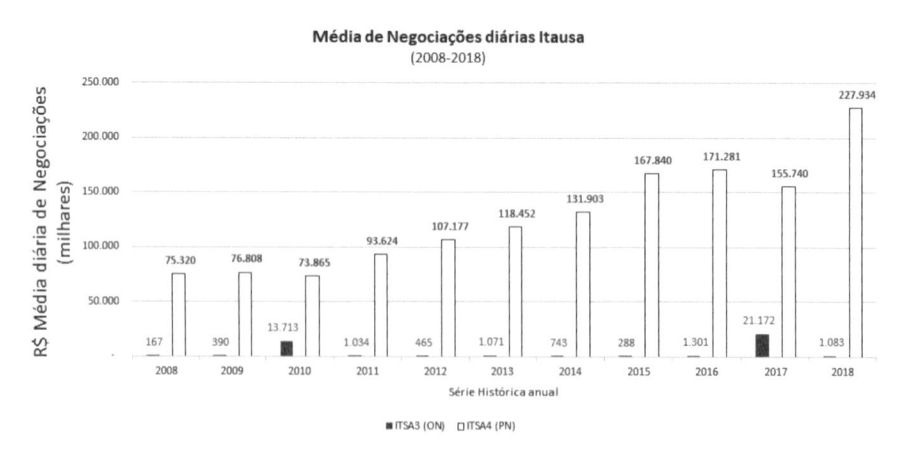

Média de Negociações diárias Itausa (2008-2018)

R$ Média diária de Negociações (milhares)

Ano	ITSA3 (ON)	ITSA4 (PN)
2008	167	75.320
2009	390	76.808
2010	13.713	73.865
2011	1.034	93.624
2012	465	107.177
2013	1.071	118.452
2014	743	131.903
2015	288	167.840
2016	1.301	171.281
2017	21.172	155.740
2018	1.083	227.934

Série Histórica anual

Fonte: Comdinheiro® – Elaborado pelo autor

No entanto, a simplificação pode levar a erros, porque outras variáveis importantes refletem no preço. Dentre os motivos, nota-se que o *free float* das ITSA3 representa apenas 36,73%. Isso significa dizer que há poucas ações ordinárias disponíveis no mercado da bolsa, o que pode influenciar o preço na relação básica de mercado entre oferta e demanda.

Em 30.04.2019

Dados Itausa	ITSA3	ITSA4
Free Float	1.061.353.293	4.491.580.126
Qtde. Ações	2.889.839.643	5.520.977.160
Free Float % sobre total ações	36,73%	81,35%
Negociações (em milhares)	265.314	55.843.868

Fonte: B3 – Elaborado pelo autor

Nota-se que a diferença de preço entre ordinária e preferencial não segue uma regra específica. Observa-se uma relação baseada na combinação de uma série de fatores que não se limitam aos indicadores: *dividend yield*, *payout* ou *free float*. Dentre os motivos, citam-se:

Possíveis razões ON > PN	Possíveis razões PN > ON
Baixo *free float* (Poucas ações ordinárias em circulação e muitas sob o poder do controlador ou tesouraria) - Oferta x Demanda.	Baixo free float (Poucas ações preferenciais em circulação e muitas sob o poder do controlador ou tesouraria).
Boas práticas de Governança Corporativa e Compliance, estimulando o investimento em ações ON.	Práticas de Governança Corporativa e Compliance duvidosas ou envolvidas em escândalos, por exemplo, estimulando o investimento em ações PN.
Direto de votar em assembleias.	Preferência na distribuição dos dividendos em relação aos detentores de ações ordinárias.
Possibilidade de alienação do controle, garantindo prêmio de 80% do valor pago aos controladores (conhecido como *tag along*).	Pouca ou nenhuma possibilidade/ expectativa de mudança de controle em operações societárias como: Fusão, incorporação ou cisão.
Payout ON maior que PN, nos casos em que o PN é restrito ao valor fixo.	Payout PN maior que ON, nos casos em que a empresa tem lucros são limitados.
Concentração de capital estrangeiro em ONs dado sua preferência nesta classe de ação.	Fuga de capital estrangeiro que detém maior porção de ordinárias, exercendo a posição de venda.
Dispersão do capital de controle da empresa. Quanto mais concentrado o controle, menor é o seu valor.	Concentração do capital de controle da empresa.
Preço da ação ordinária muito abaixo da ação preferencial, alavancando o índice "dividend yields" e o tempo de retorno da ação Payback.	Preço da ação preferencial muito abaixo da ação ordinária, alavancando o índice *dividend yields* e o tempo de retorno da ação Payback.

> **Migração ameaçada**
> A migração da empresa de fornecimento de gás Comgás para o Novo Mercado está paralisada por conta de uma discussão com um acionista minoritário a respeito do valor das ações preferenciais (sem direito a voto). O futuro da empresa está nas mãos do fundo Poland, do tradicional investidor brasileiro Luiz Alves, detentor de 40,3% das preferenciais da Comgás, ou 47% dos papéis dessa espécie em circulação no mercado.
> Em 19 de outubro, a companhia anunciou o início dos estudos sobre a adesão ao nível máximo de governança da BM&FBovespa e, em 2 de dezembro, disse ter concluído que o movimento era positivo e seria adotado. Para tanto, a Comgás informou que as preferenciais devem ser convertidas em ordinárias (com direito a voto) sem nenhum deságio, na relação de uma para uma. No passado, houve operações que embutiam desconto sobre as preferenciais, mas nunca prêmio.
> Mas o processo, que foi bem recebido pelos analistas, não encontrou a mesma receptividade com Luiz Alves, investidor de longa data da companhia. Em setembro do ano passado, 39% do patrimônio do Poland estava alocado na empresa. O fundo se beneficia dos tradicionais gordos dividendos que a empresa – controlada pela British Gas e pela Shell – costuma pagar.
> **É justamente esse o ponto de preocupação do fundo. A posição na empresa, que a valores atuais soma mais de R$ 450 milhões, é praticamente toda em ações preferenciais – que recebem 10% a mais de dividendo do que as ordinárias. Em 2011, por exemplo, o detentor da ação PN classe A recebeu R$ 4,04 em dividendos por papel, enquanto o de ON ganhou R$ 3,67 por ação, segundo a Economática.**
> **O Poland é defensor da ideia inédita de que as preferenciais deveriam valer 10% a mais que as ordinárias na relação de troca para a migração ao Novo Mercado, seguindo a lógica dos dividendos. E sem a aprovação do Poland a operação não sai.**

Fonte: Valor Econômico (06/01/2012)
Graziella Valenti e Natália Viri

8.1.3 Questões teóricas entre fluxo de caixa do acionista e fluxo de dividendos (desconto de dividendos)

Uma forma teórica para explicar e justificar a diferença de valor de classe de ações seria pela distribuição de lucros aos acionistas. No entanto, por uma série de razões, lucro não reflete necessariamente na conversão em caixa para eles. Após a apuração do lucro, parte da destinação é remetida para fins de reservas e, posteriormente, é definido se haverá retenção ou distribuição de dividendos. Existe um longo caminho até lá, como pode ser visto no quadro a seguir.

	Receita Líquida	
	- Desembolsos de Capital Operacional	
	= Lucro	
Reservas de Lucros No Brasil	- Reserva Legal	Tem como propósito compensar prejuízos e aumentar capital
	- Reserva Estatutária	Reserva específica estabelecida no Estatuto Social da Empresa
	- Reversa para Contingência	Cobertura para eventuais prejuízos futuros
	- Reversa de Lucros a realizar	Cobertura de caixa para lucros não realizados
	+ Depreciação	
	-Δ Capital de Giro	
	- CAPEX	
	Fluxo de Caixa da Firma	
	- Amortização da Dívida	
	+ Novas Emissões de Dívida	
	Fluxo de Caixa do Acionista	
Decisões de Distribuição x retenção do Caixa	- Política de estabilidade	Manutenção e equilíbrio na distribuição de dividendos para que não haja instablidade em pagamentos futuros.
	- Necessidades de Investimentos futuros	Retenção de caixa para financiar investimentos futuros
	- Fatores Fiscais	Questões particulares que restringem pagamentos de dividendos ou situações em que aguardam um melhor aproveitamento para distribuição.
	Dividendos	

8.1.4 *Case*

O caso mais comum que justifica a diferenciação de valor entre as ações pode ser explicado quando há lucro suficiente para pagamentos de dividendos mínimos preferenciais superiores aos obrigatórios. Nessa circunstância, os acionistas preferencialistas têm vantagem no recebimento de dividendos maiores que a remuneração mínima obrigatória paga aos acionistas ordinários, o que pode culminar na diferenciação de preço entre elas.

Para melhor ilustrar essa questão, suponha que a empresa tenha 50% de ações ordinárias e 50% de ações preferenciais, cuja composição do capital social é de R$ 100 milhões para 3 milhões de ações e que um fundo deseja investir nessa empresa e quer saber se as ações preferenciais justificam o preço com base nos dividendos. Admitindo que o estatuto social tenha estabelecido um percentual de 18% sobre o capital social como dividendo mínimo às PN, temos, portanto, que a empresa terá como mínimo preferencial R$ 9 milhões (18% x R$ 50 milhões).

Para tanto, o fundo projetou os lucros e dividendos para o ano 1, 2, 3 e perpetuidade da empresa com base no dividendo mínimo obrigatório de 25% sobre o lucro ajustado:

Espera-se ainda que a empresa crescerá 2% na perpetuidade.

	ANO 1	ANO 2	ANO 3	Perpetuidade
Lucro Líquido	12 milhões	22 milhões	60 milhões	160 milhões
Dividendo obrigatório -25% (Em milhões)	3,00	5,50	15,00	40,00

Adotando-se como premissa que o custo de capital próprio estimado pelo fundo é de 20%, pode-se concluir que o valor de ações ordinárias e preferenciais é determinado com base nos fluxos gerados de caixa descontados como a seguir:

	ANO 1	ANO 2	ANO 3	Perpetuidade
Lucro Líquido	12 milhões	22 milhões	60 milhões	160 milhões
Dividendo obrigatório -25% (Em milhões)	3,00	5,50	15,00	40,00
Dividendo Preferencial Mínimo - 18% x Capital preferencial	3,00	5,50	9,00	20,00
Dividendo Ordinário	0,00	0,00	6,00	20,00
Valor dos fluxos preferenciais descontados	3,00	4,58	6,25	64,30
Valor dos fluxos ordinários descontados	0,00	0,00	4,17	64,30
Taxa de desconto	20%	20%	20%	20%
Valor das ações preferenciais (milhões)	R$78,13			
Valor das ações ordinárias (milhões)	R$68,47			
Quantidade de ações preferenciais	1.500.000			
Quantidade de ações ordinárias	1.500.000			
Valor da ação preferencial (unit.)	R$52,09			
Valor da ação ordinária (unit.)	R$45,64			

Para calcular a perpetuidade, utilizou-se o modelo de Myron Gordon:

$$\text{Preço da ação no ano 4} = \frac{D}{K-g} = \frac{20}{20\%-2\%} = R\$111,11$$

Em que:
D: Dividendos
K: Taxa de desconto / Custo de Oportunidade
g: Taxa de crescimento perpétuo

Trazendo o preço da ação perpétua para o ano 1, temos:

$$\text{Preço da ação (ano 1)} = \frac{\text{Preço da Ação}}{(1+k)n} = \frac{111{,}11}{(1+20)^3} = R\$64{,}30$$

Vale destacar como a diferença de disponibilidade de caixa versus lucro líquido pode ser expressiva, pois, diferentemente do lucro, o fluxo de caixa disponível é determinante para tomada de decisão. Na disponibilidade de fluxo de caixa, cabe a companhia determinar o destino e a sua alocação de caixa: distribuição ou retenção para investimentos em imobilizado e capital de giro.

Como podemos observar, com base no que os fluxos de caixa projetados disponibilizados demonstram, há remunerações diferenciadas e, por conseguinte, diferença de valor entre ação preferencial e ordinária, cuja preferencial é superior em 14,1%.

8.2 Aquisição de controle

Em transações em que há troca do bloco de controle, as ações ordinárias são transacionadas por valor superior em relação ao valor da preferencial. Esse pagamento adicional pode ser justificado pela representatividade que o bloco passará a ter em relação aos rumos da empresa, em que o direito ao voto confere ao acionista voz ativa nas tomadas de decisões e, consequentemente, controle sobre a administração da companhia.

Então, podemos dizer que o valor do controle é dado em função da expectativa futura de administrar melhor o negócio, acreditando que na mudança de gestão é possível criar maior valor do que é criado no momento presente. Portanto, quanto maior for a diferença entre a boa e a má gestão administrativa, maior poderá ser o prêmio pago pelo controle. Nesse caso, uma empresa que tem administração precária terá potencialidade de ganho sobre o valor de controle, pois a nova administração será capaz de criar valor adicional de riqueza, uma vez que a administração atual não o fez com a máxima eficiência.

> **Valor do controle =**
> valor da empresa na administração ótima – administração da empresa na condição atual

Todavia, caberá ao investidor comprador, novo integrante do bloco de controle, entender, de maneira clara, o que de fato pode ser feito de novo como controlador. Então, cabe ao adquirente fazer uma análise estratégica perspicaz, devendo questionar-se: o que será feito melhor ou de forma diferente na nova administração para criar valor? Reduzir custos? Reestruturar dívida? Promover ganhos de sinergia operacionais entre empresas? Obviamente que se tratando de operações de Fusões e Aquisições, o comprador buscará pagar o menor valor possível por esse controle por duas razões: i) as mudanças que criarão valor serão feitas por ele; e ii) quanto mais se pagar pelo prêmio de controle, maior será a responsabilidade dos administradores para justificar o pagamento adicional.

Os reflexos da aquisição do controle não se limitam aos vetores criadores de valor. Eles vão além da aquisição do controle. À luz do artigo 254-A, a reforma da Lei das S.As. conferiu o direito de venda conjunta aos minoritários em casos de alienação de controle (*tag along*). Portanto, o adquirente do controle é obrigado a fazer oferta pública aos minoritários conforme o segmento de listagem:

Segmentos de Listagem	Concessão de *Tag Along*
Bovespa Mais	100% para ações ON
Bovespa Mais Nível 2	100% para ações ON e PN
Novo Mercado (até 28/12/2017)	100% para ações ON
Novo Mercado (a partir de 02/01/2018)	100% para ações ON
Nível 2	100% para ações One PN
Nível 1	80% para ações ON (conforme legislação)
Básico	80% para ações ON (conforme legislação)

Por certo, o novo regulamento pode ter reforçado arbitrariamente ao mercado em geral os entendimentos irracionais de que o prêmio pelo controle tem valor superior-padrão de 20% sobre o valor de uma ação minoritária ou não pertencente ao bloco de controle. No entanto, fato é que não há pesquisas nem estudos empíricos que sustentem esse percentual. Podemos, então, nos perguntar por que 80% e não 50%, 85%, 90%?

Se para os minoritários esse percentual não satisfaz, para o adquirente do controle essa obrigatoriedade pode até mesmo inviabilizar a operação de transferência. Nesse caso, a necessidade de realização da Oferta Pública de Aquisição de Ações (OPA) é contraditória aos interesses de quem vai assumir o controle e cuja intenção é investir especificamente para obtenção do controle. Do contrário, a aquisição das demais ações só faria sentido no caso em que se pretende promover o fechamento do capital ou encerramento dela no mercado.

Exemplos não faltam quando o assunto é conflito na alienação de controle:

> i) em 2011, os minoritários e o Fundo de Pensão Previ manifestaram interesse de ir à justiça quando foi anunciado o fechamento entre o grupo siderúrgico Temium com a Votorantim e a Camargo Corrêa para compra de suas participações na Usiminas com ágio de 83% sobre o preço das ações negociadas ordinárias. O fato causou polêmica e descontentamento aos detentores minoritários de ação ordinária, que entenderam ter ocorrido alienação de controle, conferindo-lhes o direito de vender sua participação com valor proporcional ao que foi estabelecido pela venda parcial do bloco de controle (*tag along*). A CVM não viu necessidade de realizar OPA, e o processo acabou sendo arquivado porque não ficou configurada a transferência do bloco de controle;

> ii) ao comprar 49,1% das ações ordinárias, a Cosan tornou-se o maior acionista individual do bloco de controle sem que figurasse alienação de controle. A aquisição das ações feita nos limites da apropriação de controle para evitar realização de OPA deflagrou a deficiência da Lei das S.As. e trouxe dúvidas aos minoritários quanto aos rumos da empresa, uma vez que a Cosan é sócia da ALL e ao mesmo tempo cliente. O prêmio pago pelo controle foi de R$ 22/ação e a ação da ALL encerrou no dia anterior cotada a R$ 10,89. Até o momento, os minoritários não contestaram a transação na CVM;

> iii) em fevereiro de 2012, a Redecard anunciou ao mercado sua intenção de sair da Bolsa e mostrou-se disposta a pagar prêmio de 9,23% sobre o preço do fechamento das ações do dia anterior ao anúncio. No entanto, no início da operação, a instituição manifestou-se

ameaçando sair do Novo Mercado caso não obtivesse adesão para o fechamento de capital. Além da preocupação em sair do mercado, a empresa pretendia reduzir possíveis conflitos de interesse entre o banco, emissor de cartões Mastercard, e os minoritários da Redecard que emitem Visa.

8.2.1 Mensuração do valor de controle

Uma alternativa sugestiva para mensurar o valor de controle seria fazendo *benchmarking* de indicadores financeiros e econômicos das empresas pares. A empresa que evidenciar melhores margens, retorno, estrutura de capital e, por conseguinte, maior capacidade de criação de valor, deve ser a empresa candidata de gestão ótima para efeitos comparativos e mensuração de valor.

Os passos para aplicação dessa alternativa compreendem:

1) avaliar a empresa no estado atual;
2) identificar empresas pares e seus devidos indicadores econômico-financeiros;
3) ranquear as melhores empresas;
4) reavaliar o negócio considerando a capacidade plena da nova administração.

Para ilustrarmos essa forma de apropriar valor ao controle, imagine que a empresa abaixo avaliada em seu *status quo* assuma as seguintes premissas:

- Receitas projetadas: R$ 35MM (Ano 1), R$ 40MM (Ano 2), R$ 67 MM (Ano 3) e R$ 73,70MM (Perpetuidade);
- A administração entrega retornos médios sobre os investimentos (ROI) em 15,6%;
- Apresenta custo médio ponderado de capital de 22% a.a.;
- A empresa tem hoje R$ 60 milhões em ativos e estima investimentos em capital de giro e imobilizado de R$ 10,28 milhões, totalizando R$ 70,28 milhões (ano 1), R$ 8,6 milhões (ano 2 – R$ 80,55 milhões); R$ 9,36 milhões (ano 3 – R$ 89,15 milhões), e R$ 5,79 milhões (perpetuidade – R$ 99,30 milhões);
- Margem Net Operating Profit After Taxes (Nopat) média de 25%;
- Crescimento na perpetuidade 1,5%.

8. A DICOTOMIA DAS AÇÕES ORDINÁRIAS E PREFERENCIAIS NO BRASIL | 265

Em milhões (R$)	ANO 1	ANO 2	ANO 3	Perpetuidade
Ativos	70,28	80,55	89,15	99,30
Receita	35,00	40,00	67,00	73,70
= NOPAT	8,75	10,00	16,75	18,43
Margem NOPAT/receita	25,0%	25,0%	25,0%	25,0%
ROI	12,5%	12,4%	18,8%	18,6%
(+) Depreciação	0,2	0,2	0,2	0,2
Investimentos	10,28	8,60	10,15	5,79
(-) Capital de giro	2,28	2,60	4,36	4,79
(-) Capex	8,00	6,00	5,79	1,00
= FCFF	(1,33)	1,60	6,8	12,8
Valor dos fluxos	(1,09)	1,07	3,75	32,12
Taxa de desconto	22%	22%	22%	22%
Valor da empresa	35,86			

Ao utilizarmos seus pares como *benchmarks* para capturar a estrutura ótima e o retorno sobre investimentos que mais satisfazem os acionistas, temos como referências as empresas Y e H.

Empresas	ROI	WACC	NOPAT
X	9,00%	19%	22%
Y	7,00%	18%	30%
Z	12,00%	20%	18%
H	25,00%	22%	12%
F	13,50%	19%	17%
T	9,20%	22%	14%

Supondo-se que uma nova administração seja capaz de administrar a firma na condição ideal fornecida pelo *benchmark*.

Em milhões (R$)	ANO 1	ANO 2	ANO 3	Perpetuidade
Ativos [19]	61,00	62,88	64,88	67,55
Receita	35,00	40,00	67,00	73,70
= NOPAT	10,50	12,00	20,10	22,11
Margem NOPAT/receita	30,0%	30,0%	30,0%	30,0%
ROI	17,2%	19,1%	31,0%	32,7%
(+) Depreciação	0,2	0,2	0,2	0,2
Investimentos	1,88	2,00	2,68	2,84
(-) Capital de giro	0,9	1,0	1,7	1,8
(-) Capex	1,0	1,0	1,0	1,0
= FCFF	8,8	10,2	17,6	19,5
Valor dos fluxos	7,48	7,33	10,73	65,82
Taxa de desconto	18%	18%	18%	18%
Valor da empresa	91,35			

---

[19] Ativos ajustados para necessidade: Ativos = NOPAT (R$) / ROI (%).

A empresa, sob o comando da nova administração, terá condições de criar valor adicional de até R$ 55 milhões, o que significa um prêmio máximo de controle de 154%. Evidentemente que a negociação comercial para aquisição de parte ou totalidade do bloco de controle tenderá a depreciar/rebaixar esse valor para que a futura administração não assuma responsabilidade de fazer algo transformacional ou revolucionário. Tornar-se soberana em todos os quesitos explícitos pelo *benchmark* é algo improvável.

Para efeitos de entendimento, vamos trazer o exemplo para o mundo prático. Imagine uma empresa do setor de comércio varejista em que o comprador precise negociar o valor máximo que estaria disposto a pagar pelo prêmio sobre o controle para fins de proposta comercial. Considerando que a empresa na situação atual apresenta margem Nopat de 9%, ROI médio de 19,2% e custo de capital WACC de 20%, qual seria o valor do controle, levando em conta a capacidade da administração ótima?

Em milhões	Data Base	ANO 1	ANO 2	Perpetuidade
Investimentos	10,00	40,00	10,00	11,00
Receita	100,00	90,00	143,00	157,30
= NOPAT	9,00	8,10	12,87	14,16
= Margem NOPAT/receita	9,00%	9,00%	9,00%	9,00%
ROI	**90,00%**	**16,20%**	**21,45%**	**19,94%**
(+) Depreciação	1,00	5,00	6,00	7,10
Investimentos	**40,00**	**10,00**	**11,00**	**12,10**
(-) Capital de giro	5,00	5,00	5,00	5,00
(-) Imobilizado	35,00	5,00	6,00	7,10
FCFF	**(30,00)**	**3,10**	**7,87**	**9,16**
Valor dos fluxos	(30,00)	2,58	5,47	31,80
Taxa de desconto	20%	20%	20%	20%
Valor da empresa	**39,84**			

- Data base: Primeiro ano de existência da empresa
- Investimentos (data base): representam os ativos totais
- ROI data base elevado em razão da maturação (90%)

Listando as empresas pares do setor, podemos identificar os melhores EBIT, ROI e WACC, conforme segue:

8. A DICOTOMIA DAS AÇÕES ORDINÁRIAS E PREFERENCIAIS NO BRASIL | 267

Indicadores de Valor – Comércio

Nome	Classe	Código	ROIC	Beta	Mrg EBIT	Kd	Taxa Livre Risco	Inflação Média Americana	Inflação Brasileira	Taxa Livre de Risco	USA Market Risk Premium	Risco Brasil	Ke	Ki	Ke %	Ki %	WACC
B2W Digital	ON	BTOW3	-0,29%	1,53	-0,45%	12,1%	5,92%	1,73%	3,75%	8,0%	4,80%	2,0%	17,36%	12,09%	36,16%	63,84%	14,00%
Battistella	ON	BTTL3	-1,11%	0,56	-0,33%	45,4%	5,92%	1,73%	3,75%	8,0%	4,80%	2,0%	12,70%	45,44%	28,64%	71,36%	36,06%
Lojas Americ	ON	LAME3	8,06%	0,86	9,60%	10,5%	5,92%	1,73%	3,75%	8,0%	4,80%	2,0%	14,15%	10,49%	48,75%	51,25%	12,27%
Lojas Americ	PN	LAME4	8,06%	0,78	9,60%	10,5%	5,92%	1,73%	3,75%	8,0%	4,80%	2,0%	13,77%	10,49%	48,75%	51,25%	12,09%
Lojas Marisa	ON	AMAR3	9,14%	1,59	10,35%	7,9%	5,92%	1,73%	3,75%	8,0%	4,80%	2,0%	17,64%	7,88%	59,48%	40,52%	13,69%
Magaz Luiza	ON	MGLU3	19,80%	1,28	6,81%	26,0%	5,92%	1,73%	3,75%	8,0%	4,80%	2,0%	16,17%	26,00%	1,39%	98,61%	25,86%
Natura	ON	NATU3	8,10%	0,68	9,25%	35,7%	5,92%	1,73%	3,75%	8,0%	4,80%	2,0%	13,30%	35,67%	24,19%	75,81%	30,26%
Profarma	ON	PFRM3	2,56%	0,99	1,46%	16,7%	5,92%	1,73%	3,75%	8,0%	4,80%	2,0%	14,79%	16,71%	56,74%	43,26%	15,62%
RaiaDrogasil	ON	RADL3	7,80%	0,35	4,58%	14,3%	5,92%	1,73%	3,75%	8,0%	4,80%	2,0%	11,69%	14,32%	4,88%	95,12%	14,19%

Ao exportarmos os melhores indicadores do setor apresentados em cinza, o valor da empresa, e consequentemente o valor do controle, pode ser capturado como segue:

Em milhões	Data Base	ANO 1	ANO 2	Perpetuidade
Investimentos	10,00	46,26	10,63	11,69
Receita	100,00	90,00	143,00	157,30
NOPAT	9,00	9,32	14,80	16,28
= Margem NOPAT/receita	9,00%	10,35%	10,35%	10,35%
ROI	90,00%	16,56%	22,13%	20,72%
(+) Depreciação	1,00	5,63	6,69	7,86
Investimentos	46,26	10,63	11,69	12,86
(-) Capital de giro	5,00	5,00	5,00	5,00
(-) Imobilizado	41,26	5,63	6,69	7,86
FCFF	(36,26)	4,32	9,80	11,28
Valor dos fluxos	(36,26)	3,85	7,80	74,26
Taxa de desconto	12,09%	12,09%	12,09%	12,09%
Valor da empresa	85,91			

Note que o valor de controle pode ser medido pela fórmula:

Valor de Controle = Valor da empresa em condições ótimas − Valor da empresa em condições atuais

Valor do controle = R$ 85,91 − R$ 39,84

Valor do controle = R$ 46,07 milhões

Na prática, o adquirente faz a avaliação dele, incorporando os benefícios que a sinergia poderá criar. Essa forma de avaliar a empresa vai muito além da simples avaliação para aquisição de controle; é uma análise estratégica de longo prazo.

Imagina agora que, em razão da complementaridade das empresas na sinergia, a adquirente seja capaz de dobrar o faturamento:

Em milhões	Data Base	ANO 1	ANO 2	Perpetuidade
Investimentos	10,00	23,90	10,63	11,69
Receita	100,00	180,00	286,00	314,60
NOPAT	9,00	18,63	29,60	32,56
= Margem NOPAT/receita	9,00%	10,35%	10,35%	10,35%
ROI	90,00%	54,96%	66,49%	57,93%
(+) Depreciação	1,00	3,39	4,45	5,62
Investimentos	6,00	8,39	9,45	10,62
(-) Capital de giro	5,00	5,00	5,00	5,00
(-) Imobilizado	1,00	3,39	4,45	5,62
FCFF	4,00	13,63	24,60	27,56
Valor dos fluxos	4,00	12,16	19,58	181,44
Taxa de desconto	12,09%	12,09%	12,09%	12,09%
Valor da empresa	213,18			

Agora, com esse cenário, o valor da empresa em relação ao valor original passou de R$ 39 milhões para R$ 213 milhões (435%). Evidentemente que esse valor não será apresentado nem ofertado ao vendedor. Dependendo da relação entre as partes, o adquirente pode ceder entre o valor gerado pela administração ótima e pelo valor de ganhos de sinergia se entender que é vantajoso em termos de crescimento inorgânico.

CONSIDERAÇÕES FINAIS

- Os preços das ações ordinárias e preferenciais devem ser sempre analisados e comparados com certa parcimônia. Considerar apenas o *dividend yield* ou governança não é suficiente para concluir se uma ação está cara ou barata. É preciso sempre analisar um conjunto de dados, que podem variar muito de empresa para empresa.
- Em caso de alienação de controle, naturalmente os majoritários buscarão com o adquirente formas e possibilidades para evitar o pagamento pelo prêmio de controle aos minoritários (*tag along*).
- A padronização de 20% ou 30% como prêmio de controle é um equívoco. Não existe sustentação para prêmios de controle. Não se pode tratar como algo genérico ou padronizado. Cada caso é um caso.

REFERÊNCIAS

A vantagem das PNs: o dividendo fixo e mínimo. Blog: O Estrategista – Mestre em economia pela FGV, economista pela UFRJ e advogado pela OAB-RJ: André Rocha.

Entre ações ON e PN, o investidor deve escolher sempre as ON? 28/10/2011. Blog: O Estrategista – Mestre em economia pela FGV, economista pela UFRJ e advogado pela OAB-RJ: André Rocha.

Dividendo é importante, mas não é tudo. 24/06/2013. Blog: O Estrategista – Mestre em economia pela FGV, economista pela UFRJ e advogado pela OAB-RJ: André Rocha.

Faz sentido investir em ações com distribuição de dividendos elevada? Blog O Estrategista – Jornalista: André Rocha.

Disponível em: <https://www.valor.com.br/valor-investe/o-estrategista. 12/09/2011>.

ASSAF NETO, A. *et al*. **Dividendos Teoria e Prática.** Editora Inside Books.

DAMODARAN, Aswath. **Avaliação de Empresas**. 2 ed. Ed. Pearson.

_____. **Avaliação de Investimentos**. 5ª Reimpressão – Ed. Qualitymark.

Artigo 25 de julho de 2015: Os **fatores determinantes do pagamento de dividendos**: o efeito do obrigatório mínimo legal e contratual das empresas brasileiras – Daniel Francisco Vancin* e Jairo Laser Procianoy**.

Quantitative Research – High Yield, Low Payout – Credit Suisse, *Pankaj N. Patel, CFA, Souheang Yao, Heath Barefoot Research Analyst*.

Gordon, Myron J. Optimal Investment and Financing Policy. **Journal of Finance** 18, 264-272. 1963

Lintner, John. **Dividends, Earnings, Leverage, Stock Prices and Supply of Capital to Corporations, The Review of Economics and Statistics** 64, 243-269. 1962.

9

ÁRVORE DE DECISÃO EM FUSÕES E AQUISIÇÕES

Rica pela floração, a cerejeira japonesa encanta por sua beleza exuberante. Além de ser uma árvore que simboliza o Japão, também é famosa por suas ramificações. Fazendo um paralelo com essa árvore milenária, pode-se afirmar que, em Fusões e Aquisições (F&A), de forma mental ou intuitiva, se desenha a diagramação de uma árvore de decisão com muitas possibilidades, parecida com as ramificações da cerejeira.

As partes envolvidas no processo de F&A não contemplam em sua rotina o escrutínio das oportunidades e ameaças de maneira estratégica. A rigor são discutidos, analisados, mas os riscos e as oportunidades possíveis no desdobramento de uma eventual transação não são auferidos.

Quem compra ou vende uma empresa sabe que o valor do negócio não está meramente associado aos ativos físicos presentes. Tampouco se limita aos fluxos normais de caixa futuros provenientes dos seus negócios atuais.

Há oportunidades não exercidas do lado de quem vende a empresa. E, do lado do futuro adquirente, a tese de investimento implica inúmeras possibilidades, entre elas, ganhos de sinergia para criação de valor.

Muitas negociações não seguem adiante porque o vendedor deseja considerar as oportunidades que ainda não foram exercidas. Por exemplo: ele tem a possibilidade do lançamento de um produto com chances de ser um grande sucesso ou um grande fracasso, de tal modo que, se vender a empresa, transferirá a oportunidade para o adquirente.

Embora possa ser uma verdade, o potencial comprador não contempla essa possibilidade, porque ainda é algo não materializado. Então, as incertezas ou oportunidades não são incorporadas ao preço proposto pelo comprador.

Obviamente que, em situações como essa, é necessário encontrar caminhos para negociação, de modo a conhecer as implicações das decisões que dela podem derivar. Um proprietário de uma empresa pode ter uma percepção de valor que diverge totalmente do potencial adquirente. Este, por sua vez, pode subavaliar e até mesmo declinar da aquisição, mas, ao fazer isso, deve medir o que perderá ou ganhará caso a aquisição não se efetive.

Nesse contexto, a proposta deste capítulo visa a apresentar a contribuição de uma árvore de decisão baseada especificamente em situações em que há possibilidades de:

I. **criação de valor:** de posse dos elementos que são direcionadores de valor, o administrador pode tomar decisões estratégicas dentro de um leque de escolhas que estão à sua disposição como, por exemplo: ampliar a fábrica, lançar um produto, tomar empréstimos, desinvestir em determinado produto, realocar colaboradores etc.;

II. **vender uma empresa (*sell side*):** o proprietário cotista/acionista pode mapear estrategicamente os valores que pode ter com a venda da empresa baseado em inúmeras vertentes positivas e negativas. Dentre as negativas, estão descontos, retenções, fechamento de preço desfavorável etc. E positivas estão isenção de retenções, fechamento de preço favorável, reversão de créditos etc.; e

III. **comprar uma empresa (*buy side*):** o adquirente de uma empresa pode mapear estrategicamente as possibilidades que ele pode ter com a aquisição, considerando as vertentes positivas e negativas também. As negativas são: pagar um preço alto na aquisição, não obter os ganhos de sinergia esperados etc. As positivas são: pagar o preço mínimo, obter ganhos de sinergia etc.

9.1 Árvores de decisão

São modelos gráficos que representam o processo decisório ao longo da vida de um projeto e que são aplicados em situações em que há incertezas. Dizem respeito a uma sequência de decisões e eventos incertos aos quais o projeto está exposto, permitindo, assim, que a melhor estratégia (sequência ótima de decisões) seja encontrada em face de todas as incertezas e os resultados possíveis.

Os passos para criação de uma árvore de decisão compreendem:

1. definição do problema;
2. identificação das alternativas a serem consideradas;
3. identificação dos eventos futuros decorrentes das alternativas escolhidas;
4. representação gráfica com as alternativas (ramificações);
5. estimativa das probabilidades de ocorrência de cada evento futuro;
6. determinação dos valores finais das alternativas;
7. tomada de decisão.

Com uma árvore de decisão modelada, o tomador de decisão tem maior facilidade de compreensão das suas possibilidades e pode medir o reflexo que as suas escolhas terão. É importante salientar que as escolhas feitas não garantirão os resultados esperados, mas os modelos de árvore de decisão ajudam muito a entender o todo.

Situações atípicas, novos eventos ou restrições podem afetar o modelo construído. Às vezes uma alternativa pode ser mais atraente, mas, em razão da restrição de caixa, ela é abortada. Nessas circunstâncias, é recomendado refazer o modelo ou mesmo medir os impactos de tais eventos.

Em alguns casos, o evento tende a seguir para um caminho de inflexibilidade (contratos, obrigações etc.), então é importante incorporar ao modelo da árvore de decisão os resultados para esses eventos.

Para fins de exemplificação, será demonstrada a ferramenta *Precision Tree* da Palisade nos itens 9.1.1, 9.1.2 e 9.1.3. A sequência de decisões e resultados incertos que se desdobram com o decorrer do tempo são fundamentais em três convenções na árvore de decisão:

Símbolos	Definições
●	Resultados incertos ocorrem nos nós de probabilidade, representados por círculos. Os ramos que saem de um nó de probabilidade representam todos os resultados que poderiam ocorrer naquele momento; a soma das respectivas probabilidades precisa ser igual a 1.
◀	Os triângulos azuis são chamados de nós terminais. Eles indicam que todas as decisões foram tomadas e que todos os resultados incertos foram observados.
■	As decisões são tomadas nos nós de decisão, representados por quadrados. Os ramos que saem de um nó de decisão representam todas as escolhas possíveis do tomado da decisão naquele momento.

É importante destacar que o tempo corre sempre da esquerda para a direita; eventos à direita ocorrem depois dos eventos à esquerda.

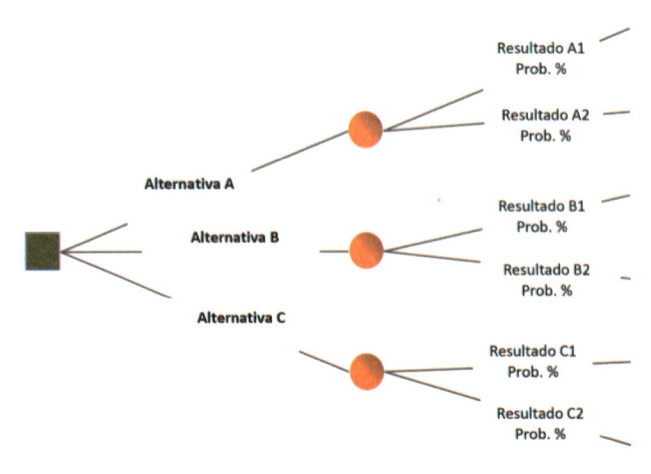

Para entendimento de como calcular uma árvore de decisão utilizando o exemplo acima, imagine que há três alternativas de investimento para um determinado administrador:

Alternativa A: investimento de R$ 40 milhões;
Alternativa B: investimento de R$ 60 milhões;
Alternativa C: investimento de R$ 100 milhões.

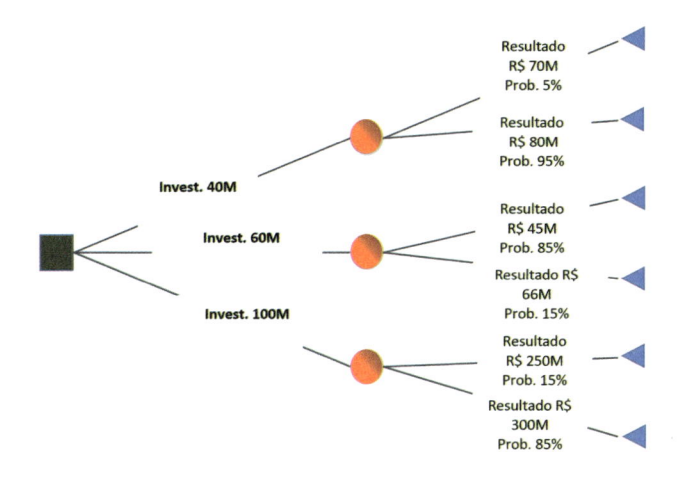

INVESTIMENTO A
Retorno = -40M + (70M x 5%) + (80M x 95%) = 39,5M

INVESTIMENTO B
Retorno = -60M + (45M x 5%) + (66M x 95%) = -11,85M

INVESTIMENTO C
Retorno = -100 x (250M x 15%) + (300 x 85%) = 192,5M

Dentre os três projetos, o C demonstrou ser o mais atraente. É sempre importante, porém, entender o quanto o investidor está disposto a assumir risco. Nesse exemplo, o investimento necessário para o projeto C é o mais alto.

Para efeitos de exemplificação, adiante serão apresentadas três situações relacionadas: i) na criação de valor, o empresário explora as alternativas de investimento que possui; ii) no *sell side* modela-se a resultante de uma eventual venda; e, por fim, iii) no *buy side*, o adquirente estipula os ganhos que poderá ter ao fazer a aquisição ou investir para concorrer diretamente.

	Alternativas
Criação de Valor	Abertura de novas lojas, lançamento de produtos, investimento em E-commerce
Sell side	Possibilidade de venda da empresa com o investimento em novas lojas, riscos de *Due diligence*, etc
Buy side	Possibilidade de comprar a empresa com diferentes preços, desistência da aquisição, investimento e concorrência direta etc.

9.1.1 – Criação de valor

O papel de todo administrador é tomar decisões criadoras de valor para entidade. Não importa a empresa ser muito lucrativa se não for capaz de criar valor. Entende-se por criação de valor a capacidade que a companhia tem de remunerar o acionista acima do custo de oportunidade que ele exige ao investir na empresa.

Segundo Assaf Neto:

> *"O valor é criado ao acionista somente quando as receitas operacionais superam todos os dispêndios (custos e despesas) incorridos, inclusive o custo de oportunidade do capital próprio. Nesse caso, o valor da empresa excederia o de realização de seus ativos (investimentos), indicando esse resultado adicional uma agregação de riqueza pelo mercado conhecida por Market Value Added (MVA) ou goodwill."*

O processo decisório em finanças consiste no pilar de investimentos e financiamentos. Sem se estender sobre cada uma das possibilidades, será apresentado um exemplo de árvore de decisão de investimentos com restrição orçamentária e economicamente independentes chamado de Case Eletro Varejo.

Os tipos de investimentos são, a saber:

- **inter-relacionados:** a aceitação de investir interfere nos demais, podendo ser de forma positiva ou negativa;
- **restrição orçamentária:** quando não há caixa para investir em todos projetos independentemente da rentabilidade que apresentem. Dessa forma, restringem investimentos em um ou mais projetos em detrimento de outros;

- **excludentes:** a aceitação de um projeto elimina a possibilidade de investir em outro.

Case Eletro Varejo

A Eletro Varejo S.A., detentora de uma rede de lojas voltadas para venda de produtos eletroeletrônicos, necessita saber quais investimentos têm maior chance de criar valor. Sabendo que o caixa é limitado e as oportunidades disponíveis para o orçamento são abertura de dez lojas, lançamento de um novo produto (marca própria) ou expansão de vendas com abertura do *e-commerce*, os investimentos mínimos necessários para execução são:

a. Abertura de dez lojas: a arquiteta informou que os gastos estimados com a obra serão de R$ 50 milhões, no entanto, considera que poderá haver variações ou mudanças de projeto que podem representar redução ou aumento de 10%. A estratégia de expansão das lojas está voltada para produtos complementares que hoje não são vendidos na Eletro Varejo.

O VPL esperado é de R$ 70 milhões, proveniente dos fluxos de caixa positivos de R$ 120 milhões menos o investimento em Capex de R$ 50 milhões. No entanto, há que considerar que as chances do sucesso esperadas são de 70%. Na contrapartida, existe a possibilidade de 30% de a abertura das lojas ser um fracasso (-R$ 50mi + R$ 10mi). Dessa forma, espera-se, pela média ponderada, obter o retorno de R$ 37 milhões (R$ 70 milhões x 70%–R$ 40 milhões x 30%).

É válido lembrar que, no limite de VPL igual a zero, o projeto ainda é atraente. Afinal o custo mínimo exigido pelo investidor estaria sendo remunerado. Todavia, o modelo de árvore de decisão visa a identificar qual é o projeto mais atraente.

Ao analisar essa árvore de decisão, deve-se perguntar: a Eletro Varejo S.A. sobreviveria se o projeto viesse a fracassar? Se a resposta for negativa, cabe ao investidor repensar sobre o investimento. Portanto, conhecer quais são as suas reais condições de alocar recursos depende do perfil e das condições de cada indivíduo. Aqui no exemplo, a empresa pode perder R$ 40mi ou ganhar R$ 70 mi.

b. Lançamento de um novo produto (marca própria): o departamento de marketing estima que serão necessários investimentos da ordem de R$ 22 milhões e, dependendo do canal de publicidade, os custos podem aumentar 50%. Também estão considerando a possibilidade de desconto de 10%, caso seja feita na emissora de rádio parceira da Eletro Varejo. Nesse caso, estão sujeitos aos horários e às janelas de disponibilidade dos programas.

O VPL esperado é de R$ 143 milhões, proveniente dos fluxos de caixa positivos de R$ 165 milhões menos o investimento em Capex de R$ 22 milhões. No entanto, há que considerar que as chances do sucesso esperadas são de 30%. Na contrapartida, existe a possibilidade de 70% de o lançamento do produto fracassar. Dessa forma, espera-se, pela média ponderada, obter o retorno de R$ 29,8 milhões (R$ 143 milhões x 30%–R$ 18,6 milhões x 70%).

c. Expansão de vendas com abertura do e-commerce: a área de TI não conseguiu definir o investimento em *e-commerce* com os desenvolvedores de web na região, mas estima entre R$ 70 milhões e R$ 77 milhões. Dependendo do prazo, o Departamento de TI informou que, caso tenha disponibilidade em razão de ociosidade, poderá fazê-lo internamente, reduzindo o investimento de forma drástica (R$ 63 milhões). Todavia, a área informou que não tem todas as habilidades necessárias para atender aos requisitos de um *e-commerce*.

O VPL esperado é de R$ 115 milhões, proveniente dos fluxos de caixa positivos de R$ 185 milhões menos o investimento em Capex de R$ 70 milhões. No entanto, há que considerar que as chances de sucesso esperadas são de 55%. Na contrapartida, existe a possibilidade de 45% de o e-commerce fracassar. Dessa forma, espera-se, pela média ponderada, obter o retorno de R$ 34,9 milhões (R$ 115 milhões x 55%–R$ 63 milhões x 45%).

```
Eletro Varejo SA ──────┐
                       │   Decisão
                       ■   R$34.900.000,00
                       │                        ┌── Sucesso ── 55,0%
                       │                        │              R$185.000.000,00
                       │          VERDADEIRO    │
                       └── E-Commerce ──●── Probabilidade
                           -R$70.000.000,00     R$34.900.000,00
                                                │
                                                └── Fracasso ── 45,0%
                                                               R$7.000.000,00
```

Inicialmente, considerando os valores de base de investimentos, probabilidade de ocorrência dos eventos e fluxos, temos:

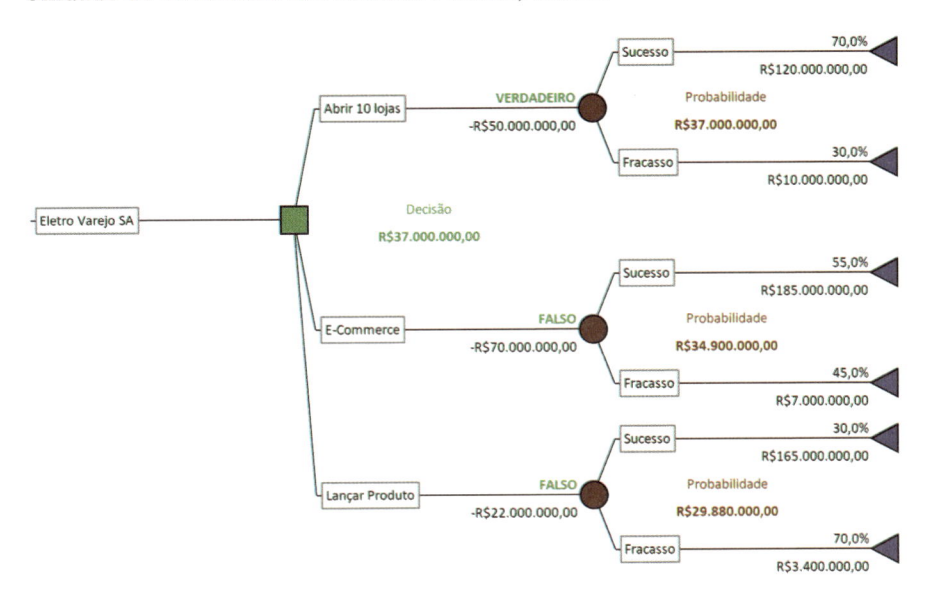

```
                                                      ┌── Sucesso ── 70,0%
                                                      │              R$120.000.000,00
                                       VERDADEIRO     │
                         ┌── Abrir 10 lojas ──●── Probabilidade
                         │   -R$50.000.000,00         R$37.000.000,00
                         │                            │
                         │                            └── Fracasso ── 30,0%
                         │                                           R$10.000.000,00
                         │
Eletro Varejo SA ────────┤   Decisão
                         ■   R$37.000.000,00
                         │                            ┌── Sucesso ── 55,0%
                         │                            │              R$185.000.000,00
                         │                 FALSO      │
                         ├── E-Commerce ──●── Probabilidade
                         │   -R$70.000.000,00         R$34.900.000,00
                         │                            │
                         │                            └── Fracasso ── 45,0%
                         │                                           R$7.000.000,00
                         │
                         │                            ┌── Sucesso ── 30,0%
                         │                            │              R$165.000.000,00
                         │                 FALSO      │
                         └── Lançar Produto ──●── Probabilidade
                             -R$22.000.000,00         R$29.880.000,00
                                                      │
                                                      └── Fracasso ── 70,0%
                                                                     R$3.400.000,00
```

Ao analisar as probabilidades de ocorrência de cada projeto, é possível observar pela árvore de decisão qual projeto tem maior chance de sucesso.

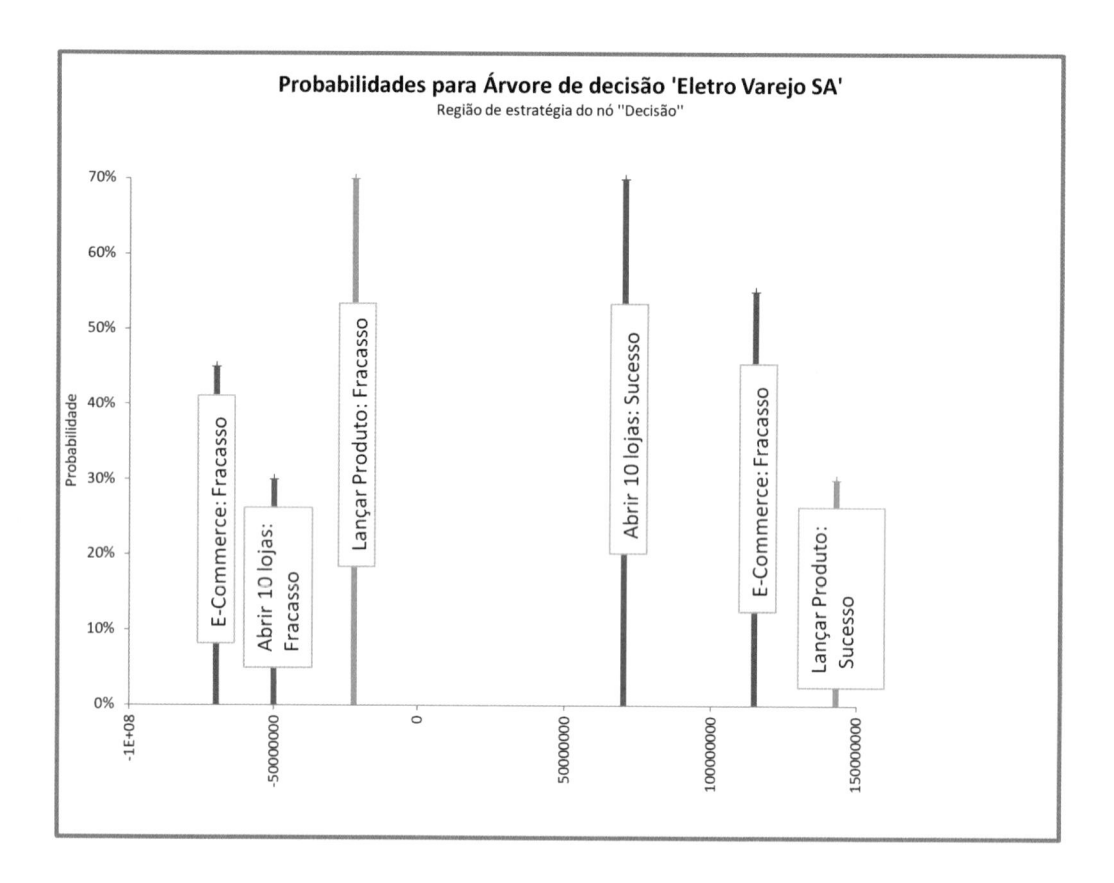

Probabilidades para Árvore de decisão 'Eletro Varejo SA'
Região de estratégia do nó "Decisão"

A possibilidade de abrir dez lojas se manteve como a melhor opção, mesmo havendo possibilidades de redução ou aumento de investimentos entre as opções, conforme apresentado no gráfico. Mas se não existirem necessidades incrementais na abertura das lojas, a rentabilidade desse investimento passará a perder para outros, como pode ser visto no gráfico de tornado a seguir.

Dependendo das limitações financeiras, novos modelos devem ser construídos. Projetos que demandam grandes quantidades de investimentos devem ser revistos. Por exemplo, o projeto de *e-commerce*, embora tenha maiores chances de fracasso, a necessidade de capital é menor em face dos demais projetos.

9. ÁRVORE DE DECISÃO EM FUSÕES E AQUISIÇÕES | 281

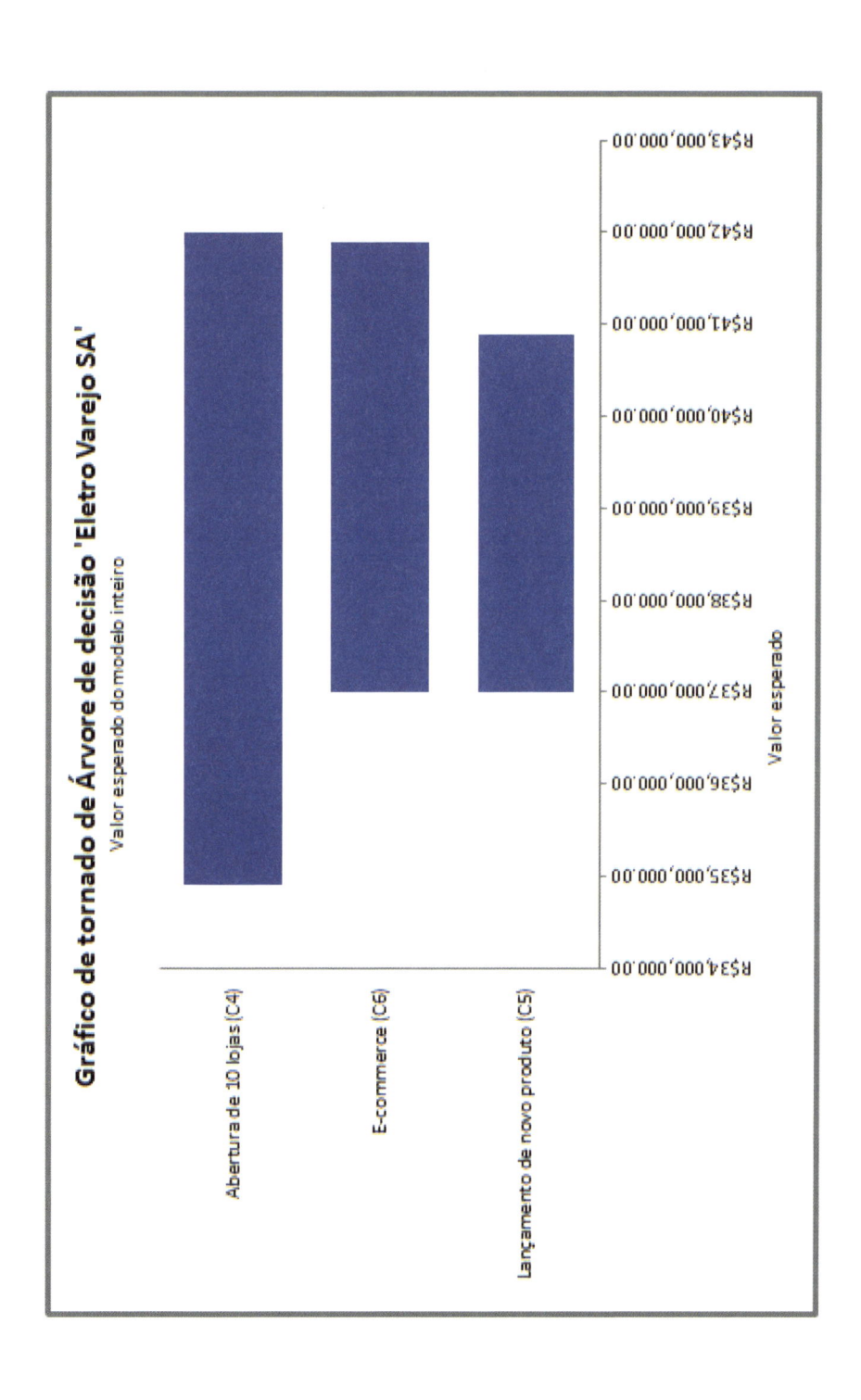

Gráfico de tornado de Árvore de decisão 'Eletro Varejo SA'
Valor esperado do modelo inteiro

Variável	Valor esperado
Abertura de 10 lojas (C4)	R$35,000,000.00 – R$42,000,000.00
E-commerce (C6)	R$37,000,000.00 – R$42,000,000.00
Lançamento de novo produto (C5)	R$37,000,000.00 – R$41,000,000.00

Dados do gráfico de radar							
Árvore de decisão 'Eletro Varejo SA' (Valor esperado do modelo inteiro)							
			Variação do input			Variação do output	
Nome do input	Célula	Etapa	Valor	Mudança	Mudança (%)	Valor	Mudança	Mudança (%)
Abertura de 10 lojas (C4)	C4	1	(55,000,000.00)	(5,000,000.00)	-10.00%	34,900,000.00	(2,100,000.00)	-5.68%
		2	(54,000,000.00)	(4,000,000.00)	-8.00%	34,900,000.00	(2,100,000.00)	-5.68%
		3	(53,000,000.00)	(3,000,000.00)	-6.00%	34,900,000.00	(2,100,000.00)	-5.68%
		4	(52,000,000.00)	(2,000,000.00)	-4.00%	35,000,000.00	(2,000,000.00)	-5.41%
		5	(51,000,000.00)	(1,000,000.00)	-2.00%	36,000,000.00	(1,000,000.00)	-2.70%
		6	(50,000,000.00)	-	0.00%	37,000,000.00	-	0.00%
		7	(49,000,000.00)	1,000,000.00	2.00%	38,000,000.00	1,000,000.00	2.70%
		8	(48,000,000.00)	2,000,000.00	4.00%	39,000,000.00	2,000,000.00	5.41%
		9	(47,000,000.00)	3,000,000.00	6.00%	40,000,000.00	3,000,000.00	8.11%
		10	(46,000,000.00)	4,000,000.00	8.00%	41,000,000.00	4,000,000.00	10.81%
		11	(45,000,000.00)	5,000,000.00	10.00%	42,000,000.00	5,000,000.00	13.51%
E-commerce (C6)	C6	1	(77,000,000.00)	(7,000,000.00)	-10.00%	37,000,000.00	-	0.00%
		2	(75,600,000.00)	(5,600,000.00)	-8.00%	37,000,000.00	-	0.00%
		3	(74,200,000.00)	(4,200,000.00)	-6.00%	37,000,000.00	-	0.00%
		4	(72,800,000.00)	(2,800,000.00)	-4.00%	37,000,000.00	-	0.00%
		5	(71,400,000.00)	(1,400,000.00)	-2.00%	37,000,000.00	-	0.00%
		6	(70,000,000.00)	-	0.00%	37,000,000.00	-	0.00%
		7	(68,600,000.00)	1,400,000.00	2.00%	37,000,000.00	-	0.00%
		8	(67,200,000.00)	2,800,000.00	4.00%	37,700,000.00	700,000.00	1.89%
		9	(65,800,000.00)	4,200,000.00	6.00%	39,100,000.00	2,100,000.00	5.68%
		10	(64,400,000.00)	5,600,000.00	8.00%	40,500,000.00	3,500,000.00	9.46%
		11	(63,000,000.00)	7,000,000.00	10.00%	41,900,000.00	4,900,000.00	13.24%
Lançamento de novo produto (C5)	C5	1	(24,200,000.00)	(2,200,000.00)	-10.00%	37,000,000.00	-	0.00%
		2	(22,880,000.00)	(880,000.00)	-4.00%	37,000,000.00	-	0.00%
		3	(21,560,000.00)	440,000.00	2.00%	37,000,000.00	-	0.00%
		4	(20,240,000.00)	1,760,000.00	8.00%	37,000,000.00	-	0.00%
		5	(18,920,000.00)	3,080,000.00	14.00%	37,000,000.00	-	0.00%
		6	(17,600,000.00)	4,400,000.00	20.00%	37,000,000.00	-	0.00%
		7	(16,280,000.00)	5,720,000.00	26.00%	37,000,000.00	-	0.00%
		8	(14,960,000.00)	7,040,000.00	32.00%	37,000,000.00	-	0.00%
		9	(13,640,000.00)	8,360,000.00	38.00%	38,240,000.00	1,240,000.00	3.35%
		10	(12,320,000.00)	9,680,000.00	44.00%	39,560,000.00	2,560,000.00	6.92%
		11	(11,000,000.00)	11,000,000.00	50.00%	40,880,000.00	3,880,000.00	10.49%

9.1.2 Possibilidade de venda (*sell side*)

Quando uma empresa tem possibilidade de ser vendida, deve-se lembrar que existem inúmeras etapas até o fechamento. Muitos ajustes resultam em perdas ou ganhos. Os desdobramentos dos eventos dependem da tomada de decisões que o controlador ou administrador tem entre as opções.

Case Eletro Varejo S.A. (vendedor)

Voltando ao exemplo da Eletro Varejo S.A., considere agora que existe a possibilidade de vender a empresa para um grupo chamado Max Shop. Temendo perder uma oportunidade, o fundador contratou um assessor financeiro.

Dentre as possibilidades que o fundador da Eletro Varejo S.A. tem, estão não vender e a de investir na abertura das dez lojas. A abertura das dez lojas promoverá criação de valor estimado em R$ 34 milhões (máximo).

O assessor financeiro apresentou a árvore de decisão, na qual contemplou:

- possibilidade de venda com ou sem a expansão futura de dez lojas;
- descontos e retenções provenientes do trabalho de *due diligence*;
- tributação sobre ganho de capital;
- probabilidade de ocorrência dos eventos.

Estratégia

O *valuation* da Eletro Varejo SA (sem as lojas) foi estimado a seguir:

Condições	Mínimo	Máximo	Média
Fechamento de preço Eletro Varejo	R$ 241 milhões	R$ 275 milhões	R$ 258 milhões

O assessor financeiro alinhou com o fundador que iniciará as negociações em R$ 292 milhões, considerando o valor médio da empresa (R$ 258mi), mais a ideia de expansão de dez lojas com atividades complementares (R$ 34mi). Caso o comprador não demonstre interesse, será apresentada a proposta de venda sem as lojas, mas propostas abaixo de R$ 241 milhões não serão aceitas.

Pelas conversas iniciais que o assessor teve com o interessado, há uma possibilidade de 80% de fechar a venda com a expansão das lojas. Estima-se, contudo, que não pagarão R$ 34 milhões por esse investimento.

Existe também a possiblidade de a negociação culminar no fechamento pelo mínimo aceitável definido pela média de R$ 258 milhões.

O fundador aceitou, no limite, vender a empresa por R$ 241 milhões, porém, informou que não aceitará *non compete* para sua nova ideia de expansão de novas lojas. Ele reforça que a atividade não competirá diretamente com os produtos da Via Eletro, pois trata-se de produtos não concorrenciais.

O assessor financeiro também elaborou algumas simulações de quais podem ser as propostas e os desdobramentos de uma negociação:

Propostas

i) Proposta inicial esperada entre R$ 240 e R$ 292 milhões com as lojas, sendo 90% a chance de receber a proposta de R$ 280 milhões; e ii) proposta de R$ 260 milhões, mais R$ 23 milhões adicionais pelas lojas.

Desdobramentos (*Due diligence* – Retenções, descontos etc.)

O assessor financeiro informou ao fundador que há contencioso trabalhista e fiscal que enseja risco para os futuros adquirentes. Segundo ele, há possibilidade de retenção e descontos mediante apontamentos que serão feitos pela *due diligence*. Além disso, estima-se que o imposto de renda sobre ganho de capital na alienação dos bens e direitos corresponda à alíquota de 22,5% na alienação de cotas (ver capítulo 5).

Região de estratégia de Árvore de decisão 'Negociação'
Valor esperado do nó 'Decisão'
Com variação de Valor de ramo 'Vender Eletro Varejo' do nó 'Decisão'

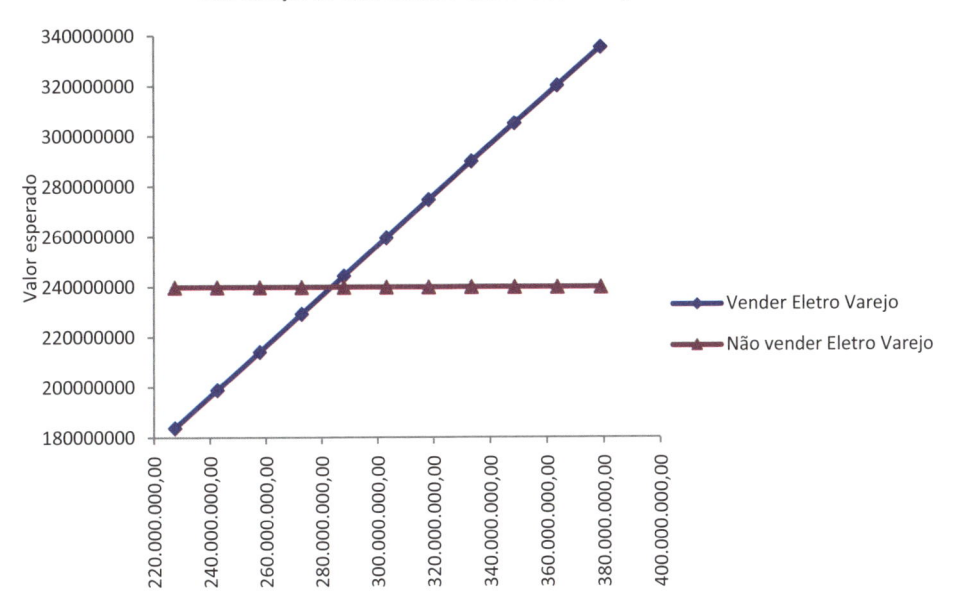

O consultor esboçou a árvore de decisão ante as hipóteses de venda da empresa. Para tanto, definiu algumas premissas:

- valor inicial esperado entre R$ 241 milhões e R$ 292 milhões;
- inserção de nós de probabilidade de ocorrência;
- estimativa de riscos trabalhistas, ambientais, fiscais; (*)
- estimativa de retenção ante passivos ocultos. (*)

(*)

	Passivos Ocultos Significativos	Poucos Riscos e Contingências	Nenhum Passivo Oculto
Retenções e Descontos	**-18**	**-9**	**-**
Riscos Trabalhistas	-1	-1	-
Riscos Fiscais	-5	-3	-
Riscos Ambientais	-2	0	-
Escrow / Hold-Back	-10	-5	-

286 | AVALIAÇÃO DE EMPRESAS

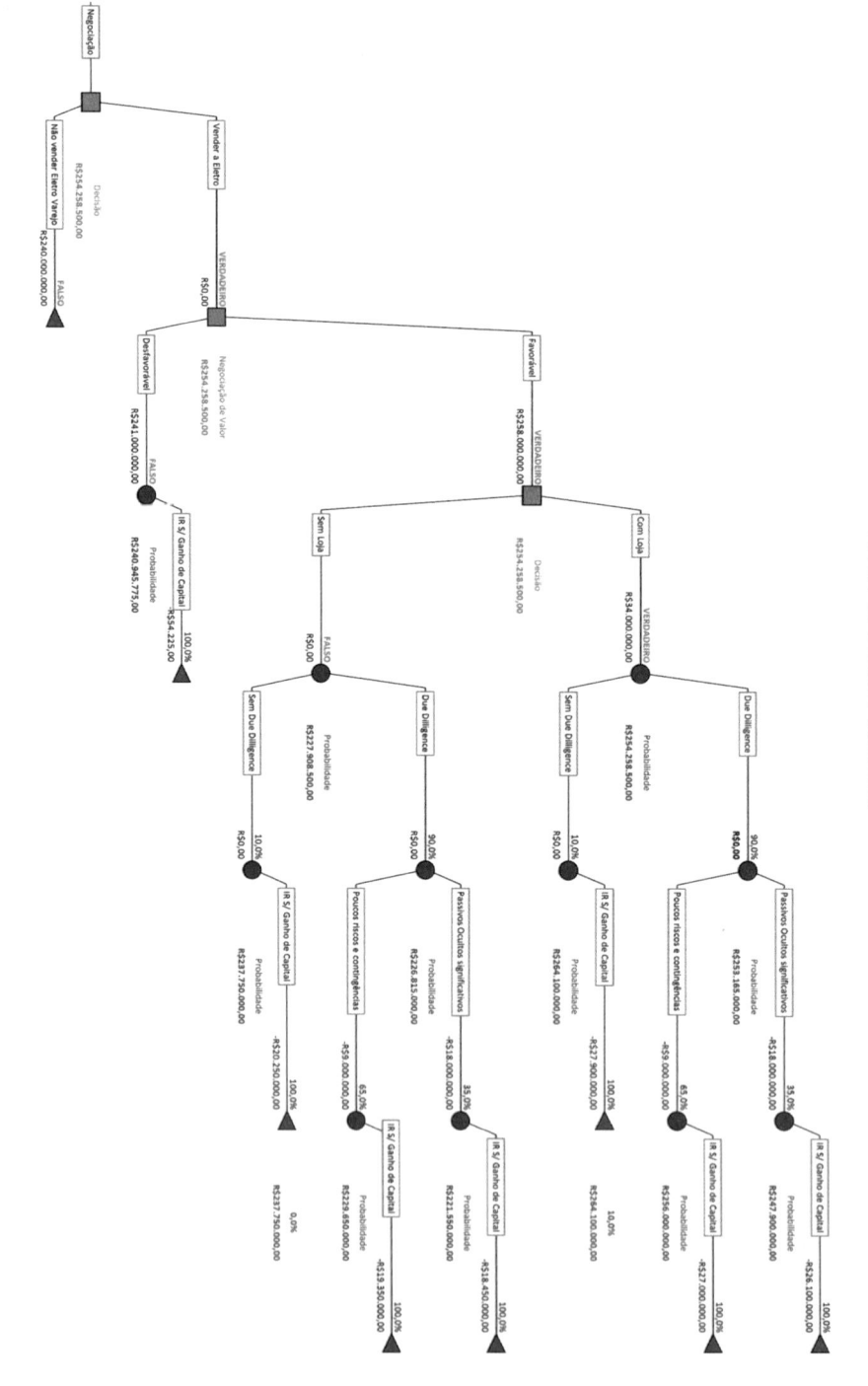

Árvore de Decisão Vendedor

Desse modo, o valor de *cash-out* (o montante que receberá em dinheiro) que o fundador receberá é resultado de descontos, retenções e tributação como segue abaixo (segundo estimativas internas).

Negociação com as lojas (Em milhões)

	Passivos Ocultos Significativos	Poucos Riscos e Contingências	Nenhum Passivo Oculto
(a) Fechamento de Preço	292	292	292
(b) Retenções e Descontos	**-18**	**-9**	**-**
Riscos Trabalhistas	-1	-1	-
Riscos Fiscais	-5	-3	-
Riscos Ambientais	-2	0	-
Escrow / Hold-Back	-10	-5	-
(c) Ajuste de Preço (a-b)	274	283	292
(d) Escrow/ *Hold-back*	10	5	-
(e) Base de Cálculo Ganho IR (c+d)	284	288	292
(f) PL (Valor Contábil)	168	168	168
(g) Ganho de Capital (e-f)	116	120	124
Imposto (22,5%)	-26	-27	-28
Cash out	**248**	**256**	**264**

Negociação sem as lojas (Em milhões)

	Passivos Ocultos Significativos	Poucos Riscos e Contingências	Nenhum Passivo Oculto
(a) Fechamento de Preço	258	258	258
(b) Retenções e Descontos	**-18**	**-9**	**-**
Riscos Trabalhistas	-1	-1	-
Riscos Fiscais	-5	-3	-
Riscos Ambientais	-2	0	-
Escrow / Hold-Back	-10	-5	-
(c) Ajuste de Preço (a-b)	240	249	258
(d) Escrow/ *Hold-back*	10	5	-
(e) Base de Cálculo Ganho IR (c+d)	250	254	258
(f) PL (Valor Contábil)	168	168	168
(g) Ganho de Capital (e-f)	82	86	90
Imposto (22,5%)	-18	-19	-20
Cash out	**222**	**230**	**238**

Observação:

> Muitas vezes o negócio deixa de ser fechado em razão dos valores desconhecidos que serão descontados ou retidos. Os trabalhos de *due diligence,* somados a questões tributárias na alienação de controle, desestimulam muitas transações e, por vezes, as inviabilizam.
>
> Note que os descontos implicaram redução na base de cálculo sobre o ganho de capital. No entanto, o dinheiro retido para fins de garantias permanecerá em uma conta bancária até que todos os riscos envolvidos na operação prescrevam. É recomendável que seja estabelecido em contrato que o montante retido como *escrow account* seja reconhecido apenas no efetivo do pagamento, reduzindo tributos sobre um valor que poderá ser ainda abatido ao longo do tempo de retenção.

9.1.3 Possibilidade de compra (*buy side*)

De acordo com a definição de mercado, basicamente existem dois tipos de interessados em comprar uma empresa: o investidor financeiro ou o estratégico. O adquirente investidor financeiro é o sujeito ou fundo que aporta recursos e auxilia na administração de modo que espera obter melhores retornos com suas ações. Geralmente são fundos de *venture capital* ou *private equity*. Já o estratégico é aquele investidor, concorrente ou não, que, além de adquirir parte da empresa ou sua totalidade, busca criar valor por meio da sua experiência em atividade correlata. Diferentemente do papel do investidor financeiro, não tem intenção de vender a empresa (sair).

Algumas razões justificam o investidor estratégico comprar uma empresa, dentre elas: i) estágio de maturação completa; ii) vivência em fase de declínio; iii) ganhos de sinergia; iv) internacionalização; v) barreiras à entrada no mercado; e vi) *market share* (participação, alvo – torna-se líder etc.).

Quando o investidor estratégico decide empreitar na tentativa da aquisição, tem como condição preliminar que "construir" uma nova empresa para concorrer é mais caro do que comprar a empresa concorrente. Então, muitas aquisições são feitas em detrimento de investimento para concorrer lado a lado.

Case potencial adquirente Max Eletro

A empresa Max Eletro não atua na região sul, onde a Eletro Varejo S.A. é extremamente forte. Concorrer com ela na região demandaria investimentos pesados da ordem de R$ 380 milhões, e não haveria garantia de sucesso. E se houver sucesso, estima-se pela probabilidade VPL de R$ 170 milhões.

Em conversas com o assessor financeiro da Eletro Varejo, foi apresentado o *valuation* da empresa, tendo como premissas, além das convencionais, investimentos em dez lojas. No entanto, na visão da Max Eletro, não há razão para reconhecer as novas lojas. A pergunta feita internamente entre a equipe da Max Eletro é: se, de fato, o investimento em dez lojas é tão rentável, por que eles não o fizeram até agora?

Estratégia

O time interno da Max Eletro modelou uma estratégia de negociação cadenciada, iniciando com propostas de menor valor. A proposta inicial será de R$ 220 milhões, podendo atingir R$ 280 milhões. Com a aquisição, a Max Eletro estima ter ganhos de sinergia na ordem de R$ 600 milhões, que poderá converter em criação de valor de R$ 320 milhões.

Entre os ganhos de sinergia possíveis estão:

- Compartilhamento de Know-how;
- Consolidação da equipe de vendas;
- Economias de escala;
- Facilidade de entrada em novos mercados;
- Benefícios fiscais;
- Capacidade de fazer integração entre empresas com diferentes culturas;
- Racionalização de estoques;
- Centralização ou descentralização de pontos de distribuição;
- Racionalização de fornecedores;
- Corte de custos duplicados;
- Nova política de tesouraria / financiamentos;
- Retenção de clientes;
- Concentração e renegociação com fornecedores.

290 | AVALIAÇÃO DE EMPRESAS

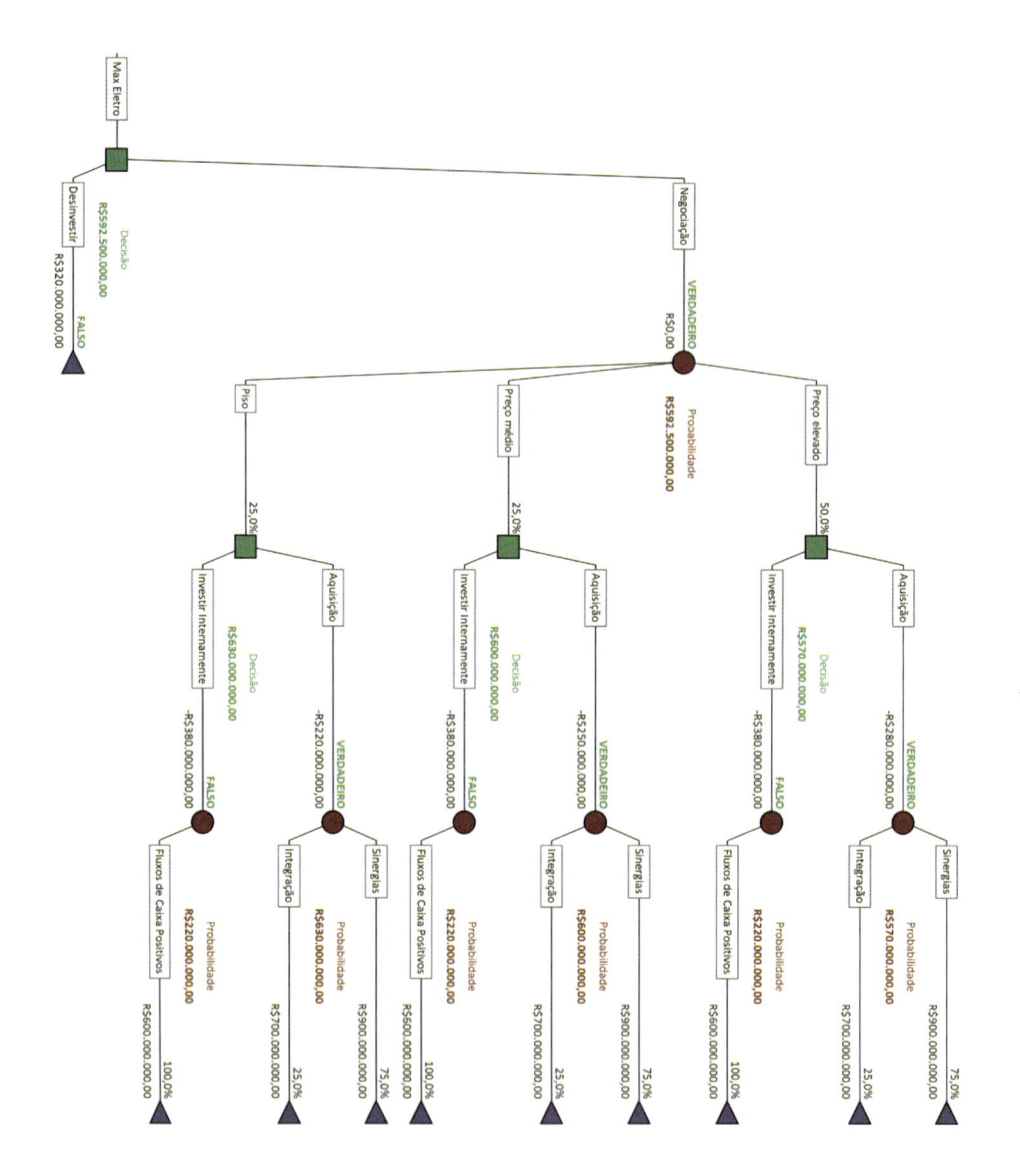

A árvore Decisória – Comprador

A integração mencionada aqui refere-se aos ganhos aquisição independentemente dos ganhos de sinergia.

9. ÁRVORE DE DECISÃO EM FUSÕES E AQUISIÇÕES | 291

A árvore ótima: vendedor e comprador

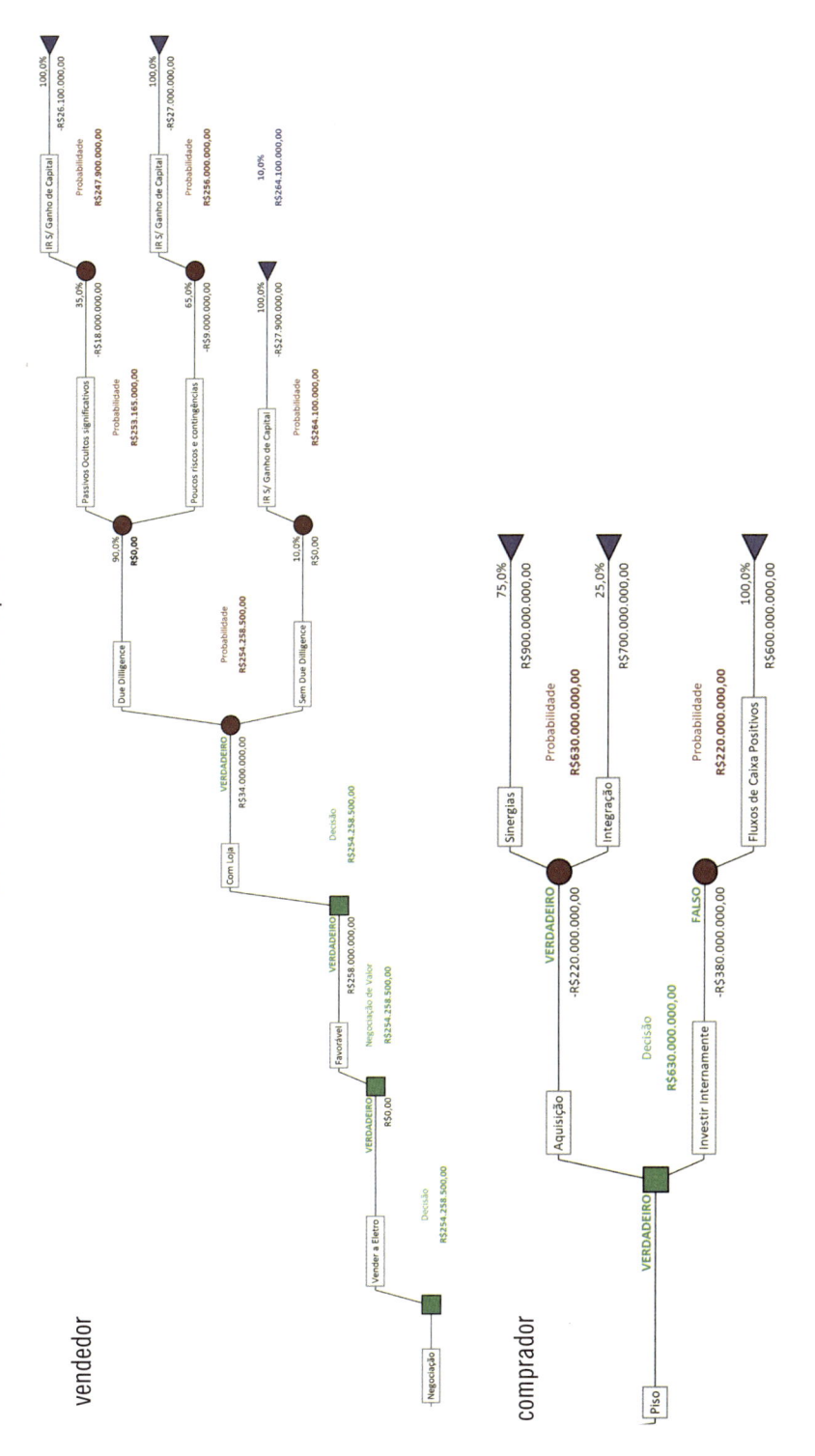

vendedor

comprador

Árvore de Decisão – Eletro Varejo S.A. (sell side) versus Max Eletro (buy side)

Como toda negociação, nenhuma das partes revela suas posições estratégicas. É como um grande jogo. De um lado, o vendedor busca maximizar o valor da sua empresa, por vezes sustentando o insustentável. E o comprador, do outro lado, está com espírito voraz, fazendo lances baixos para ter a melhor negociação possível.

Nesse caso entre as empresas Eletro Varejo e Max Eletro, observa-se que a primeira **não está disposta a vender o seu negócio abaixo de R$ 241 milhões**. E, como foi visto anteriormente, a proposta da Max Eletro pode chegar até R$ 280 milhões.

Curioso notar que a compradora está disposta a pagar até R$ 280 milhões mesmo não incorporando na sua estratégia inicial a expansão proposta pelo fundador. Se a empresa Max Eletro pagar R$ 280 milhões, ainda assim será vantajoso, pois poderá ter ganhos de sinergia que corresponderão a R$ 900 milhões, cuja conversão para criação de valor poderá alcançar R$ 570 milhões.

9. ÁRVORE DE DECISÃO EM FUSÕES E AQUISIÇÕES | 293

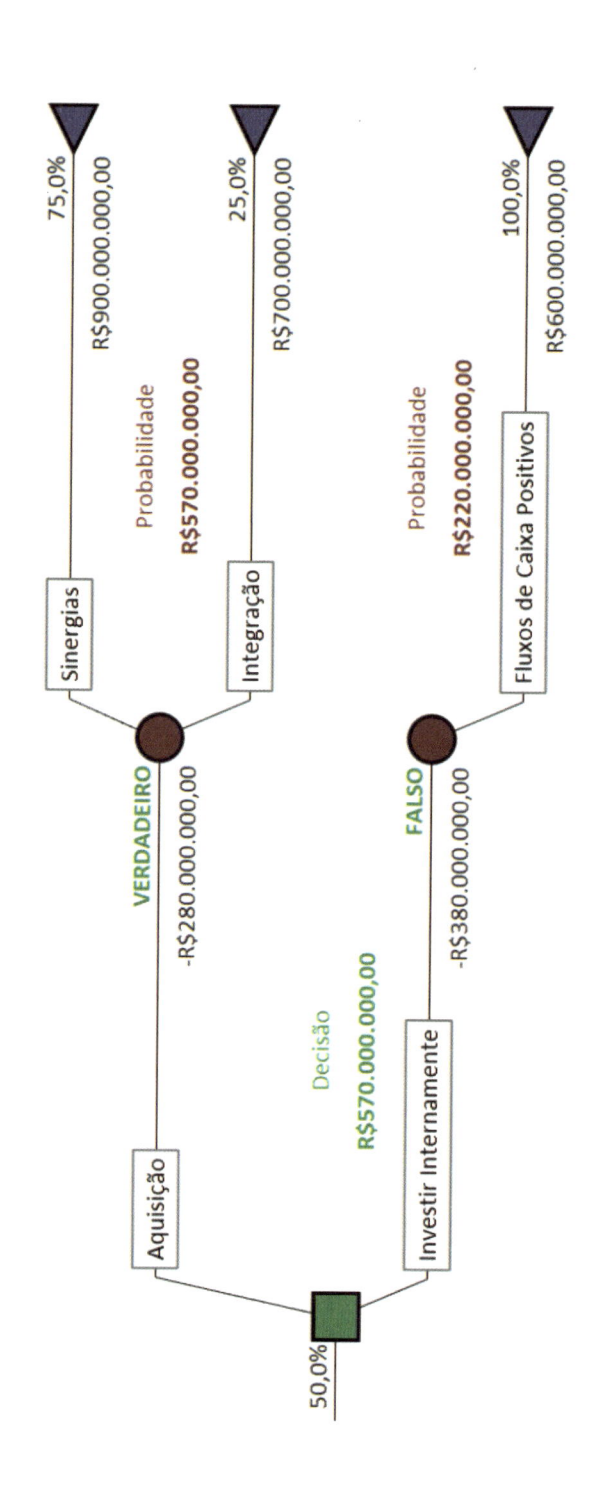

Aquisição

- **Sinergias**: 75,0% — R$900.000.000,00
- **Integração**: 25,0% — R$700.000.000,00

Probabilidade: **R$570.000.000,00**

VERDADEIRO: -R$280.000.000,00

Investir Internamente

- **Fluxos de Caixa Positivos**: 100,0% — R$600.000.000,00

Probabilidade: **R$220.000.000,00**

FALSO: -R$380.000.000,00

Decisão: R$570.000.000,00

50,0%

CONSIDERAÇÕES FINAIS

- O tempo é determinante em oportunidades de transação. Por analogia, todos querem tomar o café quente, a água gelada e comer o pão de queijo recém-saído do forno. Em transações acontece o mesmo. O fator tempo pode ser uma curva perigosa nas negociações, porque, quando falta, pode comprometer estudos e análises importantes, e a demora pode representar a desistência.

- No mundo real tudo é possível. Existem muitas variáveis dependentes e independentes que se comportam de maneira instável, então a elaboração de uma árvore de decisão em negociações se torna fundamental para concluir o processo decisório.

- Segundo o Roy Martelanc et al., algumas perguntas devem ser feitas quando o empresário deseja reconhecer possíveis crescimentos futuros, dentre elas, cita:

> *"Por que o valor de sua empresa depende daquilo que o comprador fará dela, se o que ele vier a fazer (no caso, o investimento) é certamente mérito dele?"*

De fato, o mérito é de quem realiza o investimento, eventual criação de valor deveria remunerar a quem compete. Acontece que, para muitas transações, o ato só vai se concretizar a depender do apetite que as partes têm para negociar. Se as partes cedem, a operação tem maior chance de sucesso. Dependendo da importância da aquisição, o pagamento parcial do benefício da sinergia ao comprador (que não é mérito dele) pode ser ainda vantajoso. Uma forma de viabilizar a transação envolve criar venda fracionada à medida que a investida tem resultados, ou mesmo escalonar com pagamentos por *earn out* (abordado no capítulo 10).

- Por meio da árvore de decisão em fusões e aquisições, é possível enxergar a lógica estratégica elaborada pelo comprador e pelo vendedor.

- O que poucos sabem quando vendem a empresa é que, ao vender, parte significativa do valor "se perde no caminho". São retenções, descontos, tributos, dentre outros, que frustram quem está vendendo a empresa.

- Em Fusões e Aquisições, existem muitos "e se", o que significa dizer que os riscos estão presentes o tempo todo nas tomadas de decisão de um administrador. Nesse caso, é recomendável utilizar os modelos de árvore de decisão em conjunto com a ferramenta de sensibilidade para melhor análise.

REFERÊNCIAS

ASSAF NETO, A. **Finanças corporativas e valor**. Editora Atlas. p. 165. São Paulo. 2003.

BOTREL, S. **Fusões e Aquisições**. Ed. Saraiva Jur. 5ª edição. 2017.

HARDING D. **Garantindo Sucesso em Fusões e Aquisições**. Editora Campus. Rio de Janeiro. 2ª Edição. Ano Company.

MARTELANC, R. PASIN; CAVALCANTE, F. **Avaliação de Empresas**. Um Guia para Fusões e Aquisições e gestão de valor. Editora Valor Econômico. São Paulo. 2005.

https://www.palisade.com

10

AVALIANDO EMPRESAS DE SERVIÇOS: QUAL O VALOR DESSE ATIVO?

No universo empresarial, podem-se destacar as atividades que mais demandam e dependem dos serviços de *valuation*, dentre elas: empresas de engenharia, advocacia, medicina, tecnologia, TI, empresas *ponto.com*, locadoras de equipamentos, dentre outras empresas de serviço. O que essas empresas têm em comum? O que justifica esse comportamento de maior procura por serviços de avaliação? Dentre as razões mais evidentes, pode ser destacado o fato de que essas empresas não têm quase nenhum ou poucos ativos físicos expressivos em seus balanços.

No passado, era muito comum que o empresário demonstrasse sua riqueza por meio do tamanho físico que o negócio alcançou ao longo dos anos. Tamanho da infraestrutura, volume de estoques, frota de distribuição, máquinas monumentais e pátios colossais de produção eram sinônimos de status, riqueza, poder e, consequentemente, denotavam que a empresa tinha um valor substancial.

Com o passar dos anos, o mundo da nova tecnologia proveniente da internet deixou claro que, para uma empresa ter valor, não precisaria ter um centavo em ativos físicos. Comprovou-se, portanto, que o motor gerador de riqueza não vem dos ativos físicos, mas do valor percebido pelo cliente, consumidor, mercado e sociedade como um todo. Nessa linha de raciocínio, pode-se dizer que bens físicos não necessariamente agregam valor para a empresa. Segundo a Interbrand, cinco das dez marcas mais valiosas do mundo em 2017 são empresas do setor de tecnologia: Apple, Google, Microsoft, Facebook e Samsung.

Por que essas empresas têm valor se não possuem ativos físicos representativos? Como já falado aqui anteriormente, a relação entre elas reside no fato de que não precisam de nenhum ativo físico para ter valor, basta serem quem são. Desse modo, pode-se dizer que o valor delas reside nos intangíveis, no reconhecimento do mercado em relação à marca, clientes, *know-how*, fórmula, prestígio, equipe, dentre outros. Incrivelmente, as empresas mais conhecidas não carregam ativos operacionais da sua própria atividade fim. Essa colocação soa estranha porque sempre se tem a sensação de que o valor é algo que precisa ser materializado. A Skype é a maior empresa de comunicação do mundo sem ter estrutura de telefonia própria. Aliexpress é o maior varejista do mundo sem precisar de nenhum estoque. Airbnb é a maior rede de hospedagem do mundo sem precisar ter nenhum imóvel. A Uber não tem carros. A Linkedin é a maior empresa de recrutamento do mundo sem ter nenhum *headhunter* nem um escritório específico de RH. A WhatsApp não possui redes de telefonia, e mesmo assim foi responsável pelo desligamento de dez milhões de linhas celulares em apenas cinco meses no Brasil, de acordo com o relato da Anatel, em 2015.

Na prática, o reconhecimento do valor real ou justo desses ativos reside nos fundamentos econômicos associados à sua capacidade de gerar riqueza, sendo esse valor apurado pelo somatório da geração de fluxos de caixa futuros. Em outras palavras, os fluxos futuros, quando descontados pelo risco e prêmio, capturam o valor da empresa, contemplando ativos físicos e intangíveis. Pode-se notar como resultante uma grande diferença do valor real da empresa quando comparada ao valor contábil. Quando tratado de empresas de serviços, essa diferença fica ainda mais evidente.

Ao longo dos anos, a contabilidade vem tentando evoluir por meio das Normas Internacionais de Informação Financeiras (IFRS, na sigla em inglês para *International Financial Reporting Standards*), reportando de maneira mais gerencial o valor real dos ativos apresentados em balanço. Todavia, embora haja boas intenções, esse valor substancial dos intangíveis não é registrado até que ocorra a transação ou incorporação. Os princípios e regimentos contábeis alicerçados pelo conservadorismo mantêm a contabilidade em posição antagônica, em que ao mesmo tempo que tenta trazer a realidade aos balanços, despreza o ativo intangível de maior valor em uma companhia (ver maiores detalhes no capítulo 1).

Alguns críticos entendem que o reconhecimento do ativo intangível permitiria abusos, dentre eles, a manipulação dos lucros. O fato é que à medida que os anos vão passando, os ativos intangíveis ganham terreno sobre o valor do ativo total. Segundo pesquisa desenvolvida pela Ocean Tomo, especialista em avaliação de ativos intangíveis com sede em Chicago, 80% do valor de mercado das empresas componentes do S&P 500 em 2010 pôde ser atribuído a ativos intangíveis, número que, em 1995, era de 68% e em 1985 apenas 32%.

Neste capítulo, temos como objetivo principal elucidar e exemplificar três casos reais e distintos de avaliações de empresas de serviços. Os nomes não serão revelados e os números foram alterados. Portanto, são dados fictícios por questões de sigilo e discrição.

10.1 *Cases*

Os três cases ilustram o valor de empresas de serviços que atuam em diferentes segmentos. No primeiro case, da empresa de *e-learning* com foco em ensino e treinamento a distância para executivos de grandes corporações, objetiva demonstrar ao leitor o distanciamento existente entre o valor baseado pelos fundamentos econômicos por meio do Fluxo de Caixa e do valor contábil.

No segundo case, será apresentado uma empresa de tratamento de resíduos domiciliares e industriais. Neste é possível entender o intervalo de valor de uma empresa, utilizando análises combinatórias e aleatórias (Monte Carlo) com a ferramenta @Risk. No último, será abordada uma negociação de empresa de serviços de engenharia, cuja proposta inicial oferecida não chegou a um consenso e terminou com pagamento do preço de compra por meio de parcela fixa e variável (*earn out*).

10.1.1 *Case* – E-Learning Brazil LTDA.

A E-Learning Brazil Ltda. é uma empresa de ensino a distância voltada para o público que busca formação educacional e profissional. Sua tradição e reputação ao longo dos anos foi construída pela fundadora Marta, que tem experiência e conhecimento pedagógico e educacional. Atualmente, a E-Learning Brazil tem investimentos em softwares e computadores de última tecnologia. Por se tratar de uma empresa madura e pequena, não haverá novos investimentos para crescimento, portanto, não tem dívidas.

Recentemente, ela recebeu uma proposta para ser vendida pelo valor de R$ 4 milhões. A dona da empresa não tinha conhecimento do valor do seu negócio, mas acreditava que a contabilidade do Souza poderia auxiliá-la a identificar o valor justo da sua empresa. Seguindo essa linha, o escritório de contabilidade se prontificou a levantar o balanço da empresa:

Ativo			Passivo		
Caixa	R$	1.500,00	Tributos	R$	15.000,00
Bancos	R$	122.000,00	Fornecedores	R$	18.000,00
Clientes	R$	140.000,00			
Imobilizado	R$	400.000,00	Patrimônio Líquido	R$	630.500,00
Total	R$	663.500,00	Total	R$	663.500,00

Ao confrontar o valor oferecido e o balanço, a contabilidade Souza notou que a proposta era muito superior ao valor contábil. Logo, parecia óbvio aos olhos da contabilidade que ninguém estaria disposto a pagar mais do que ela própria acreditava que valia. Então, era razoável supor que o potencial comprador reconheceu outra forma de avaliar a empresa que não o valor meramente contábil. Todavia, sentindo-se responsável e obrigada a atender o cliente, a contabilidade apresentou o valor dos ativos reavaliados pelo valor de mercado:

Ativo			Passivo		
Caixa	R$	1.500,00	Tributos	R$	15.000,00
Bancos	R$	122.000,00	Fornecedores	R$	18.000,00
Clientes	R$	155.000,00			
Imobilizado	R$	900.000,00	Patrimônio Líquido	R$	1.145.500,00
Total	R$	1.178.500,00	Total	R$	1.178.500,00

Com a reavaliação de clientes e imóveis, o novo valor da empresa atingiu R$ 1,1 milhão. Dito isso, a contabilidade sustentou que qualquer proposta com valor superior a R$ 1,1 milhão era um bom negócio. No entanto, a fundadora sentiu-se extremamente frustrada, porque imaginava algo próximo a R$ 10 milhões. Embora tivesse poucos ativos físicos (computadores, redes, estações etc.), a empresa tinha muitos alunos e deixava um caixa residual anual de R$ 2,5 milhões. Não havia perspectiva de crescimento, e talvez fosse o momento certo para a fundadora viabilizar a sua saída.

Em decorrência de sua frustração, ela contratou um especialista em avaliação de empresas que mensurou o valor do seu negócio com base no fluxo de caixa descontado (FCD). A taxa de desconto auferida pelo risco da empresa medido pelo consultor abrangeu o intervalo de 28%-32%.

Com base no caixa gerado e na taxa de desconto, o valor do negócio atingiu o intervalo de R$ 7,8 milhões e R$ 8,9 milhões:

$$\text{Valor da empresa} = \frac{2{,}5\ milhões}{32\%} = R\$\ 7{,}8\ mihões \quad \frac{2{,}5\ milhões}{28\%} = R\$\ 8{,}9\ milhões$$

Ao receber o resultado da avaliação, a fundadora se frustrou pela segunda vez. Ela acreditava que o valor da empresa atingiria R$ 10 milhões, seguindo o valor desejado. Então, depois de muita reflexão e análise do laudo, perguntou ao avaliador: nesse valor não está a marca nem o imóvel, correto?

O avaliador informou que o valor da marca já estava inserido no valor final, pois já estava implícito no fluxo de caixa que a cada aluno é gerada uma receita que, por sua vez, chancela a marca e, por conseguinte, fortalece o caixa da companhia. Dessa forma, pelos ativos intangíveis, foram reconhecidos na avaliação pelo intervalo de R$ 6,7 milhões (R$ 7,8milhões – R$ 1,1 milhões) e R$ 7,8 milhões (R$ 8,9 milhões – R$ 1,1 milhão).

Referente ao imóvel, o especialista avaliador partiu do princípio de que o imóvel era próprio e que não era computado como despesa, podendo ser concluído que o imóvel operacional já estava computado no valor da empresa. Se tivesse sido computado o valor de aluguel no valuation, o intervalo de valor da empresa seria menor, porém somado o valor do imóvel ao valor da empresa.

Esse caso permite ao leitor entender o que acontece na prática no que diz respeito às metodologias e avaliações e, principalmente, esclarecer o distanciamento que há entre o valor do ativo físico e o valor do negócio. Em geral, a demanda por avaliações de empresas segue a ordem expressa relatada nesse caso.

10.1.2 *Case* – Aterro Tudo Limpo S.A.

A empresa Aterro Tudo Limpo S.A., especializada em tratamento de resíduos domiciliares e industriais, contratou os serviços de avaliação em 20xx com a finalidade de conhecer o valor real do negócio. Em especial, gostariam de saber o valor da licença para uso do solo, uma vez que esse documento era o diferencial conquistado pela empresa perante as áreas circunvizinhas e outras empresas de tratamento. Sobretudo, como vivenciavam a exaustão da área explorada, necessitavam expandir para outras áreas e, nesse sentido, precisavam saber se de fato essas áreas eram criadoras de valor.

Dados da empresa

O portfólio de serviços prestados pela empresa Aterro Tudo Limpo S.A. compreendia serviços urbanos, transbordo, operação de aterro, coleta, varrição e limpeza de feiras e pública.

A área do terreno compreendia 302.327,83 m².

A capacidade do aterro era de 5.886.354 toneladas.

O histórico e a evolução da receita representam o crescimento estimado da população nos munícipios em que a empresa presta serviços e dos resíduos recebidos no aterro de clientes e empresas.

A composição dos resíduos pode ser classificada em classe I, classe IIA e classe IIB.

Os **resíduos de classe I** são os infectocontagiosos que podem apresentar risco à saúde pública e ao meio ambiente. Esses resíduos são armazenados temporariamente, incinerados ou dispostos em aterros sanitários próprios para recebê-los. São exemplos desses resíduos: borra de tinta, pastilhas de freio, papéis e plásticos contaminados, óleos, filtros de ar e outros materiais com propriedades físico-químicas.

Os **resíduos de classe IIA** são materiais não inertes e correspondem aos materiais orgânicos como papéis, vidros, metais e resíduos de alimentos, cuja decomposição se faz com o passar do tempo. Esses resíduos podem ser dispostos em aterros sanitários e não há risco à saúde pública e ao meio ambiente.

Os **resíduos de classe IIB** são inertes e podem ser dispostos em aterros sanitários sem sofrer qualquer alteração em sua composição. São exemplos desses materiais: entulhos, sucata de ferro e aço.

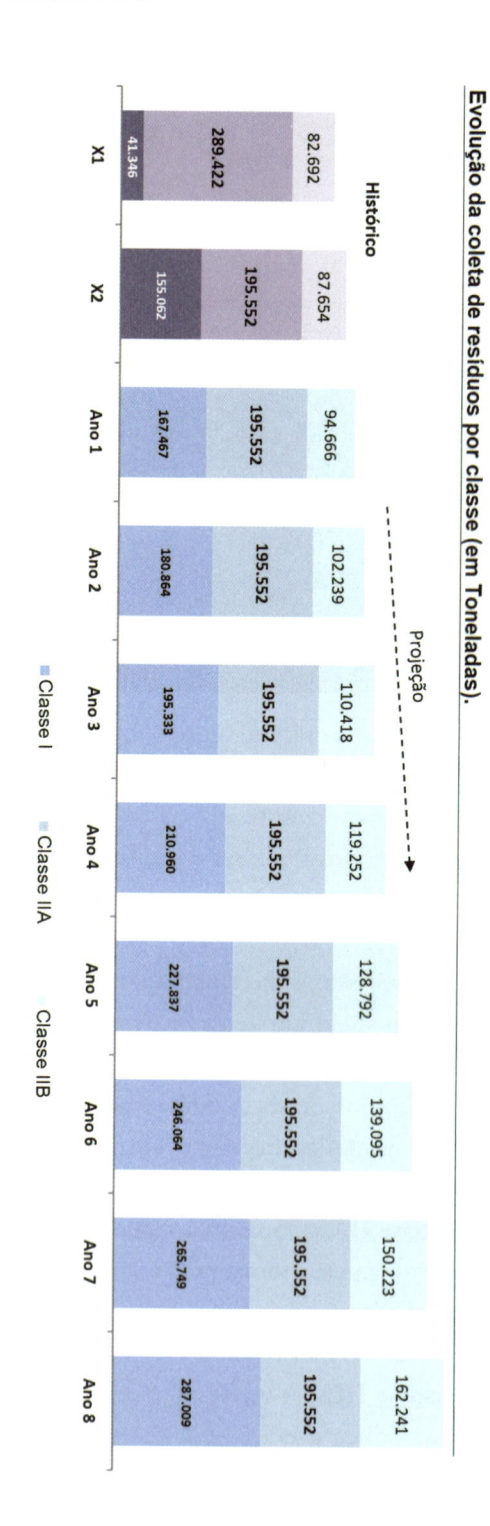

Evolução da coleta de resíduos por classe (em Toneladas).

	Histórico		Projeção							
	X1	X2	Ano 1	Ano 2	Ano 3	Ano 4	Ano 5	Ano 6	Ano 7	Ano 8
Classe I	41.346	155.062	167.467	180.864	195.333	210.960	227.837	246.064	265.749	287.009
Classe IIA	289.422	195.552	195.552	195.552	195.552	195.552	195.552	195.552	195.552	195.552
Classe IIB	82.692	87.654	94.666	102.239	110.418	119.252	128.792	139.095	150.223	162.241

Premissas

Receitas

A empresa Aterro Tudo Limpo S.A. atua com todos os tipos de classes de materiais, e a evolução do volume coletado em toneladas projetada foi baseada pela composição do volume histórico de resíduos classes I e IIA e IIB.

Os preços praticados na operação do aterro compreendem:

Em reais / Tonelada Operação de Aterro	Preço Médio /Tonelada
Classe I	138,40
Classe IIA	87,40
Classe IIB	73,54

Além dessas receitas provenientes da operação de aterro, a empresa tem contratos firmados com outras empresas, prefeituras e municípios para prestação de serviços que compreendem varrição, limpeza de feiras e ruas, coleta, dentre outros.

A receita proveniente desses serviços totalizou em X2 R$ 65 milhões, e a taxa de utilização do aterro até o presente momento corresponde a 14,5%.

PRESTAÇÃO DE SERVIÇOS:	X2
Operação de Aterro	43.731.857
Serviços de coleta	9.603.591
Serviços de Varrição	2.632.725
Limpeza de Feiras	1.185.799
Transbordo	1.568.482
Serviços Urbanos	750.738
Outros Servs.Limpeza Pública	2.028.238
Consórcios	3.774.621
Venda de Sucata	775
Total	65.276.827

COMPOSIÇÃO DA RECEITA ATERRO TUDO LIMPO SA

- Serviços Urbanos: 1,2%
- Outros Servs. Limpeza Pública: 3,1%
- Consórcios: 5,8%
- Transbordo: 2,4%
- Limpeza de Feiras: 1,8%
- Serviços de Varrição: 4,0%
- Serviços de coleta: 14,7%
- Operação de Aterro: 67,0%

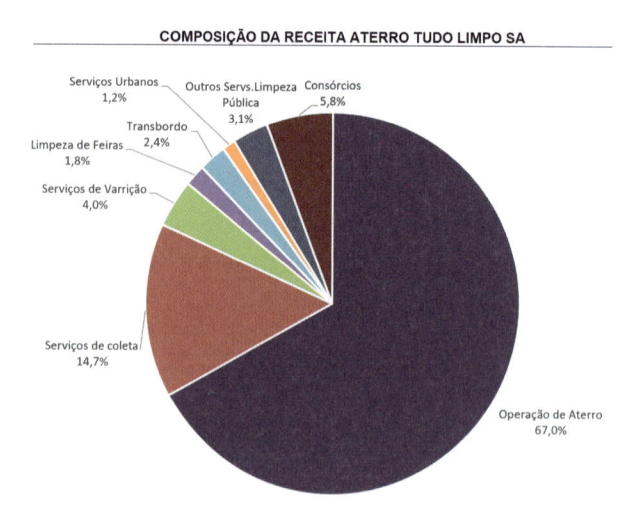

Como a metodologia do Fluxo Futuro de Caixa Descontado (FCD) está sendo utilizada para avaliar a empresa, assume-se, como requer o modelo, que serão reconhecidas as projeções elaboradas pelo avaliador, que podem ou não acontecer. Em outras palavras, a previsão do futuro por meio de premissas não garante a sua ocorrência, assim como nenhum fluxo futuro de caixa é certo até que ocorra. Sobretudo se a ocorrência das premissas é incerta, os fluxos futuros também o serão. A incerteza dos fluxos pode ser definida como risco: risco do sucesso ou do fracasso. Portanto, o avaliador deve ter ciência de que as premissas que permeiam os fluxos futuros de uma empresa não podem ser vistas como algo estático e exato e que sua ocorrência não pode ser tida como certa.

Nesse sentido, cabe ao avaliador mensurar quais os impactos e as probabilidades de ocorrência de suas variáveis independentes e correlatas de risco, resultando na captura de intervalo de valor para companhias. Dessa maneira, o trabalho pode se tornar mais consistente, tendo em vista a extensão das situações casuísticas normais e reais do dia a dia de uma empresa.

Essa abrangência na atribuição de riscos é muito válida, porque reconhece o valor da empresa em situações diversas. Do contrário, os laudos de avaliação tradicionais, quando apresentam posição única de valor, têm validade curta ou nenhuma.

Para entender os benefícios da mensuração de riscos, é exemplificado, por meio da empresa Tudo Limpo, como se deve proceder passo a passo para qualificar e quantificar os riscos existentes de uma empresa.

Desse modo, com base nas premissas de receita, custos e despesas apresentados em X2, pode-se ver abaixo uma avaliação estática, precisa e única.

10. AVALIANDO EMPRESAS DE SERVIÇOS: QUAL O VALOR DESSE ATIVO? | 307

Descrição (R$ milhões)	Período Base X2	Projeções							
		Ano 1	Ano 2	Ano 3	Ano 4	Ano 5	Ano 6	Ano 7	Ano 8
Receita Líquida	**46,43**	**50,15**	**52,79**	**55,65**	**58,73**	**62,06**	**65,66**	**69,55**	**73,74**
Custo Operacional	(16,67)	(17,51)	(18,38)	(19,30)	(20,27)	(21,28)	(22,35)	(23,46)	(24,64)
Margem Bruta	**29,76**	**32,64**	**34,41**	**36,34**	**38,46**	**40,78**	**43,32**	**46,08**	**49,11**
Margem bruta %	64,1%	65,1%	65,2%	65,3%	65,5%	65,7%	66,0%	66,3%	66,6%
Despesas Administrativas	**(11,77)**	**(11,88)**	**(11,99)**	**(12,11)**	**(12,24)**	**(12,37)**	**(12,51)**	**(12,66)**	**(12,82)**
Despesas gerais	(9,56)	(9,56)	(9,56)	(9,56)	(9,56)	(9,56)	(9,56)	(9,56)	(9,56)
Amortização / Depreciação	(2,20)	(2,31)	(2,43)	(2,55)	(2,67)	(2,81)	(2,95)	(3,10)	(3,25)
EBIT	**17,99**	**20,76**	**22,42**	**24,23**	**26,22**	**28,41**	**30,80**	**33,42**	**36,29**
Margem EBIT - %	38,7%	41,4%	42,5%	43,5%	44,7%	45,8%	46,9%	48,1%	49,2%
Impostos sobre resultado (IR e CSLL)	(6,10)	(7,04)	(7,60)	(8,22)	(8,89)	(9,64)	(10,45)	(11,34)	(12,31)
EBIT * (1-t) / NOPAT	11,89	13,72	14,81	16,01	17,33	18,77	20,35	22,09	23,98
Rec.Desp./ financeiras	(6,07)	(6,07)	(6,07)	(6,07)	(6,07)	(6,07)	(6,07)	(6,07)	(6,07)
Lucro Líquido	**5,82**	**7,65**	**8,74**	**9,94**	**11,26**	**12,70**	**14,29**	**16,02**	**17,91**
Margem Lucro Líquido - %	12,5%	15,3%	16,6%	17,9%	19,2%	20,5%	21,8%	23,0%	24,3%

No quadro a seguir, é apresentado o valor da empresa.

(em reais - R$ milhões)				Período Explícito				
* Ano e = expectativa futura	Ano 1	Ano 2	Ano 3	Ano 4	Ano 5	Ano 6	Ano 7	Ano 8
LUCRO LÍQUIDO	**7,65**	**8,74**	**9,94**	**11,26**	**12,70**	**14,29**	**16,02**	**17,91**
(+) Depreciação e amortização	2,31	2,43	2,55	2,67	2,81	2,95	3,10	3,25
(+) IR/CSLL	7,04	7,60	8,22	8,89	9,64	10,45	11,34	12,31
(+) Despesas/receitas financeiras e não oper.	6,07	6,07	6,07	6,07	6,07	6,07	6,07	6,07
=EBITDA	**23,07**	**24,84**	**26,78**	**28,90**	**31,22**	**33,75**	**36,52**	**39,54**
Margem EBITDA (s/ receita líquida)	46,01%	47,06%	48,12%	49,20%	50,30%	51,40%	52,51%	53,62%
=EBIT*(1-T) / (NOPAT)	**13,72**	**14,81**	**16,01**	**17,33**	**18,77**	**20,35**	**22,09**	**23,98**
+ Depreciação/Amortização	2,31	2,43	2,55	2,67	2,81	2,95	3,10	3,25
(-) Investimentos	(1,46)	(1,05)	(0,82)	(0,66)	(0,56)	(0,49)	(0,46)	(0,44)
(-) Ativos Fixos	(1,20)	(0,84)	(0,59)	(0,41)	(0,29)	(0,20)	(0,14)	(0,10)
(-) Variação da NIG	(0,26)	(0,21)	(0,23)	(0,25)	(0,27)	(0,29)	(0,31)	(0,34)
= FLUXO DE CAIXA LIVRE PARA A EMPRESA	**14,57**	**16,19**	**17,74**	**19,34**	**21,02**	**22,81**	**24,73**	**26,79**
=FLUXO DE CAIXA DESCONTADO	12,52	11,95	11,26	10,55	9,85	9,19	8,56	7,97
Taxas de desconto								
WACC/ CMPC (Custo Médio Ponderado Capital) - Ajustado	16,36%	16,36%	16,36%	16,36%	16,36%	16,36%	16,36%	16,36%
Cenário Base (em milhões R$)								
Valor da empresa período explícito	81,86							
Valor da empresa na perpetuidade	-							
Valor presente do fluxo de caixa	81,86							

Análise Qualitativa dos riscos

1º Passo – listar os riscos do projeto

A primeira tarefa que o avaliador precisa ter em mente é elencar e dimensionar os riscos existentes de maneira qualitativa. Os riscos qualitativos consistem em identificar os riscos existentes da empresa, que podem ser contratuais, financeiros, tributários, socioambientais, físicos, de suprimentos, saúde e segurança, viabilidade econômica e estratégica, dentre outros.

Com base na estrutura de custos operacionais identificados de uma empresa, podemos listar todos os riscos potenciais. Para exemplificar, é apresentada uma lista de riscos genéricos que poderão servir de base para inúmeras atividades econômicas, não esgotando aqui as possibilidades, devendo cada avaliador explorar e dimensionar os riscos existentes da empresa.

Riscos contratuais

- Direito do contratante de rescindir.
- Responsabilidade solidária: danos ao meio ambiente.
- Falta de força maior.
- Ferimentos em terceiros e danos.
- Propriedade intelectual.
- Limites de responsabilidade fora da política.
- Cláusula de resolução de disputas.
- Acidentes com materiais biológicos.
- Falta de pagamento das contratadas.
- Responsabilidade solidária: multas causadas por descumprimento da lei.
- Indenizações.
- Cláusulas de mudança onerosa.
- Greves.
- Atrasos.

Riscos financeiros

- Suposições de inflação escalonada.
- Certeza de financiamento – de liquidez.

- Desfavoráveis termos de compensação (>30 dias).
- Grandes necessidades de capital (> 50k).
- Aumento de pedágios.
- Aumento do dólar na compra de equipamentos.
- Necessidade de desconto de duplicatas.
- Aumento de tarifas.

Riscos tributários

- Mudança de alíquotas tributárias PIS.
- Mudança de alíquotas tributárias Cofins.
- Mudança de alíquotas tributárias ISS.
- Mudança de alíquotas tributárias ICMS.
- Mudança de alíquotas tributárias IR e CSLL.
- Mudança de regime tributário.
- Elevação do encargo patronal.
- Incentivos fiscais.

Riscos socioambientais

- Utilização de equipamentos pesados que danificam o solo do aterro.
- Sobrecarga de trabalho.
- Espaços confinados.
- Materiais perigosos.
- Outros perigos físicos.
- Pestilência e doenças.

Riscos físicos da área

- Mau tempo e condições ambientais.
- Más relações industriais.
- Multinacionais/*joint venture*.
- Comunicação inadequada ou utilitários.
- Segurança inadequada.
- Potencial de perda excessiva, roubo ou vandalismo.
- Difícil acesso ou área de trabalho limitada.
- Limite de horas de trabalho.

- Responsabilidades compartilhadas local.
- Condições do solo.
- Tráfego durante a construção.
- Porta de congestão/transporte restrições.
- Autorização ambiental.
- Limites incertos da construção.
- Gravação/preservação de descobertas históricas.

Suprimentos

- Dimensionamento da equipe de suprimentos x número de pacotes de contratação.
- Suporte jurídico.
- Sistema de planejamento e controle de contratos.
- Conhecimento e adequação às normas internas de suprimentos x processo de auditorias internas.
- Revisões mais recentes do plano de suprimentos.
- Contratação de pacotes em atraso no processo de contratação.
- Pacotes com prazo planejado para contratação inferior ao histórico de suprimentos.
- Pacotes com número reduzido de fornecedores, ou exclusivo, ou contratação direta.
- Emissão de requisições técnicas para contratação.
- Execução dos pareceres técnicos: fluxograma de aprovação, disponibilidade de equipe, responsabilidade e cronograma de execução.
- Pacotes em processo ou com início de contratação com dados de engenharia incompletos ou insuficientes.
- Estrutura de diligenciamento e inspeção técnica nos fornecedores, execução do plano de diligenciamento e inspeção.
- Relacionamento da equipe de suprimentos com o modo local de negociação.
- Pleitos solicitados.
- Gestão de aditivos contratuais.
- Possibilidade de atrasos em fornecimentos.
- Contratos com fornecimentos atrasados.
- Possibilidade de problemas de qualidade no fornecimento.
- Contratos com problema de qualidade.

- Indefinição, omissão e superposição de responsabilidade entre as contratadas.
- Contratos com indefinições ou impasses sobre assistência técnica e/ou operação assistida e/ou treinamentos especiais.
- Pacotes ou contratos com necessidades especiais para garantias comerciais e/ou seguros e/ou desempenho.

Saúde e segurança

- Cumprimento do plano de gerenciamento da saúde e segurança, atualização e implementação.
- Definição e simulações do Plano de Atendimento a Emergências (PAE).
- Disponibilidade de brigadistas, transportes, ambulatórios e hospitais.
- Implementação das normas de segurança: DSS, APT, RACs etc.
- Treinamento de SSO para contratadas da construção.
- Canteiro e dormitórios na obra: espaço físico, iluminação, qualidade e disponibilidade de água e saneamento, atendimento aos requisitos de preservação e combate a incêndios.
- Refeitórios e qualidade das refeições.
- Ambulatório médico: disponibilidade de ambulância para atendimentos de emergência e proximidade de hospitais conveniados.
- Acidentes: taxas de frequência e taxa de gravidade.
- Acidentes ocorridos e andamento das ações decorrentes para evitar reincidência.
- Interdição de atividades e/ou aplicação de multas por parte do órgão fiscalizador.
- Movimentação de cargas inflamáveis ou tóxicas.
- Áreas sujeitas a invasões durante a coleta.
- Áreas potenciais para acidentes por queda de equipamentos, atropelamentos, trabalho em altura.

Viabilidade econômica e estratégica

- Cumprimento do plano de gerenciamento da saúde e segurança, atualização, implementação.
- Definição e simulações do Plano de Atendimento a Emergências (PAE).
- Percentual do Capex em equipamentos e bases de estimativa.
- Métodos, base de estimativa de Opex, fontes.
- Definição dos consumos específicos e demais custos variáveis.
- Definição dos custos fixos, produtividade e custo da mão de obra local.

Coleta e tratamento de resíduos

- Adequação dos serviços de coleta às necessidades e restrições do negócio: custo operacional e escalabilidade.
- Requisitos do cliente: ocupação convencional e áreas destinadas a fins especiais.
- Congelamentos dos trabalhos e definição dos limites de coleta.
- Capacidade de adaptação dos serviços a mudanças no escopo/dinâmica de requisitos do cliente.
- Necessidade de mudanças em áreas operacionais existentes.
- Logística dos funcionários.
- Definição do quantitativo e moradia para os funcionários.
- Produtos críticos: classe I e/ou II (lixo industrial).
- Aplicação de ferramentas de otimização.
- Definição do sistema alternativo de energia (e sua autonomia).
- Definição do Capex: investimentos em materiais e serviços.
- Principais fontes de incerteza no Capex.
- Possíveis investimentos a incorporar no Capex.
- Definição do Opex: custos operacionais e reajustes (definição dos custos com materiais e serviços de manutenção predial).
- Necessidades de mão de obra direta/indireta e demais custos fixos.
- Principais fontes de incerteza no Opex.

Planejamento

- Definição e dificuldade de metas do projeto.
- Volume e frequência das mudanças introduzidas no projeto.
- Dimensionamento e continuidade da equipe.
- Definição e dedicação do responsável pelo projeto e das funções-chave de planejamento, orçamento, engenharia, construção, suprimentos, meio ambiente, saúde e segurança ocupacional e interface operacional.
- Continuidade das coordenações de disciplinas.
- Tratamento em diferentes condições climáticas: chuva, vendaval, enchentes.
- Tratamento e coleta em condições anormais: eventos festivos, campanhas eleitorais, feiras etc.
- Aquisição de materiais e equipamentos especiais.
- Atividades ou eventos que podem impactar o custo/prazo do serviço, mas que não estão no planejamento.
- Definição das áreas de limpeza e coleta.
- Tarefas que requerem recursos especializados.

2º Passo – medida do risco (criticidade)

Determine a probabilidade de ocorrência do risco e seu impacto no *valuation*. Dessa forma, classifique os riscos x impactos que podem ter na sua avaliação:

Quadrante de Risco – Probabilidade x impacto

Probabilidade	Muito baixo	baixo	Moderado	Alto	Muito alto
Muito Alta	Mod	Mod	Mod	alta	alta
Alta	Baixa	Mod	Mod	alta	alta
Moderada	Baixa	Mod	Mod	Mod	alta
Baixa	Baixa	Baixa	Baixa	Mod	alta
Muito baixa	Baixa	Baixa	Baixa	Baixa	Mod

Impacto

Zona de baixa exposição (baixa -verde): a zona de baixa exposição reconhece que a probabilidade de ocorrência é baixa e com baixo impacto gerado ao resultado, caso houvesse a ocorrência. Geralmente são aceitáveis no nível atual. Costumam ser monitoradas com menor frequência.

Zona de segurança ou seguro (moderado – amarelo): nessa área há grande probabilidade de ocorrência, no entanto, o impacto seria pouco ou nada expressivo no valor final. São riscos operacionais do cotidiano.

Zona de alto impacto para conter risco (moderado – amarelo): embora o risco nessa zona apresente baixa probabilidade, a sua ocorrência provocaria alto impacto no valor da empresa. Esses riscos estão associados a questões externas como, por exemplo: catástrofes ambientais, *default* Brasil ou paralisações. O planejamento de contingências é altamente recomendado nessa zona.

Zona de severidade (alta – vermelho): zona de alta probabilidade de ocorrência e altamente impactante nos resultados do *valuation*. Nenhuma empresa sobrevive com níveis críticos a longo prazo. Ações de mitigação são necessárias para a sobrevivência da empresa.

3º Passo – ordenação de riscos

Ordene os riscos por baixa exposição, seguro, alto impacto para conter risco e severidade.

Nesta etapa, a lista de riscos deve ser priorizada, ordenando pelos mais severos e decrescendo para atingir o risco de baixa exposição.

Nesse caso, se tem uma ordem sistemática para os riscos da Aterro Tudo Limpo S. A.:

Riscos Contratuais	Classificação
✓ Atrasos;	
✓ Direito do contratante de rescindir;	
✓ Acidentes com materiais biológicos;	
✓ Responsabilidade solidária: danos ao meio ambiente;	
✓ Falta de Força maior,	
✓ Clausulas de mudança onerosa;	
✓ Greves;	
Riscos Financeiros:	**Classificação**
✓ Aumento do dólar na compra de equipamentos;	
✓ Necessidade de desconto de duplicatas;	
✓ Aumento de tarifas;	
✓ Grandes necessidades de capital (> 50k);	
✓ Aumento de pedágios;	
✓ Suposições de inflação escalonada;	
✓ Certeza de financiamento – de liquidez;	
✓ Desfavoráveis termos de compensação (>30 dias);	
Riscos tributários:	**Classificação**
✓ Mudança de alíquotas tributárias PIS;	
✓ Mudança de alíquotas tributárias COFINS;	
✓ Mudança de alíquotas tributárias ISS;	
✓ Elevação do encargo Patronal;	
✓ Incentivos fiscais.	
✓ Mudança de alíquotas tributárias IR e CSLL;	
Riscos socioambientais	**Classificação**
✓ Utilização de equipamentos pesados que danificam o solo do aterro;	
✓ Espaços confinados;	
✓ Materiais perigosos;	
✓ Pestilência e doenças;	
✓ Sobrecarga de trabalho;	
✓ Outros perigos físicos;	
Riscos físicos da área	**Classificação**
✓ Autorização ambiental;	
✓ Mau Tempo e das condições ambientais;	
✓ Comunicação inadequada ou utilitários;	
✓ Segurança inadequada;	
✓ Potencial de perda excessiva, roubo ou vandalismo;	
✓ Difícil acesso ou área de trabalho limitada;	
✓ Limite de horas de trabalho;	
✓ Responsabilidades compartilhadas local;	
✓ Porta de congestão/transporte restrições;	
Suprimentos	**Classificação**
✓ Dimensionamento da equipe de suprimentos x número de pacotes de contratação;	
✓ Suporte jurídico;	
✓ Pacotes com prazo planejado para contratação inferior ao histórico de suprimentos;	
✓ Pacotes com número reduzido de fornecedores, ou exclusivo, ou contratação direta;	
✓ Emissão de requisições técnicas para contratação;	
✓ Estrutura de diligenciamento e inspeção técnica nos fornecedores, execução do plano de diligenciamento e inspeção;	
✓ Relacionamento da equipe de suprimentos com o modo local de negociação;	
Saúde e Segurança	**Classificação**
✓ Cumprimento do plano de gerenciamento da saúde e segurança, atualização e implementação;	
✓ Definição e simulações do Plano de Atendimento a Emergências (PAE);	
✓ Disponibilidade de brigadistas, transportes, ambulatórios e hospitais;	
✓ Refeitórios e qualidade das refeições;	
✓ Ambulatório médico: disponibilidade de ambulância para atendimentos de emergência e proximidade de hospitais conveniados;	
✓ Acidentes: taxas de frequência e taxa de gravidade;	
✓ Acidentes ocorridos e andamento das ações decorrentes para evitar reincidência;	
✓ Interdição de atividades e/ou aplicação de multas por parte do órgão fiscalizador;	
✓ Movimentação de cargas inflamáveis ou tóxicas;	
✓ Áreas potenciais para acidentes por queda de equipamentos, atropelamentos, trabalho em altura;	
Viabilidade Econômica e Estratégica	**Classificação**
✓ Cumprimento do plano de gerenciamento da saúde e segurança, atualização, implementação;	
✓ Definição e simulações do Plano de Atendimento a Emergências (PAE);	
✓ Percentual do CAPEX em equipamentos e bases de estimativa;	
✓ Métodos, base de estimativa de OPEX, fontes;	
✓ Definição dos consumos específicos e demais custos variáveis;	
✓ Definição dos custos fixos, produtividade e custo da mão-de-obra local.	

Coleta e Tratamento do Lixo	Classificação
✓ Requisitos do cliente: Ocupação convencional e áreas destinadas a fins especiais;	
✓ Capacidade de adaptação dos serviços a mudanças no escopo/dinâmica de requisitos do cliente;	
✓ Necessidade de mudanças em áreas operacionais existentes;	
✓ Produtos críticos: classe I e/ou II (Lixo industrial)	
✓ Definição do CAPEX: investimentos em materiais e serviços	
✓ Principais fontes de incerteza no CAPEX	
✓ Possíveis investimentos a incorporar no CAPEX.	
✓ Definição do OPEX: custos operacionais e reajustes (definição dos custos com materiais e serviços de manutenção predial).	
✓ Necessidades de mão-de-obra direta/indireta e demais custos fixos	
✓ Principais fontes de incerteza no OPEX	
✓ Congelamentos dos trabalho e definição dos limites de coleta;	
✓ Logística dos funcionários;	
✓ Definição do quantitativo e moradia para os funcionários;	
✓ Aplicação de ferramentas de otimização;	
✓ Definição do sistema alternativo de energia (e sua autonomia);	
✓ Adequação dos serviços de coleta às necessidades e restrições do negócio: custo operacional e escalabilidade;	

4º Passo – elabore a estrutura matriz

A elaboração da matriz consiste em cruzar as informações de risco com as contas pertinentes de receitas, custos, despesas, investimentos em capital de giro, manutenção e imobilizado. Outros riscos e contas podem ser definidos, ficando a cargo do avaliador do projeto de *valuation* identificar e modelar da melhor forma que capture eventuais interferências no valor da empresa.

Riscos Contratuais	Classificação
✓ Atrasos;	
✓ Direito do contratante de rescindir;	
✓ Incertezas sobre a entrada/saída de clientes;	
Riscos Financeiros:	**Classificação**
✓ Aumento do dólar na compra de equipamentos;	
✓ Necessidade de desconto de duplicatas;	
✓ Aumento de tarifas;	
✓ Grandes necessidades de capital (> 50k);	
Riscos socioambientais	**Classificação**
✓ Utilização de equipamentos pesados que danificam o solo do aterro;	
✓ Espaços confinados;	
✓ Materiais perigosos;	
✓ Pestilência e doenças;	
Riscos físicos da área	**Classificação**
✓ Autorização ambiental;	
Suprimentos	**Classificação**
✓ Pacotes com número reduzido de fornecedores, ou exclusivo, ou contratação direta;	
✓ Movimentação de cargas inflamáveis ou tóxicas;	
✓ Áreas potenciais para acidentes por queda de equipamentos, atropelamentos, trabalho em altura;	
Viabilidade Econômica e Estratégica	**Classificação**
✓ Percentual do CAPEX em equipamentos e bases de estimativa;	
✓ Métodos, base de estimativa de OPEX, fontes;	
✓ Definição dos custos fixos, produtividade e custo da mão de obra local.	
Coleta e Tratamento do Lixo	**Classificação**
✓ Requisitos do cliente: Ocupação convencional e áreas destinadas a fins especiais;	
✓ Capacidade de adaptação dos serviços a mudanças no escopo/dinâmica de requisitos do cliente;	
✓ Necessidade de mudanças em áreas operacionais existentes;	
✓ Produtos críticos: classe I e/ou II (Lixo industrial)	
✓ Possíveis investimentos a incorporar no CAPEX.	
✓ Definição do OPEX: custos operacionais e reajustes (definição dos custos com materiais e serviços de manutenção predial).	
✓ Necessidades de mão-de-obra direta/indireta e demais custos fixos	
✓ Principais fontes de incerteza no OPEX	
Planejamento	
✓ Tratamento e coleta em condições anormais: eventos festivos, campanhas eleitorais, feiras, etc.	
✓ Aquisição de materiais e equipamentos especiais;	
✓ Definição das áreas de limpeza e coleta	
✓ Tarefas que requerem recursos especializados.	

Matriz de Impacto de Risco

Contas	Descritivo	Grupo de Riscos Correlações	Riscos Contratuais		Riscos Financeiros				Riscos Socioambientais				Riscos físicos da área	Suprimentos			Viabilidade Econômica e Estratégica			Coleta e Tratamento dos Resíduos						Planejamento			
			Atrasos;	Direito do contratante de rescindir;	Aumento do dólar na compra de equipamentos;	Necessidade de desconto de duplicatas;	Aumento de tarifas;	Grandes necessidades de capital (> 50k);	Utilização de equipamentos pesados que danificam o solo do aterro;	Espaços confinados;	Materiais perigosos;	Pestilência e doenças;	Autorização ambiental;	Pacotes com número reduzido de fornecedores, ou exclusivo, ou contratação direta;	Movimentação de cargas inflamáveis ou tóxicas;	Áreas potenciais para acidentes por queda de equipamentos, atropelamentos, trabalho em altura;	Percentual do CAPEX em equipamentos e bases de estimativa;	Métodos, base de estimativa de OPEX, fontes;	Definição dos custos fixos, produtividade e custo da mão-de-obra local.	Requisitos do cliente: Ocupação convencional e áreas destinadas a fins especiais;	Capacidade de adaptação dos serviços a mudanças no escopo/dinâmica de requisitos do cliente;	Necessidade de mudanças em áreas operacionais existentes;	Produtos críticos: classe I e/ou II (Lixo industrial)	Definição do OPEX: custos operacionais e reajustes (definição dos custos com materiais e serviços de manutenção predial).	Necessidades de mão-de-obra direta/indireta e demais custos fixos	Principais fontes de incerteza no OPEX	Tratamento e coleta em condições anormais: eventos festivos, campanhas eleitorais, feiras, etc.	Aquisição de materiais e equipamentos especiais;	Definição das áreas de limpeza e coleta	Tarefas que requerem recursos especializados.
4 PRESTAÇÃO DE SERVIÇOS:																														
4.1	Operação de Aterro	alta	R	R					R				R																	
4.2	Serviços de coleta	baixa	R	R																										
4.3	Serviços de Varrição	alta	R	R																										
4.4	Limpeza de Feiras	baixa	R	R																										
4.5	Transbordo	alta	R	R																										
4.6	Serviços Urbanos	baixa	R	R																										
4.7	Outros Servs Limpeza Pública	alta	R	R																										
4.8	Consórcio Eco-Praia	baixa	R	R																										
3.1 DESPESAS COM PESSOAL																														
3.1.1	Salários	alta																												
3.1.2	Encargos	alta																												
3.1.3	Benefícios	baixa																												
3.2 MANUTENÇÃO E CONSUMO																														
3.2.1	Manutenção de veículos	Moderado			R										R															
3.2.2	Manutenção de máquinas	Moderado			R										R															
3.2.3	Manutenção Elétrica	baixa																												
3.2.4	Manutenção do Aterro Sanitário	Moderado									R					R			R					R			R			
3.2.5	Manutenção Geral	alta																												
3.2.6	Material para coleta e varrição	alta																												
3.3 DESPESAS GERAIS																														
3.3.1	Coleta e transporte	Moderado																R	R		R	R			R			R		R	
3.3.2	Incineração Resíduos da Saúde	Moderado											R							R		R			R			R		R	
3.3.3	Material Tipográfico	baixa																												
3.3.4	Serviços de PJ	Moderado					R											R	R		R									R	
3.3.5	Segurança e vigilância	baixa																												
3.3.6	Uniforme e Material de Segurança	baixa																											R	R
3.3.7	Licenciamento, IPVA e Seguro Veículo	Moderado																												
3.3.8	Aluguéis e condomínios	Moderado																												
6 INVESTIMENTOS																														
6.1	Aquisição de Novas Máquinas	Moderado						R																						

5º Passo – atribua ao setor responsável o preenchimento da ficha técnica

Nesse momento, o avaliador deve apresentar a ficha técnica dos riscos severos ao responsável do centro de custo ou departamento, estando certo de que esses riscos influenciarão substancialmente no valor da empresa, sendo sua ocorrência altamente provável e de alto impacto no resultado.

A ficha técnica compreende sustentação, justificativas e explicações das possibilidades de ocorrência do evento, devendo o gestor responsável daquele departamento classificar o intervalo mínimo e máximo com base no comportamento daquela receita, custo, investimentos, dentre outros fatores críticos.

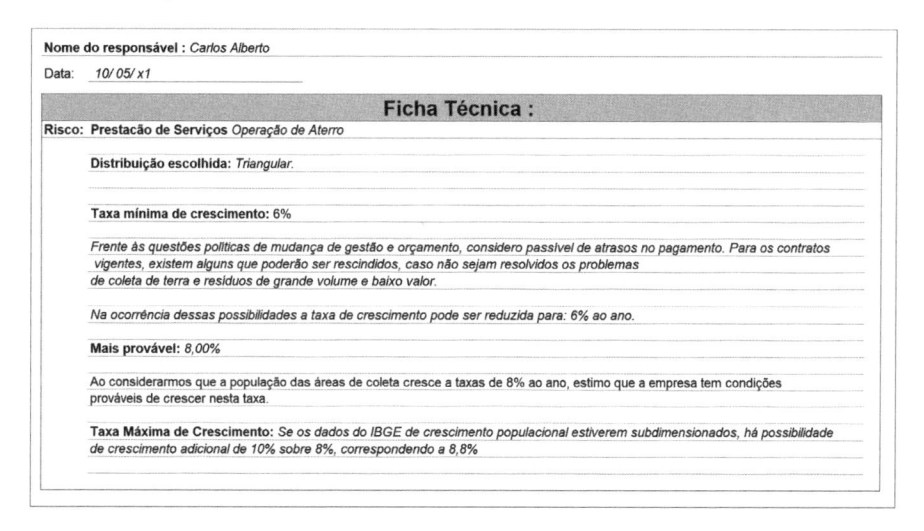

```
Nome do responsável : Carlos Alberto
Data:    10/05/x1
                              Ficha Técnica :
Risco:  Prestação de Serviços Operação de Aterro

    Distribuição escolhida: Triangular.

    Taxa mínima de crescimento: 6%

    Frente às questões políticas de mudança de gestão e orçamento, considero passível de atrasos no pagamento. Para os contratos
    vigentes, existem alguns que poderão ser rescindidos, caso não sejam resolvidos os problemas
    de coleta de terra e resíduos de grande volume e baixo valor.

    Na ocorrência dessas possibilidades a taxa de crescimento pode ser reduzida para: 6% ao ano.

    Mais provável: 8,00%

    Ao considerarmos que a população das áreas de coleta cresce a taxas de 8% ao ano, estimo que a empresa tem condições
    prováveis de crescer nesta taxa.

    Taxa Máxima de Crescimento: Se os dados do IBGE de crescimento populacional estiverem subdimensionados, há possibilidade
    de crescimento adicional de 10% sobre 8%, correspondendo a 8,8%
```

Para efeitos de exemplificação, ilustra-se:

Matriz Operação de Aterro x Atrasos: alto risco e alta correlação

Contas	Descritivo	Grupo de Riscos Correlações	Riscos Contratuais			Riscos Financeiros				Riscos Socioambientais				Riscos físicos da área	Suprimentos			Viabilidade Econômica e Estratégica		
			Atrasos	Direito do contratante de rescindir		Aumento do dólar na compra de equipamentos	Necessidade de desconto de duplicatas	Aumento de tarifas	Grandes necessidades de capital (> 50k)	Utilização de equipamentos pesados que danificam o solo do aterro	Espaços confinados	Materiais perigosos	Pestilência e doenças	Autorização ambiental	Pacotes com número reduzido de fornecedores, ou exclusivo, ou contratação direta	Movimentação de cargas inflamáveis ou tóxicas	Áreas potenciais para acidentes por queda de equipamentos, atropelamentos, trabalho em altura	Percentual do CAPEX em equipamentos e bases de estimativa	Métodos, base de estimativa de OPEX, fontes	Definição dos custos fixos, produtividade e custo da mão-de-obra local
4 PRESTAÇÃO DE SERVIÇOS:																				
4.1 Operação de Aterro		alta	R	R		R	R													
4.2 Serviços de coleta		baixa	R	R		R	R													
4.3 Serviços de Varrição		baixa	R	R																
4.4 Limpeza de Feiras		alta	R	R																
4.5 Transbordo		alta	R	R																
4.6 Serviços Urbanos		baixa	R	R																
4.7 Outros Servs. Limpeza Pública		baixa	R	R																
4.8 Consórcios		alta																		
3.1 DESPESAS COM PESSOAL		alta										R			R	R		R		
3.1.1 Salários		alta																		
3.1.2 Encargos																				
3.1.3 Benefícios																				
3.2 MANUTENÇÃO E CONSUMO		baixa																		R
3.2.1 Manutenção de veículos																				

6º Passo – adicionar os inputs no modelo

PALISADE @RISK

Com o apoio da ferramenta sofisticada da Palisade @Risk 7.5 no Excel, insira os valores estatísticos apresentados na ficha técnica feita pelo departamento responsável dado pelo quarto passo.

Dentre as possibilidades, informações históricas, contratos e problemas específicos podem explicar e definir qual é a melhor distribuição para o modelo: normal, pert, binomial, poisson, triangular, uniforme, vary, discreta, exponencial, historiograma, dentre outras.

As distribuições mais utilizadas são as triangulares e uniformes. Ambas são mais fáceis de serem utilizadas, porque dependem de poucas informações para modelar o risco. Na distribuição triangular, por exemplo, o gestor financeiro simplesmente se limitaria a fornecer o valor mais provável de ocorrência, valores mínimos e máximos, gerando um triângulo simétrico ou assimétrico.

Na distribuição uniforme seria ainda mais simples, cabendo ao gestor determinar os valores mínimos e máximos, acreditando que todas as possibilidades terão a mesma chance de acontecer.

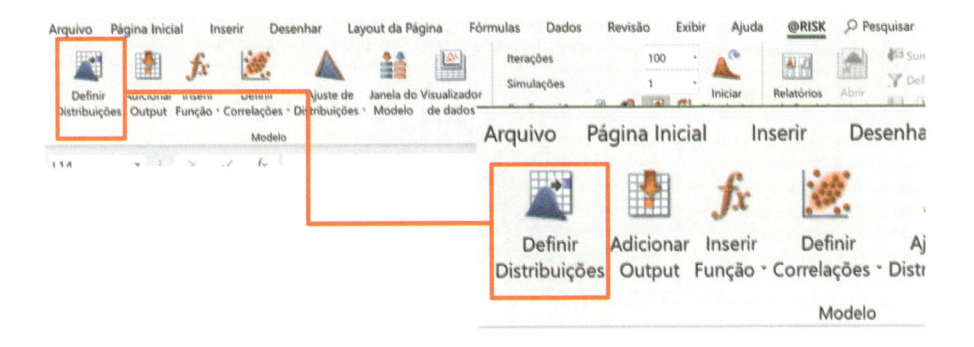

Tratando da ficha técnica referente ao risco de prestação de serviços – Operação de Aterro, tem-se a identificação de uma distribuição triangular, como segue:

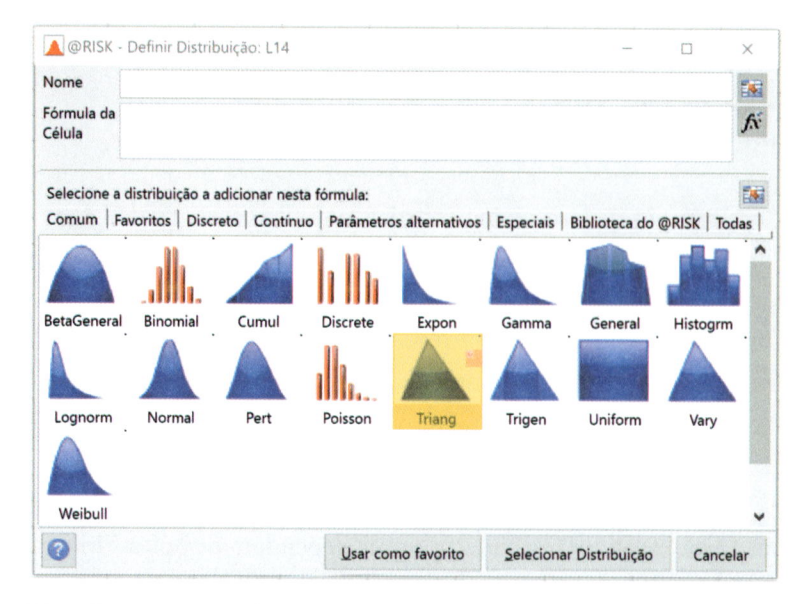

Na coluna à esquerda apresentada abaixo, insira os dados coletados na ficha técnica, conforme segue:

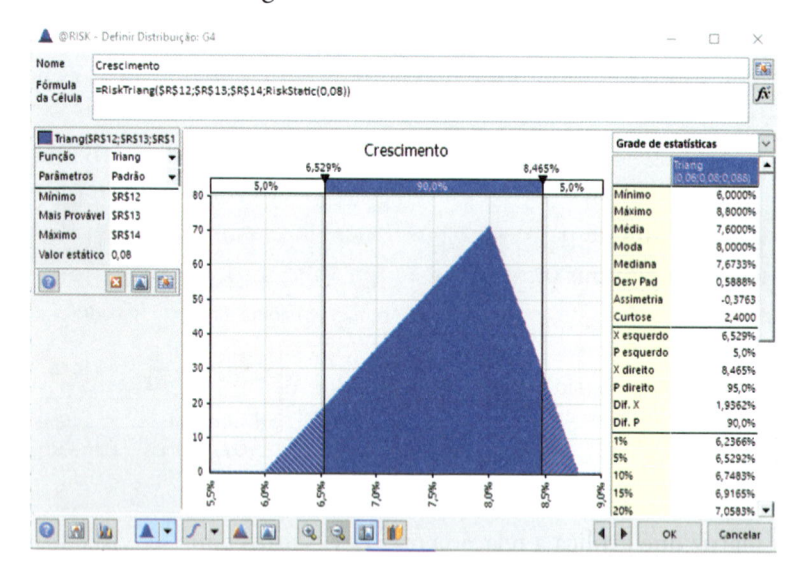

Resultante dos *inputs*:

Inputs do modelo @RISK
Executado por: Avaliação de Empresas, e os desafios que vão além do "Fair Value"
Data: xxxxxx

Nome	Aba da Planilha	Célula	Gráfico	Função	Min	Média	Max
Taxa de Crescimento	dre	G75		RiskTriang(G77;G78;G79;RiskName("Taxa de Crescimento"))	0,06	0,076	0,088
Salários	dre	Q26		RiskPert(Q27;Q28;Q29)	0,02	0,158333	0,45
limpeza	dre	T13		RiskUniform(R13;S13)	-0,12	-0,02	0,08
transbordo	dre	T14		RiskUniform(R14;S14)	-0,12	-0,02	0,08
Manutenção do Aterro Sanitário	dre	T33		RiskPert(Q33;R33;S33)	-0,05	0,078333	0,12
Manutenção Geral	dre	T34		RiskNormal(R34;Q34)	-∞	0,25	+∞
Material para coleta e varrição	dre	T35		RiskUniform(Q35;R35)	-0,05	0,1	0,25

Além das distributivas definidas anteriormente, é imprescindível saber se há relação entre as variáveis estabelecidas na avaliação da empresa. No mundo real, existem correlações positivas e negativas que podem explicar o comportamento de determinado custo, por exemplo. Então, cabe ao avaliador conhecer a dependência entre as variáveis de receitas, custos, despesas, investimentos etc.

Voltando ao caso do Aterro Tudo Limpo S.A., imagine que as variáveis abaixo possuem relação de dependência. Por exemplo, os custos de incineração de resíduos da saúde podem ter alguma relação com o material tipográfico, considerando que parte do lixo incinerado é etiquetado com descrição dos responsáveis e outras informações, e que, portanto, a relação é forte: 0,80

Custos Operacionais	Minimo	Média	Maxima
Incineração Resíduos da Saúde	(654.031,00)	(817.538,75)	(1.103.677,31)
Material Tipográfico	(294.313,95)	(654.031,00)	(784.837,20)
Serviços de PJ	(196.209,30)	(490.523,25)	(539.575,58)

A matriz que explica a relação entre esses custos pode ser vista abaixo.

Correlação	Incineração Resíduos	Material Tipográfico	Serviços de PJ
Incineração Resíduos	1		
Material Tipográfico	0,8	1	
Serviços de PJ	0,75	0,9	1

Matriz gráfica:

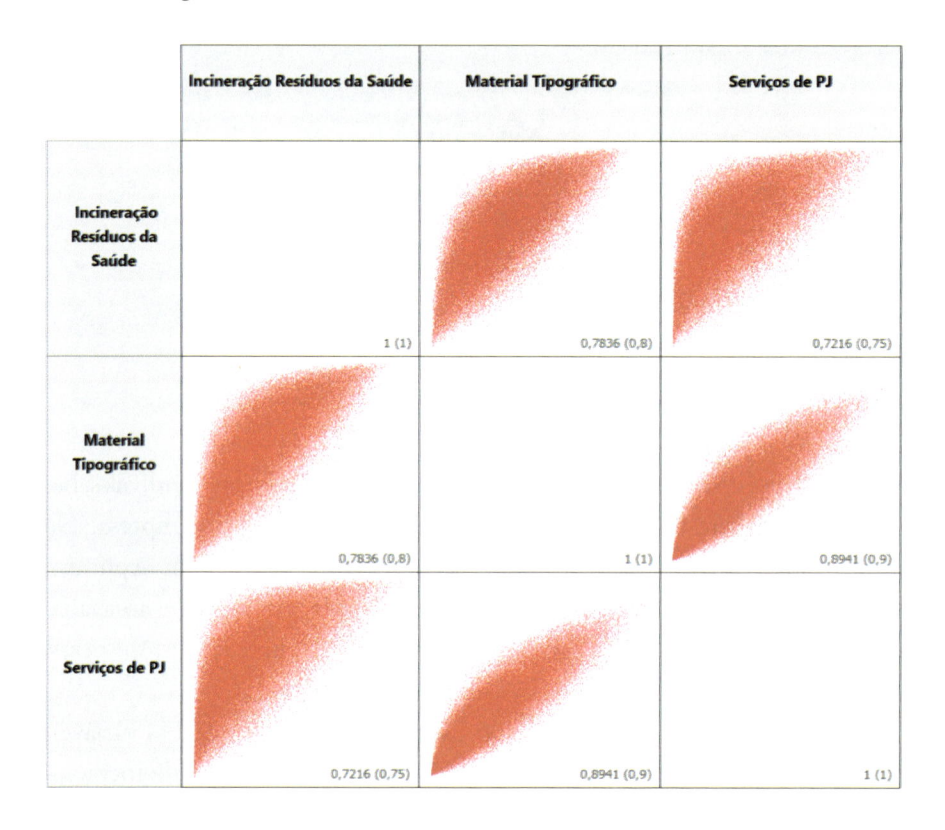

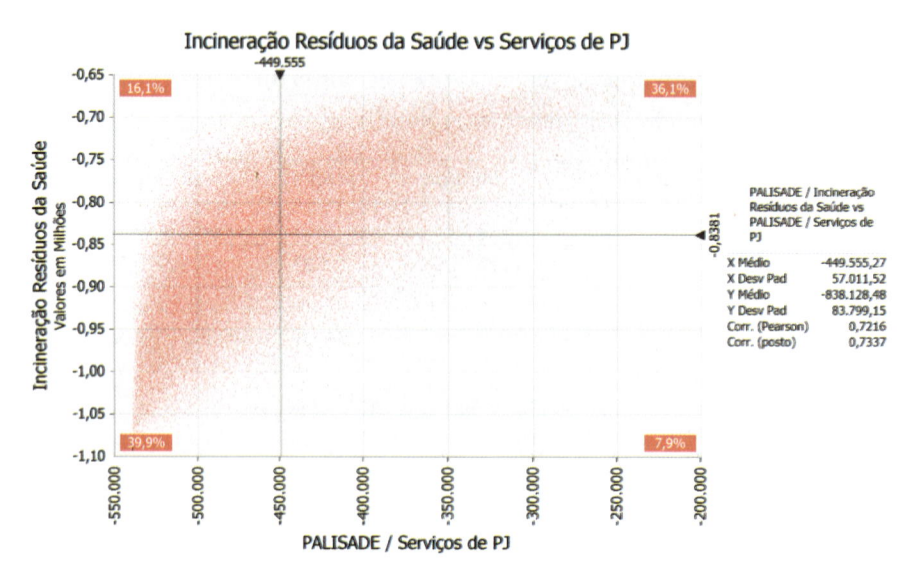

	Incineração Resíduos da Saúde	Material Tipográfico	Serviços de PJ
Incineração Resíduos da Saúde	1 (1)	0,7836 (0,8)	0,7216 (0,75)
Material Tipográfico	0,7836 (0,8)	1 (1)	0,8941 (0,9)
Serviços de PJ	0,7216 (0,75)	0,8941 (0,9)	1 (1)

Incineração Resíduos da Saúde vs Serviços de PJ

PALISADE / Incineração Resíduos da Saúde vs PALISADE / Serviços de PJ

X Médio	-449.555,27
X Desv Pad	57.011,52
Y Médio	-838.128,48
Y Desv Pad	83.799,15
Corr. (Pearson)	0,7216
Corr. (posto)	0,7337

7º Passo – determine a resultante output

Nessa etapa, você deve informar qual será a resultante que deseja. Nesse caso, você deve selecionar a célula determinante do valor justo da empresa.

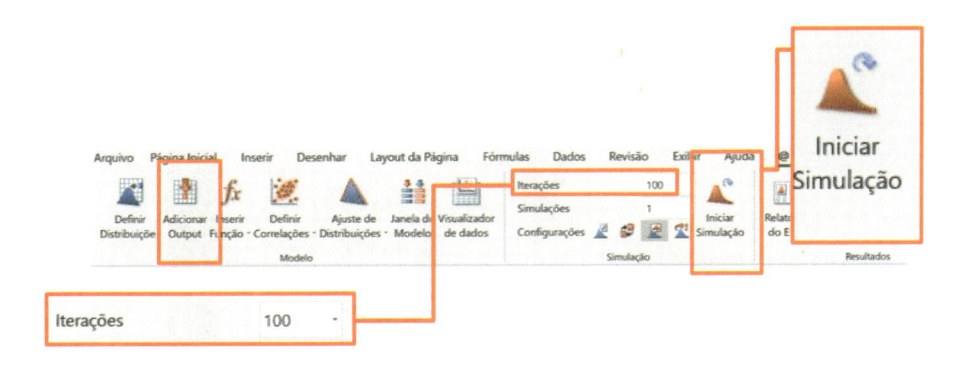

> A utilização do Modelo de Monte Carlo consiste basicamente em estimar uma distribuição e probabilidade, seguindo os seguintes passos:
>
> i) gerar uma amostra randômica dos dados de entrada para trazer o cenário;
> ii) recalcular os dados de saída n vezes (número de interações);
> iii) analisar os resultados.

Depois de determinada a célula de *output*, selecione a quantidade de interações e inicie a simulação. É recomendável fechar outros aplicativos que estiverem abertos, pois o modelo da Palisade exige muita memória da máquina. O @Risk fará inúmeras simulações (até 100mil) com as variáveis colocadas no *input*. Para cada combinação de variáveis será apresentado um valor justo para a empresa.

(em reais - R$ milhões)		Período Explícito						
* Ano e = expectativa futura	Ano 1	Ano 2	Ano 3	Ano 4	Ano 5	Ano 6	Ano 7	Ano 8
LUCRO LÍQUIDO	7,26	8,05	8,91	9,83	10,83	11,90	13,07	14,32
(+) Depreciação e amortização	2,31	2,43	2,55	2,67	2,81	2,95	3,10	3,25
(+) IR/CSLL	6,84	7,25	7,69	8,16	8,67	9,23	9,82	10,46
(+) Despesas/receitas financeiras e não oper.	6,07	6,07	6,07	6,07	6,07	6,07	6,07	6,07
=EBITDA	22,49	23,80	25,21	26,74	28,38	30,15	32,05	34,10
Margem EBITDA (s/ receita líquida)	45,25%	45,74%	46,23%	46,73%	47,22%	47,72%	48,21%	48,70%
=EBIT*(1-T) / (NOPAT)	13,33	14,12	14,98	15,90	16,90	17,97	19,13	20,39
+ Depreciação/Amortização	2,31	2,43	2,55	2,67	2,81	2,95	3,10	3,25
(-) Investimentos	(1,44)	(1,04)	(0,80)	(0,64)	(0,53)	(0,47)	(0,43)	(0,41)
(-) Ativos Fixos	(1,20)	(0,84)	(0,59)	(0,41)	(0,29)	(0,20)	(0,14)	(0,10)
(-) Variação da NIG	(0,24)	(0,20)	(0,21)	(0,23)	(0,25)	(0,26)	(0,28)	(0,31)
= FLUXO DE CAIXA LIVRE PARA A EMPRESA	14,20	15,51	16,72	17,93	19,17	20,45	21,80	23,23
=FLUXO DE CAIXA DESCONTADO	12,21	11,45	10,61	9,78	8,99	8,24	7,55	6,91
Taxas de desconto								
WACC/ CMPC (Custo Médio Ponderado Capital) - Ajustado	16,36%	16,36%	16,36%	16,36%	16,36%	16,36%	16,36%	16,36%

Cenário Base (em milhões R$)	
Valor da empresa período explícito	75,74
Valor da empresa na perpetuidade	-
Valor presente do fluxo de caixa	75,74

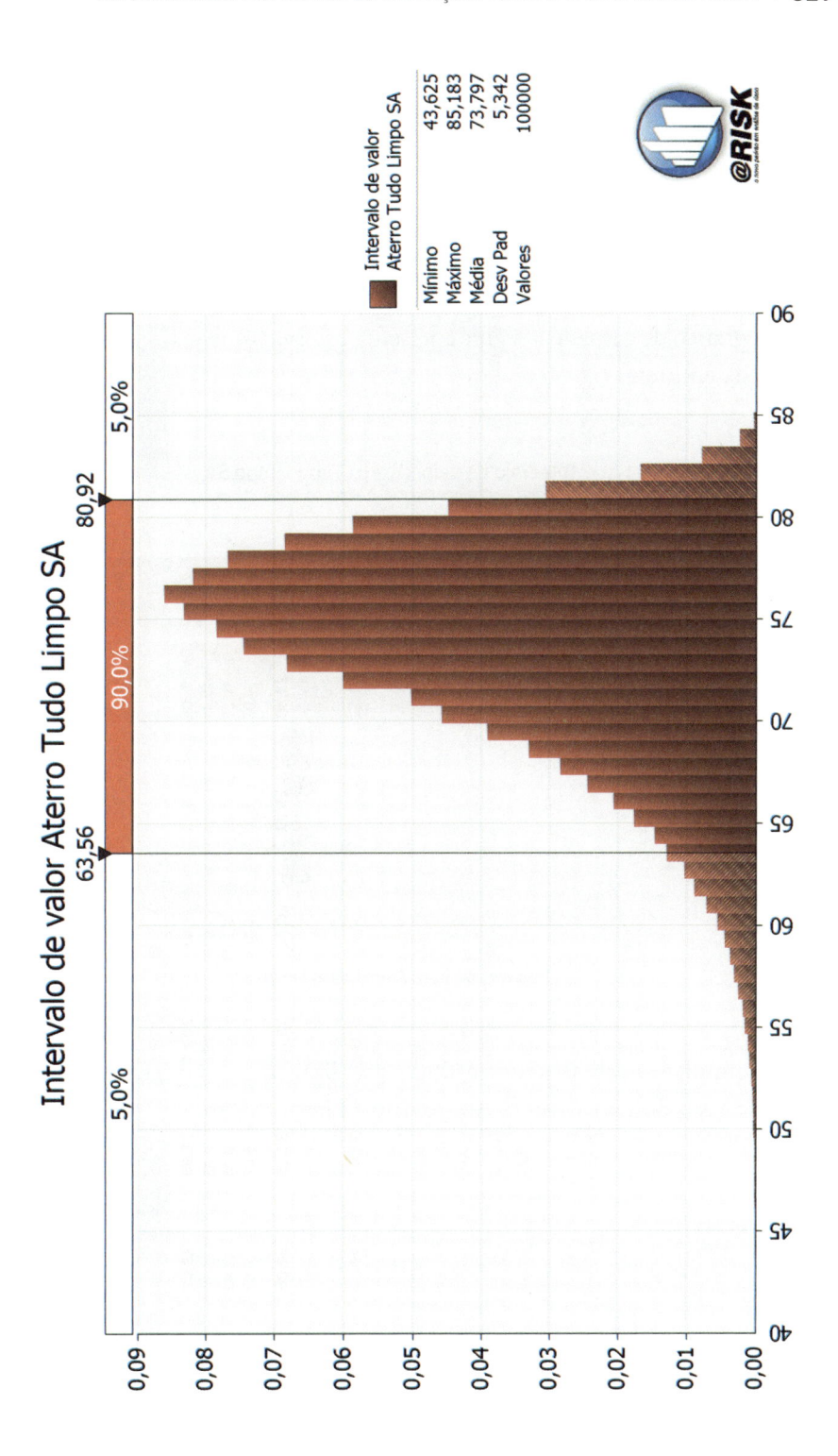

10. AVALIANDO EMPRESAS DE SERVIÇOS: QUAL O VALOR DESSE ATIVO?

Intervalo de valor Aterro Tudo Limpo SA

Intervalo de valor Aterro Tudo Limpo SA	
Mínimo	43,625
Máximo	85,183
Média	73,797
Desv Pad	5,342
Valores	100000

5,0% — 63,56 — 90,0% — 80,92 — 5,0%

Resultado: com base nas premissas apresentadas, o intervalo de valor justo da Aterro Tudo Limpo S.A. ficou entre R$ 63,56 e R$ 80,92 milhões com 90% de confiança. Evidentemente que o valor apresentado segue determinadas premissas que podem mudar ao longo da vida útil do aterro. É ingênuo pensar que o valor da empresa é único e exato (como apresentado no início do case) ou que as premissas apresentadas aqui não podem ser discutidas/questionadas.

O gráfico de tornado a seguir apresenta os *inputs* que mais influenciaram o valor da empresa.

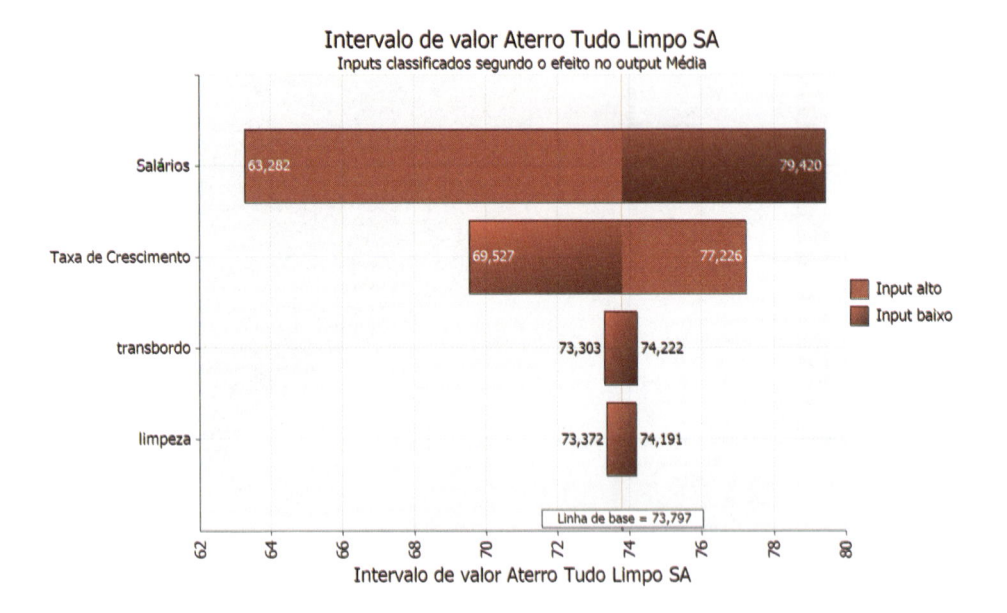

Intervalo de valor Aterro Tudo Limpo SA
Inputs classificados segundo o efeito no output Média

Input	Baixo	Alto
Salários	63,282	79,420
Taxa de Crescimento	69,527	77,226
transbordo	73,303	74,222
limpeza	73,372	74,191

Linha de base = 73,797

Intervalo de valor Aterro Tudo Limpo SA

O simulador @Risk permite ainda visualizar todas as interações do modelo. No caso do *valuation* da Aterro Tudo Limpo SA foram "rodadas" 100 mil combinações.

Dados do @RISK

Executado por: Avaliação de Empresas, e os desafios que vão além do "Fair Value"
Data: xxxxx

Descrição	Intervalo de valor Aterro Tudo Limpo SA	Limpeza	Transbordo	Salários	Manutenção do Aterro Sanitário	Manutenção Geral	Material para coleta e varrição	Taxa de Crescimento
1	81,80	6,59%	-5,67%	8,47%	6%	25,34%	12,87%	8,52%
2	70,19	1,06%	2,98%	18,38%	10%	28,53%	-4,75%	6,77%
3	71,18	-6,03%	1,13%	22,82%	11%	28,61%	16,71%	7,90%
4	78,22	2,35%	-2,65%	11,40%	8%	26,22%	24,82%	7,95%
5	79,73	3,82%	-8,58%	4,14%	10%	27,61%	-4,26%	7,66%
.....								
99.997	82,79	2,29%	-9,57%	4,26%	12%	26,63%	8,44%	8,46%
99.998	78,45	-10,95%	7,51%	13,24%	9%	28,95%	16,18%	8,22%
99.999	78,47	-2,14%	-7,70%	6,89%	8%	23,20%	14,56%	7,64%
100.000	75,68	-7,17%	7,22%	15,56%	8%	26,63%	5,03%	7,80%

O software @Risk fornece também um relatório estatístico resumido com informações relevantes das simulações, como pode ser visto.

Relatório Output do @RISK para Intervalo de valor Aterro Tudo Limpo SA
Executado por: Avaliação de Empresas, e os desafios que vão além do "Fair Value"
Data: xxxxxx

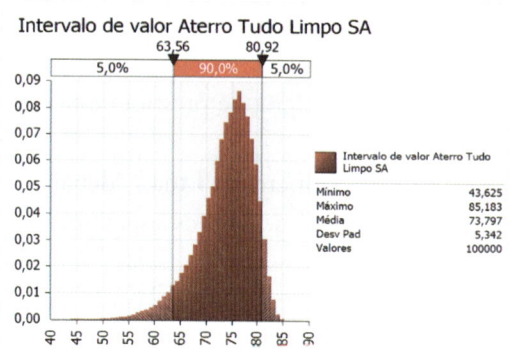

Intervalo de valor Aterro Tudo Limpo SA

Mínimo	43,625
Máximo	85,183
Média	73,797
Desv Pad	5,342
Valores	100000

Resumo de informação da simulação

Nome da planilha	TudoLimporisk.xls
Número de Simulações	1
Número de Iterações	100000
Número de Inputs	7
Número de Outputs	1
Tipo de Amostragem	Monte Carlo
Tempo de início da simulação	28/07/2019 18:55
Duração da Simulação	00:00:56
Gerador de Aleatório	Mersenne Twister
Semente aleatória	12345

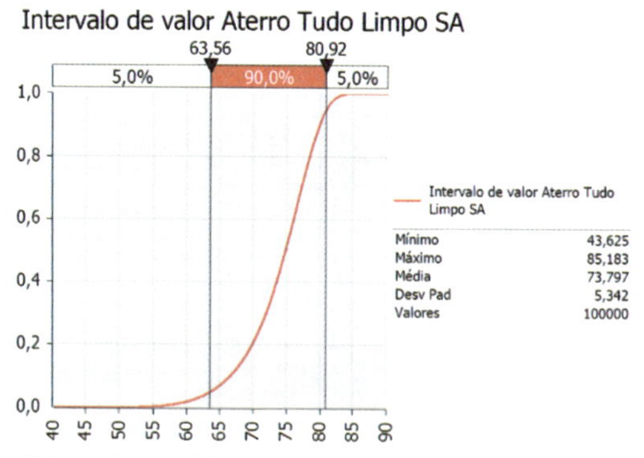

Sumário Estatístico para Intervalo de valor Aterro Tudo Lim

Estatísticas		Percentil	
Mínimo	43,63	5%	63,56
Máximo	85,18	10%	66,49
Média	73,80	15%	68,36
Desv Pad	5,34	20%	69,75
Variância	28,54085726	25%	70,85
Assimetria	-0,909072641	30%	71,81
Curtose	3,964367819	35%	72,63
Mediana	74,66	40%	73,35
Moda	76,41	45%	74,02
X Esquerda	63,56	50%	74,66
P Esquerda	5%	55%	75,29
X Direito	80,92	60%	75,88
P Direito	95%	65%	76,46
Dif X	17,36	70%	77,06
Dif P	90%	75%	77,68
Erros	0	80%	78,33
Filtrar Min	Desligado	85%	79,04
Filtrar Max	Desligado	90%	79,85
Filtrados	0	95%	80,92

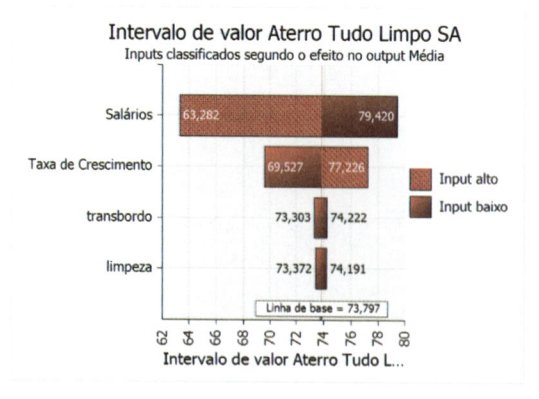

Mudança na estatística de output de Intervalo de

Posto	Nome	Inferior	Superior
1	Salários	63,28	79,42
2	Taxa de Crescimento	69,53	77,23
3	transbordo	73,30	74,22
4	limpeza	73,37	74,19

Intervalo de valor Aterro Tudo Limpo SA
Inputs classificados segundo o efeito no output Média

	Input baixo	Input alto
Salários	63,282	79,420
Taxa de Crescimento	69,527	77,226
transbordo	73,303	74,222
limpeza	73,372	74,191

Linha de base = 73,797

10.1.3 *Case* – Engenharia Concrenne LTDA.

Em março de 2019, John Volpi, da empresa estrangeira North Bay, sentou-se em um sofá macio de um grande restaurante à espera do engenheiro Maurício. John Volpi era sócio minoritário da North Bay, empresa de engenharia com larga experiência na execução de obras. Já Maurício foi pioneiro no gerenciamento e controle de grandes obras públicas e privadas e fundou a empresa Concrenne Ltda. em 1990. De lá para cá, a empresa cresceu vertiginosamente, carregando uma carteira de obras de grande prestígio e notoriedade no mercado.

Com o *valuation* (laudo de avaliação da Concrenne Ltda.) "debaixo do braço", cumprimentou animadamente John Volpi. Ambos esperavam esse encontro com grande ansiedade, afinal, estava sendo negociada a venda da empresa Concrenne para a estrangeira North Bay. Segundo o laudo de avaliação, o valor da empresa Concrenne apresentou o intervalo entre R$ 55 milhões e R$ 94 milhões. Com base na DRE e fluxos de caixa projetados, estrategicamente o engenheiro Maurício apresentou o valor teto como proposta conforme segue (sem detalhar as premissas):

DRE Ano Base (x0) / Período Explícito x1 – x5 / Perpetuidade

Descrição (R$ milhões)	x0	x1	x2	x3	x4	x5	∞
				Projeções			
Receita Líquida	**61,00**	**70,15**	**84,19**	**117,86**	**123,75**	**138,60**	**145,53**
Custo Operacional	**(40,05)**	**(45,09)**	**(52,80)**	**(71,32)**	**(74,56)**	**(82,73)**	**(86,54)**
Custo Operacional variável	(33,55)	(38,59)	(46,30)	(64,82)	(68,06)	(76,23)	(80,04)
Custo Operacional Fixo	(6,50)	(6,50)	(6,50)	(6,50)	(6,50)	(6,50)	(6,50)
Amortização / Depreciação	(1,20)	(1,38)	(1,66)	(2,32)	(2,43)	(2,73)	(2,86)
Margem Bruta	**20,95**	**25,07**	**31,38**	**46,54**	**49,19**	**55,87**	**58,99**
Margem bruta %	*34,3%*	*35,7%*	*37,3%*	*39,5%*	*39,7%*	*40,3%*	*40,5%*
Despesas Administrativas	**(12,00)**	**(12,00)**	**(12,00)**	**(12,00)**	**(12,00)**	**(12,00)**	**(12,00)**
Despesas gerais	(12,00)	(12,00)	(12,00)	(12,00)	(12,00)	(12,00)	(12,00)
EBIT	**8,95**	**13,07**	**19,38**	**34,54**	**37,19**	**43,87**	**46,99**
Margem EBIT - %	*14,7%*	*18,6%*	*23,0%*	*29,3%*	*30,1%*	*31,7%*	*32,3%*
Impostos sobre resultado (IR e CSLL)	(3,04)	(4,44)	(6,59)	(11,74)	(12,64)	(14,92)	(15,98)
EBIT * (1-t) / NOPAT	**5,91**	**8,63**	**12,79**	**22,79**	**24,54**	**28,96**	**31,01**
Margem EBIT x (1-t) - %	9,7%	12,3%	15,2%	19,3%	19,8%	20,9%	21,3%
Rec.Desp./ financeiras	(0,01)						
LUCRO LÍQUIDO		**8,63**	**12,79**	**22,79**	**24,54**	**28,96**	**31,01**
Margem Lucro líquido (%)		12,3%	15,2%	19,3%	19,8%	20,9%	21,3%

10. AVALIANDO EMPRESAS DE SERVIÇOS: QUAL O VALOR DESSE ATIVO?

Conversão DRE para Fluxo de Caixa	x0	x1	x2	x3	x4	x5	∞
(+) Depreciação e amortização		1,38	1,66	2,32	2,43	2,73	2,86
(+) Despesas/receitas financeiras e não oper.		-	-	-	-	-	-
(+) Impostos sobre o resultado (Ir e Csll)		4,44	6,59	11,74	12,64	14,92	15,98
EBITDA		**14,45**	**21,04**	**36,86**	**39,62**	**46,60**	**49,85**
Margem EBITDA (s/ receita líquida)		20,60%	24,99%	31,27%	32,02%	33,62%	34,26%
=EBIT*(1-T) / (NOPAT)		**8,63**	**12,79**	**22,79**	**24,54**	**28,96**	**31,01**
(+) Depreciação/Amortização		1,38	1,66	2,32	2,43	2,73	2,86
(-) **Investimentos**		**(1,84)**	**(2,36)**	**(4,00)**	**(2,73)**	**(3,47)**	**(3,32)**
(-) Ativos Fixos Manutenção do imobilizado		(1,38)	(1,66)	(2,32)	(2,43)	(2,73)	(2,97)
(-) Variação da NIG		(0,46)	(0,70)	(1,68)	(0,29)	(0,74)	(0,35)
= FLUXO DE CAIXA LIVRE DAS OPERAÇÕES		8,17	12,09	21,11	24,25	28,21	30,56
= Amortização ou emissão de novas dívidas		(1,20)					
=FLUXO DE CAIXA DESCONTADO DOS SÓCIOS		**5,62**	**7,86**	**11,07**	**10,26**	**9,62**	**49,64**
Taxas de desconto							
Custo do Capital Próprio		24,00%	24,00%	24,00%	24,00%	24,00%	
Cenário Base (em milhões R$)		94,08					
Valor Patrimonial período explícito		44,44					
Valor Patrimonial perpetuidade		49,64					

Ao receber a proposta, John Volpi ficou assustado com o valor proposto e disse que, segundo seus cálculos, a empresa não seria capaz de crescer daquela forma. Tentou convencer o fundador de que a proposta que a North Bay tinha em mãos era extremamente atraente. Ele ofereceu R$ 47 milhões com base no seu laudo de avaliação.

A seguir, seguem os números apresentados por John Volpi:

10. AVALIANDO EMPRESAS DE SERVIÇOS: QUAL O VALOR DESSE ATIVO? | 335

Descrição (R$ milhões)	x0	Projeções x1	x2	x3	x4	x5	∞
Receita Líquida	**61,00**	**67,10**	**70,46**	**77,51**	**81,38**	**85,45**	**89,72**
Custo Operacional	**(40,05)**	**(43,41)**	**(45,25)**	**(49,13)**	**(51,26)**	**(53,50)**	**(55,85)**
Custo Operacional variável	(33,55)	(36,91)	(38,75)	(42,63)	(44,76)	(47,00)	(49,35)
Custo Operacional Fixo	(6,50)	(6,50)	(6,50)	(6,50)	(6,50)	(6,50)	(6,50)
Amortização / Depreciação	(1,20)	(1,32)	(1,39)	(1,52)	(1,60)	(1,68)	(1,76)
Margem Bruta	**20,95**	**23,70**	**25,21**	**28,38**	**30,12**	**31,95**	**33,88**
Margem bruta %	*34,3%*	*35,3%*	*35,8%*	*36,6%*	*37,0%*	*37,4%*	*37,8%*
Despesas Administrativas	**(12,00)**	**(12,00)**	**(12,00)**	**(12,00)**	**(12,00)**	**(12,00)**	**(12,00)**
Despesas gerais	(12,00)	(12,00)	(12,00)	(12,00)	(12,00)	(12,00)	(12,00)
EBIT	**8,95**	**11,70**	**13,21**	**16,38**	**18,12**	**19,95**	**21,88**
Margem EBIT - %	*14,7%*	*17,43%*	*18,74%*	*21,13%*	*22,27%*	*23,35%*	*24,38%*
Impostos sobre resultado (IR e CSLL)	(3,04)	(3,98)	(4,49)	(5,57)	(6,16)	(6,78)	(7,44)
EBIT*(1-t) / NOPAT	**5,91**	**7,72**	**8,72**	**10,81**	**11,96**	**13,17**	**14,44**
Margem EBIT x (1-t) - %							
Rec.Desp./ financeiras	(0,01)						
LUCRO LÍQUIDO		**7,72**	**8,72**	**10,81**	**11,96**	**13,17**	**14,44**
Margem Lucro líquido (%)		11,50%	12,37%	13,95%	14,70%	15,41%	16,09%

Conversão DRE para Fluxo de Caixa

	x0	x1	x2	x3	x4	x5	∞
(+) Depreciação e amortização		1,32	1,39	1,52	1,60	1,68	1,76
(+) Despesas/receitas financeiras e não oper.		-	-	-	-	-	-
(+) Impostos sobre o resultado (Ir e CsII)		3,98	4,49	5,57	6,16	6,78	7,44
EBITDA		**13,02**	**14,59**	**17,90**	**19,72**	**21,63**	**23,64**
Margem EBITDA (s/ receita líquida)		19,40%	20,71%	23,10%	24,23%	25,32%	26,35%
=EBIT*(1-T) / (NOPAT)		**7,72**	**8,72**	**10,81**	**11,96**	**13,17**	**14,44**
(+) Depreciação/Amortização		1,32	1,39	1,52	1,60	1,68	1,76
(-) Investimentos		(1,63)	(1,55)	(1,88)	(1,79)	(1,88)	(3,18)
(-) Ativos Fixos Manutenção do imobilizado		(1,32)	(1,39)	(1,52)	(1,60)	(1,68)	(2,97)
(-) Variação da NIG		(0,31)	(0,17)	(0,35)	(0,19)	(0,20)	(0,21)
= FLUXO DE CAIXA LIVRE DAS OPERAÇÕES		**7,42**	**8,55**	**10,46**	**11,77**	**12,97**	**13,02**
= Amortização ou emissão de novas dívidas		(1,20)					
=FLUXO DE CAIXA DESCONTADO DOS SÓCIOS		**5,01**	**5,56**	**5,48**	**4,98**	**4,42**	**21,15**
Taxas de desconto							
Custo do Capital Próprio		24,00%	24,00%	24,00%	24,00%	24,00%	

Cenário Base (em milhões R$)   **46,60**

Valor Patrimonial período explícito   25,46
Valor Patrimonial perpetuidade   21,15

A proposta de ambos era divergente, e o encontro não terminou como desejado, mas John Volpi não estava disposto a desistir no meio do caminho. Ele sabia a importância que aquela empresa teria no seu portfólio. Eram empresas com atividades complementares. No momento em que a North Bay comprasse a Concrenne, ela se tornaria líder no segmento e atenderia mais uma parte da sua cadeia de serviços (fusão vertical).

Logo John percebeu que uma nova proposta com pagamento adicional não atenderia às expectativas de Maurício, tendo em vista que existia um abismo entre eles no que dizia respeito à percepção de valor da mesma empresa. Ciente disso, ele estruturou uma proposta embasada que pudesse atender às expectativas de ambos por meio de performance (pagamento por *earn out*):

Proposta

Pagamento pelo piso esperado North Bay – R$ 46,6 milhões, sendo a diferença baseada na diferença entre as expectativas de EBITDA North Bay e Concrenne, devendo compreender pagamentos anuais por performance no período de seis anos. O pagamento adicional anual por performance é proporcional à participação do EBITDA esperado pela Concrenne.

Condicionais

- *Se o EBITDA for menor ou igual ao esperado pela North Bay, nenhum valor será pago adicionalmente no intervalo de seis anos.*

- *Se o EBITDA for maior que o esperado pela North Bay, será pago proporcionalmente à performance alcançada pela Concrenne.*

Ebitda (R$ em milhões)

Ebitda	x0	x1	x2	x3	x4	x5	∞	Total
COCRENNE		14,4	21,0	36,9	39,6	46,6	49,9	208,4
Participação do EBITDA em cada ano		6,93%	10,09%	17,68%	19,01%	22,36%	23,92%	100,00%

Proposta NORTH BAY

	x0	x1	x2	x3	x4	x5	x6	Total
Metas de Pagamento/ % Ebitda	46,60	3,29	4,79	8,39	9,03	10,61	11,36	94,08
EBITDA Meta-esperado pela NORTH BAY :		13,0	14,6	17,9	19,7	21,6	23,6	110,5
EBITDA Meta-esperado pela CONCRENNE:		14,4	21,0	36,9	39,6	46,6	49,9	158,57

Exemplificando:

Pagamento esperado por *earn out*: R$ 47,48 (R$ 94,08 mi – R$ 46,60 mi)

Pagamento x1 = participação EBITDA x 47,48 mi = 6,93% x R$ 47,48 mi = R$ 3,29 milhões

Portanto, se a empresa Concrenne performar R$ 14,4 milhões de EBITDA, receberá um pagamento adicional de R$ 3,29 milhões.

John Volpi aceitou a proposta, e o resultado final realizado em seis anos converteu-se nos valores totais de R$ 59,70 milhões.

Proposta NORTH BAY

	x0	x1	x2	x3	x4	x5	x6	Total
Metas de Pagamento/ % Ebitda	46,60	3,29	4,79	8,39	9,03	10,61	11,36	94,08
EBITDA Meta-esperado pela NORTH BAY :		13,0	14,6	17,9	19,7	21,6	23,6	110,5
EBITDA Meta-esperado pela CONCRENNE:		14,4	21,0	36,9	39,6	46,6	49,9	158,57
Realizado pela COCRENNE		12,5	15,5	16,0	20,0	22,0	23,0	109,0
Pagamento	46,60	-	3,53	-	4,56	5,01	-	59,70

Exemplificando, no ano X4 a Concrene tinha que fazer R$ 39,6 milhões de EBITDA para receber um earn-out de R$ 9,03 milhões.

Porém, performou apenas R$ 20 milhões de EBITDA em x4 (50% da meta), e por essa razão compete receber proporcionalmente:

$$= \frac{EBITDA\ REALIZADO}{EBITDA\ META} \ X\ EARN - OUT$$

R$ 20 milhões – EBITDA realizado

R$ 39,60 milhões – EBITDA meta

R$9,03 milhões – earn-out (Pagamento por performance)

$$= \frac{20M}{39,60\ M} \ X\ 9,03 = R\$\ 4,56\ MILHÕES$$

CONSIDERAÇÕES FINAIS

- Normalmente o valor da empresa incorpora o imóvel. A regra é simples: se o custo do aluguel é computado como despesa, considera-se o valor do imóvel à parte. Se o custo do aluguel não é computado como despesa, considera-se que o imóvel já está englobado no valor total da empresa.
- Muitas avaliações são feitas com poucas ou nenhuma simulação. Em geral, são feitas avaliações com apenas três cenários: pessimista, mais provável e otimista. Além de tornar a avaliação frágil no tempo, não permite conhecer

o valor da empresa em múltiplas simulações e combinações. É muito importante utilizar modelos estatísticos para avaliar uma empresa.

- Comumente a primeira proposta do comprador é estratégica, para não dizer leonina. A estratégia é medir e analisar a reação do vendedor. Se o vendedor demonstrar interesse, melhor será para o comprador. Se o vendedor reagir negativamente, ele logo provavelmente virá com uma nova proposta.

- O pagamento por performance permite viabilizar uma transação para os casos em que há divergência de valores sobre expectativas futuras. Todavia, embora o modelo de pagamento seja mais justo, ele pode gerar conflito de interesses e provocar desentendimentos no decorrer dos períodos de pagamento. Por exemplo, a empresa vendida (no *case* 3: Concrenne) pode desejar fazer um investimento para crescer e a empresa compradora (no *case* 3: North Bay) pode intencionar a estagnação da unidade comprada com o propósito de pagar menos. Sabendo disso, é sempre recomendável contratar um advogado especialista em Fusões e Aquisições.

- Na maior parte das vezes, as transações consomem muito tempo entre as partes. Quando o processo está chegando ao fim, inicia-se a parte contratual. Nesse momento, as partes evitam gastar tempo com os pormenores dos documentos contratuais. É um grande erro, porque é nessa hora que devem ser analisadas todas as possibilidades e os riscos envolvidos.

REFERÊNCIAS

BRUNER, ROBERT F. **Estudos de Casos em Finanças. Gestão para criação de valor corporativo**. Mc Graw Hill. 5ed. São Paulo. p. 643. 2009.

KALANSKY, Daniel; BIONDI SANSHEZ, Rafael. **Earn out nas operações de Fusões e Aquisições (M&A)**. Gen, Atlas. Finanças Corporativas – Aspectos Jurídicos e Estratégicos. São Paulo, 2016.

https://www.palisade.com